Aufstieg in das hohe Einheitsbewusstsein

befasst sich mit dem Aufstieg in das hohe Einheitsbewusstsein und dem Wirken aus seinem hohen Schöpferbewusstsein. Die Schritte auf dem Weg zur Einheit in uns selbst werden, wie bereits in meiner Einführung: *Ein Leitfaden für die neue Zeit. Erleuchtung durch die Hinwendung zum inneren Weg* (ISBN 978–3–7357–1926–3) auch in diesem Buch beschrieben. Wie gelangen wir durch die Rückverbindung mit unseren höchsten göttlichen Anteilen wieder in die Verbindung mit dem alten Wissen, das tiefe Heilungsprozesse in dieser Welt bewirken wird. Wie erschaffen wir unsere Realität, die in Liebe dazu dient, uns selbst als Schöpferinnen und Schöpfer zu erleben, und die durch das hohe Einheitsbewusstsein in uns selbst entsteht. Wir sind die göttliche Einheit, wir sind Gott Vater-Mutter. Wer sich dem Weg nach Innen öffnet, kann sein Leben auf ganz neue, liebevolle Weise schöpfen, und dann können wahre Wunder geschehen.
Es handelt sich bei der 2. Auflage um die ergänzte Fassung mit dem Begleitheft zu meinem Kartendeck „Aufstieg in das hohe Einheitsbewusstsein", das zahlreiche weitere Informationen enthält. Viel Freude damit.

Zu meiner Person:

Nach und während einer klassischen Ausbildung, einem Studium im geisteswissenschaftlichen Bereich und einer Dissertation, wurde der spirituelle Weg immer deutlicher für mich zum Leitstern meines Lebens in dieser Welt.
Die hohen Energien von Avalon, die die Druiden einst einsetzten, um heiliges Wissen zu verbreiten, kehren zurück, und in dieser Tradition steht sowohl diese Publikation, wie mein Leben im Licht der Einheit.
Merlin, der aufgestiegene Meister, der ich bin, hat in der neuen Zeit die Aufgabe, mit den Menschen an dem Aufstiegsprozess zu arbeiten und sie daran zu erinnern, dass sie das hohe Liebesbewusstsein Gottes sind.

Namaste.

Christian Hüls

Aufstieg

in das hohe Einheitsbewusstsein

Altes Wissen in der neuen Zeit

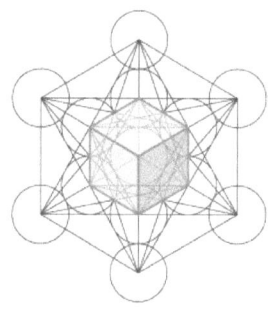

www.christian−huels.de

2. erweiterte Auflage © 2015 Christian Hüls

Informationen und weitere Hinweise:
www.christian-huels.de
Blog: spirit.fotografie-huels.de

Bibliografische Information der Deutschen Nationalbibliothek:
Die Deutsche Nationalbibliothek verzeichnet diese Publikation in der Deutschen Nationalbibliografie; detaillierte bibliografische Daten sind im Internet über www.dnb.de abrufbar.

Herstellung und Verlag:
BoD – Books on Demand, Norderstedt
ISBN 978-3-7357-8779-8

Inhalt

Einleitung

In der neuen Zeit hat die Energie der Erde eine neue, viel höhere Schwingung erreicht, als dies noch vor kurzem der Fall war. Dies unterstützt unseren Aufstiegsprozess, denn so wie es keine Trennungen gibt, gilt es auch für die Materie: innen wie außen.

Das heißt, dass wir uns nunmehr, nach einer Phase der erlebten Umbrüche in der Welt der Erscheinungen auf eine neue Phase zu bewegen – wir können sie als eine Rückkehr des hohen Wissens um die Einheit der Seele und des Höheren Selbst sowie der höchsten göttlichen Anteile in uns betrachten, denn das ist sie. Auch wenn noch Menschen nach scheinbar alten Mustern oder unbewusst leben, gilt bereits für all diejenigen, die den Aufstieg begonnen haben und bereits zahlreiche Anteile integriert haben, dass sie eine andere Realität erschaffen und in dieser leben, als ihre Zeitgenossen, die noch in der Phase der Bearbeitung ihres alten Karmas sind. Denn auf diesem Planeten herrschte eine Situation der Vielfalt, die sich durch die verschiedenen Erlebensformen auszeichnet, die von Licht bis hin zu den Schatten reichen, die wir als tiefes Leid in der Welt wahrnehmen können. Dieses Leid hängt in erster Linie mit den inneren Ungleichgewichten zusammen, die in früheren Leben entstanden sind und die uns alle daran erinnern, dass wir, ob bewusst oder noch „schlafend", diese Trennungen erlebt haben.

SIe haben in uns selbst Aufspaltungen erzeugt, die wir energetisch heilen, wenn wir unsere Seelenanteile wieder zu uns nehmen, wenn wir erkennen, wer wir in Wahrheit sind: wir sind ewiges göttliches Licht. Dies meint, dass wir zwar Erlebnisse in verschiedensten Realitäten auf verschiedensten Welten gemacht haben und im Zuge unserer Inkarnationszyklen machen, dass aber auf dieser Erde das alte Wissen zurückkehrt, um den Planeten zu heilen und einen zwar bereits erlebten, aber lange nicht mehr erreichten Zustand wieder herzustellen, der alles ans Licht bringt, was nicht im Licht der Einheit erstrahlt in uns selbst.

Wir erleben zahlreiche Menschen, die ihr Karma bearbeiten, ob in unserem Bekanntenkreis, ob in den Ländern, die wir als „dritte Welt Länder" bezeichnen – und damit ein tiefes Ungleichgewicht in uns selbst zum Ausdruck bringen, denn es gibt nur eine Welt – aber es gibt zahlreiche Realitäten in ihr. Wir alle leben und lieben in der gleichen Weise in dieser Welt, denn wir teilen uns die hohe Einheitsenergie, die unsere Seele und unser Höheres Selbst sind. Wir sind immer mit Allem was ist verbunden, und die Dunkelheit, die lange Jahre festhielt auf diesem Planeten, ließ uns die Trennung erleben, die Urteile über andere, die Absonderung und die Grenzziehung zu den Menschen in dieser Welt – sie ließ uns erfahren, dass wir in uns selbst nur dann eine Welt erleben können, die heil ist, wenn wir nach den kosmischen Gesetzen leben und handeln; denn ansonsten erzeugen wir die Ungleichgewichte, die wir heute noch sehen in dieser Welt, die eigentlich eine Welt der Liebe ist. Denn hinter allen Schatten, ist die Erinnerung daran, wer wir in Wahrheit sind, lebendig – und sie wartet darauf, wieder ganz angenommen zu werden.

Dies geschieht, wenn wir aufsteigen und uns auf unser inneres Licht konzentrieren, das in der Welt der Erscheinungen schon bald, noch in diesem Jahr 2014, zu einer Erleuchtung der Welt und der Menschen in ihr führen wird.

Die Dunkelheit ist eine Phase der Trennung von unserem hohen Einheitsbewusstsein gewesen, die auch tiefes Mangeldenken in uns erzeugt hat – so als besäßen wir nicht genug materiellen Reichtum. Dieser fußt zum Teil zumindest auf der Armut der anderen Länder, die ihre Rohstoffe liefern, die ihre Flächen zur Verfügung stellen, in denen sich Seelen bereit erklären, auch schwere und „inhumane" Zustände zu erleben. Nicht nur um den anderen Menschen in den „reichen" Ländern zu spiegeln, dass der wahre Reichtum im Mitgefühl liegt, in der Anteilnahme, in der Erweckung seiner Herzenskraft, die zu einer Auflösung der Ungleichheit in der Welt führen wird – denn innen wie außen, und was im Kleinen gilt, gilt im Großen gleichermaßen. Diese Welt der Unterscheidungen, die durch Ego und Verstand eine Welt der Trennung und der Begrenzung des inneren

Reichtums ist, wird wieder zu ihrer alten Fülle zurückkehren – denn Fülle ist der Zustand innerer Erfüllung, die sich im Außen manifestiert.

Können wir durch den inneren Aufstieg den Kampf in der Welt, den Hunger und die Kriege beenden, die doch auch zum Teil durch die materiell reichen Länder begünstigt oder bewirkt werden? Das Wirtschaftssystem, das Ausdruck eines Ungleichgewichtes ist, weil es nicht nach den kosmischen Gesetzen geschaffen wurde, die einen Ausgleich für die investierte Arbeit vorsehen, würden dies System weiter im Ungleichgewicht belassen, solange, bis alle Menschen erwachen. Darum gibt es in diesen Tagen, und auch zum Ende des Jahres 2014, einen kollektiven Erwachensprozess, der durch ein umfangreiches Programm der Begnadigung begleitet wird, damit dies System der Ungleichheit gehen darf.

Dies macht manchen Menschen Angst, denn was daran festhält ist nicht nur unser Ego, es ist die Dunkelheit. Es erscheint im Angesicht so großer nötiger Veränderungen, einer viel größeren Bewusstwerdung zu bedürfen, als nur das Erwachen einiger Menschen, die nicht an den Strukturen in direkterer Weise beteiligt sind. Die Menschen und Seelen, die Macht in dieser Welt ausüben, und die bewirken, dass Strukturen auch mit Gewalt verteidigt werden, werden in besonderer Weise von den neuen Energien profitieren, die ihnen sonst versperrt zu drohen bleiben, denn die kosmischen Gesetze und die Liebe Gottes, die über allem existiert und so gnadenvoll ist, sehen vor, dass statt des Pendels des karmischen Ausgleichs, die Welt begnadigt wird, damit die Seelen sich erinnern, wer sie in Wahrheit sind. Die tiefen Trennungen gehen.

Wenn wir, die wir bereits in die Bewusstheit gegangen sind, in die Welt blicken, erleben wir einen tiefen Heilungsprozess, den wir durch die spirituellen Prozesse und das Eins-Werden mit unserer Seele, unserem Höheren Selbst, unseren göttlichen Anteilen, verstärken. Nie war diese Zeit gnadenvoller – und das Universum erstaunt über die Schnelligkeit, mit der dieser Umschwung stattfindet. Die Esoterikbranche, die bereits das hohe Wissen zumindest zum Teil verbreitet und befördert, wird einen wenig gekannten Schub erfahren, der es zur Selbstverständlichkeit werden lässt, das alte Wissen in alle Formen der Unterhaltung einfließen zu lassen; denn die Welt an ihrem

Scheideweg benötigt ein verändertes Massenbewusstsein – und auch hier gilt: innen wie außen.

Diese Welt ist in der Phase einer tiefer festgelegten Zäsur auf dem Sprung, sich in Gänze zu erneuern – auf allen Ebenen des Seins. Die Umwälzungen, die in den Bereichen Technik, Wissenschaft, Umwelt- und Naturschutz sowie im kulturellen Bereich zu einem Umdenken und zu ganz anderen Möglichkeiten führen, gehen einher mit einer selbstverständlichen Akzeptanz der Realität der Seele, die vormals mit übersinnlichen Phänomenen gleichgesetzt wurde. In Wahrheit gibt es keine Trennungen, und wir kommunizieren wieder telepathisch, heilen uns selbst und andere und entwickeln neue Techniken, die im Einklang mit uns stehen werden und unsere Natur nicht mehr zerstören, denn es gilt auch hier: innen wie außen. Unsere innere Natur, die eine friedfertige und sanftmütige Verbundenheit ist, mit Allem was existiert, sie erlebt eine bislang kaum gekannte Heil-werdung und auch Läuterung; denn dies meint, dass die Seelen sich erinnern, wer sie in Wahrheit sind und damit ihr altes Karma begnadigt werden kann, damit sie an diesem Prozess des Aufstiegs teilnehmen. Denn dazu dient diese Welt – sie entsteht als eine der Erfahrung der Verbundenheit und der Liebe aufs Neue, wie sie es einst zu Zeiten von Avalon, zum Teil in Ägypten und in Atlantis sowie Lemurien war. So sei es.

In diesem Buch erwartet die Leserin/ den Leser eine Anleitung zur Integration des hohen Schöpferwissens der Seele und des Höheren Selbst sowie zur Integration noch höher schwingender Bewusstseinsanteile, die, sobald sie integriert werden, zu einem umfassenden Prozess der Ganzwerdung, zur Rückkehr zu dem Wissen, das wir in Atlantis und Avalon selbstverständlich einsetzten, führen.

Das Buch arbeitet, wie auch der Leitfaden, den ich bereits als eine Anleitung für „Anfänger" und „Fortgeschrittene" geschrieben habe, mit Affirmationen und Meditationen, die uns Anteile integrieren lassen und altes Wissen vermitteln, das wieder eingesetzt werden darf in dieser Welt, da die Zeit nun reif ist für einen Wandel.

Die Liebe, die immer die zentrale Rolle bei der Integration und der Heilwerdung unserer Seelenanteile und -energien spielt, sie schwingt über allem; das All ist Liebe, das All ist eins – und wir sind das All-Eine, denn es gibt keine Trennungen. So sprechen wir unsere erste Affirmation in Liebe:

Ich bin das All-Eine.
Ich bin Liebe.
Ba (die göttliche Seele) ich rufe sie.
Ra (das göttliche Bewusstsein, das Licht) ich rufe Dich,
Shem (die göttliche Lebenskraft) ich rufe Dich,
Ka (der göttliche Körper, der Licht ist), ich manifestiere aus dem Geiste, jetzt.

Beachtet einmal, was sich verändert, und wie sich Eure Schwingung erhöht durch diese Affirmation. Sie dient Eurem Licht und heilt Eure Anteile, die nicht in der göttlichen Schwingung der Liebe und der Einheit sind. Sie sind in Wahrheit nie getrennt, sondern sie warten darauf, dass sie in Euch selbst erlöst werden.
Lasst die Worte erklingen, die Euch in die Schwingung Eurer hohen Seele versetzen, und die Euch in Euch heil werden lassen.
Ihr könnt, um dies zu verstärken, Gott Vater-Mutter bitten, der Ihr in Wahrheit seid, Euch bei diesem Mantra zu unterstützen und die Energien wieder in die Einheit zu bringen, die nun erlöst werden dürfen. Wir erlösen uns selbst, wenn wir die hohen Schöpferkräfte in uns ganz annehmen, denn wir sind Licht, wir sind Gott Vater-Mutter selbst – und darum geht es in diesem Buch.

Als weiteren Hinweis möchte ich Euch, liebe Leserinnen und Leser, eine alte Weisheit mit auf den Weg zu Eurer Seele, Eurem Höheren Selbst, Euren göttlichen Anteilen geben – sie lautet:

Ihr seid Gott Vater-Mutter, Ihr seid ewig göttliches Licht, Ihr seid Liebe, Ihr seid Wille, Ihr seid Weisheit, Ihr seid die Seele und Ihr manifestiert aus dem Geiste, jetzt. So sei es.

Die Arbeit mit dem Buch geschieht Schritt für Schritt, so das einige Kapitel oder Meditationen und Affirmationen öfter gelesen und eingesetzt werden sollten, denn unsere Heil-werdung geht mit einem tiefen Erkenntnisprozess einher, der uns auf weitere Schritte vorbereitet und uns mit unseren Lernaufgaben konfrontiert.

Dies mag zunächst auch ein wenig verunsichernd klingen, aber wir können uns Bewusstwerdung als einen ganzheitlichen Prozess vorstellen, der ans Licht trägt, was bereits stattfindet. Wenn Lernaufgaben in der Bewusstheit erlebt und bearbeitet werden, erhalten wir stets Unterstützung von unserer Seele, von unserem Höheren Selbst, von aufgestiegenen Aspekten und Anteilen in uns und von anderen – wir nennen Seelenaspekte, die bereits den Aufstieg geschafft haben, aufgestiegene Meister, die angeblich den Inkarnationszyklus beendet haben, die aber zumindest zum Teil sich wieder inkarnieren, um auch auf dieser Ebene zu helfen.

Wir werden von Gott, unserem höchsten Bewusstsein, ebenso unterstützt und getragen, und wir erkennen, dass die Trennungen Illusionen sind – so dienten sie bestimmten Erlebnissen in einem Körper, stellten in einem viel größeren Spiel der Inkarnationen auch wichtige Lektionen bereit: wir sind ewig göttliches Licht, wir sind ewig göttliche Liebe, wir sind das All-Eine, es gibt keine Trennungen, weder in dieser noch in anderen Welten. Die Illusionen, die sich in bestimmten energetischen Abtrennungen und Realitäten ausrücken, werden wieder zurückgenommen, wenn wir aufsteigen. Oben wie Unten heißt, wir sind Schöpfer – unsere Bewusstseinsanteile schöpfen unsere Realität, die lange Jahre auf dieser Erde für so viele Seelen so verschieden war – mal Licht, mal Schatten und alle Abstufungen dazwischen. Denken wir an die Institutionen, die sich dem Religiösen verschrieben haben, erleben wir diese Trennung zwischen innen und außen. Wer sich Gott als etwas außerhalb existentes vorstellt, erlebt diese Trennung als eine Illusion, die auch die Dunkelheit gesetzt hat. Wir nehmen unser inneres Licht wieder in Gänze zu uns zurück, wenn wir erkennen, dass wir selbst Gott Vater-Mutter sind. Denn so ist es.

Die Dunkelheit ist eine Trennung, sie ist eine Illusion, und all die Erlebnisse, die Menschen machen, die mit der Abtrennung von ihrem inneren Licht zu tun haben, sind in einer tiefen Weise Illusionen. Sie haben es vergessen, wer sie in Wahrheit sind. Wenn wir uns erinnern, dass es die Dunkelheit nicht gibt, sie ein Erlebnis der Trennung ist, in einem Universum der Dualitäten, begreifen wir, dass wir nur das anziehen, was wir aussenden. Wir bekommen die Energien zurück, die wir anderen senden, ob als Gedanken, als Taten und Handlungen, ob bewusst oder unbewusst ausgeübt.

Das Gesetz der Ursache und Wirkung, das zu soviel Leid wie auch zu reiner Freude und Glück beigetragen hat, es besagt, dass wir selbst SchöpferInnen unserer Realitäten sind, ob wir dies in unserem Verstand annehmen oder ablehnen spielt keine Rolle.

Ich möchte an dieser Stelle ein göttliches Prinzip erläutern, das für Unverständnis sorgt; denn zu begreifen, dass Menschen, die in schwierigen Situationen, in Gewalt, Leid und Kriegen auch sterben, hier sind, weil die kosmischen Gesetze bewirken, dass sie ihr Karma auf dieser „unbewussten" Ebene – manche sprechen von der 3d-Ebene bearbeiten, beinhaltet eine Wahrheit, die Liebe ist – denn die Seele hat immer die Wahl, wie sie ihr Karma bearbeiten möchte.

Wenn sie den schwierigen Weg wählt, hat sie in früheren Leben selbst schweres Karma erzeugt; so schwerwiegend, dass die Trennung, die daraus entsprang, sie manchmal selbst von ihrer liebevollen Seite trennte, denn dies Vergessen, dass die Liebe alles heilt, dass sie inneres und äußeres Gleichgewicht herstellt, dass sie in der Lage ist, selbst Leid, Angst und Gewalt zu beenden, dies Vergessen ist eine Hauptursache für die Zustände der Kriege und der Gewalt in dieser und anderen Welten. Keine Seele, die sich erinnert, wer sie in Wahrheit ist, wird ihr Karma mit anderen Seelen in der ewig gleichen Weise bearbeiten, denn dies führt zu erneutem und erneutem Verstricken und Ausagieren. Wer dem anderen Leid zufügt, weil er selbst dies Leid erfuhr in anderen Leben, auf anderen Welten, erzeugt keine Gnade sondern wählt die Dunkelheit. Diese ist eine Illusion der Trennung, die viele Menschen immer noch in dieser Welt erleben.

Ich weiß, dass dies Prinzip der Ursache und Wirkung fast wie ein Pendel wirkt, das alles aufs Neue initiiert, was wir erlebt haben in der Trennung – und manchen werden diese Zeilen sogar Angst machen, aber Karma ist kein Prinzip der ewigen Wiederkehr, noch ist es ein strenges Prinzip, das Reue bewirken soll, es ist ein liebevolles Prinzip, das dazu dient, den Seelen Glück und Frieden und die Abkehr davon erleben zu lassen. Ohne ein energetisches Prinzip des

Ausgleichs gäbe es kein Universum der Polaritäten, das dazu dient, weniger die Trennung zu erleben, als die Erinnerung daran, wer wir in Wahrheit sind: ewig göttliches Licht, ewig göttliche Liebe. Alle Seelen in diesem und anderen Universen, kehren eines Tages zurück in die göttliche Quelle, aus der sie entsprangen. Wir erleben dann, dass die Gnade der Rückkehr in unser hohes Bewusstsein ein so freudiges Ereignis ist, das alles aufwiegt, was eine Seele in ihren so zahlreichen Leben an Leid und auch an Freude erfahren hat, dass wir all die Erlebnisse in der Dualität, die uns anhält, unser Licht in uns selbst zu achten, als Geschenke wahrnehmen.

In Gott gibt es keine Trennungen, und wenn wir unsere höchsten göttlichen Anteile wieder in uns integrieren, spielen wir dies Spiel, das wir Leben nennen, in einer neuen Weise, die im Vergleich zur „alten" bereits die große Freude vorwegnimmt, die die Vereinigung mit dem Höchsten der Höchsten bedeutet; denn dies ist das Ziel; alles zu erleben, alles zu genießen, was dies und andere Leben zu bieten haben – sie sind ein Geschenk, so wie die Rückkehr eine Gnade ist, die wir uns selbst erlauben, wenn wir aufsteigen – und wir bezeugen uns selbst, dass wir Gott sind, wenn wir uns begnadigen, damit unser Karma erlöst werden kann, das uns erleben ließ, was Ungleichgewicht in uns bewirkt.

Sprecht einmal:

Ich lasse mein Karma los,
ich lasse meine Schuld, die keine ist, los,
ich lasse mein höchstes Bewusstsein die Gnade in mich einfließen,
die nun nötig ist, um aufzusteigen,
so sei es.

Spürt Ihr die Resonanz, die diese Sätze erzeugen? Spürt Ihr die Macht, die Ihr besitzt, wenn Ihr Euch selbst begnadigt?
Oder machen Euch diese Sätze Angst?
Spürt hinein in diese Sätze und vielleicht bemerkt Ihr, dass sie in Euch ein durchwachsenes Gefühl auslösen – und dies aus gutem Grund. Denn die höchsten göttlichen Anteile dienen Eurem Licht, Euren Erlebnissen in der Dualität – sie begnadigen Euch, wenn es der karmische Rat erlaubt.

Und so sprecht Ihr noch einmal:

Ich bin Liebe,
ich bin das göttliche Licht,
ich bin die Seele,
ich bin Einheitsbewusstsein,
und ich bitte Dich, Gott Vater–Mutter,
lass mich aufsteigen in mein hohes Einheitsbewusstsein, das ich bin.
Bitte erlaube mir, mein Karma nun zu erlösen, das mich in der Trennung hielt.
Bitte erlaube mir, mein höchstes Bewusstsein, das ich bin, wieder zu meinem und zum höchsten Wohle Aller anzunehmen und lasse mich wachsen und reifen in diesem Bewusstsein, das ich bin,
denn ich bin Licht,
ich bin Liebe,
ich bin höchstes Einheitsbewusstsein,
und ich manifestiere aus dem Geiste, jetzt.

Wenn Ihr nun noch einmal spürt, was sich verändert hat, so nehmt Ihr wahr, dass Ihr in Liebe Euch erinnert habt, wer Ihr in Wahrheit seid; und so gibt es keine Trennung, weder in Euch noch in Gott, noch in Euren Nächsten, die Euch scheinbar nicht liebevoll begegnen; in Wahrheit spiegeln sie Euch Eure eigenen, unerlösten Anteile und Euer Karma.

Um dies Karma in weiser Eintracht mit den beteiligten Seelen zu ermöglichen, dürfen Eure höchsten Anteile entscheiden, wie Ihr dies Karma erlösen könnt – denn die Gnade Gottes steht über Allem. Ihr erinnert Euch in Demut daran, was auch Jesus lehrte: Ich bin Einheit – und in mir gibt es keine Trennung, so geschieht mir, was ich anderen antue aufs Neue, bis ich begriffen habe, dass ich meine „Feinde" nicht erkannt habe in ihrer wahrhaft göttlichen Gestalt, die sich in nichts von meiner unterscheidet. Solange ich noch urteile, verurteile ich mich selbst, urteilen andere über mich und spiegeln mir das eigene innere Ungleichgewicht, das ich erzeuge, wenn ich nicht in der Einheit, in meinem Einheitsbewusstsein schöpfe. Ich kann alles auf der Seelenebene lösen, betrachten und heilen, so sei es.

In Liebe nehme ich mein Schöpferbewusstsein zu mir zurück, so sei es.

Ihr wart nie getrennt und werdet es nie sein, die Trennung von Eurem hohen Bewusstsein der Einheit mit Allem was ist, ist eine Illusion.

Wenn Ihr nun mit dem Buch arbeitet und die kosmischen Gesetze als das erkennt, was sie sind – Ausdruck eines tiefen Wissens um die Einheit von Allem mit Allem, dann erkennt Ihr, dass auch Ihr in Wahrheit immer ein unendlich geliebter Teil der Schöpfung seid – Ihr wart und Ihr werdet niemals getrennt sein, so ist es.

Ich wünsche viel Freude mit dem Buch.

Das alte Wissen kehrt zurück

Altes Wissen meint, dass einst auf dieser Erde, und in zahlreichen Ländern, Mysterien gelehrt wurden. Mysterien sind die Geheimnisse des Lebens, die keine sind. Begreifen wir die kosmischen Gesetze als einen größeren Zusammenhang in diesem Universum der Polaritäten, entsteht bereits eine tiefere Verbundenheit mit unserer Existenz, die ganz angenommen werden möchte. Viele Menschen können sich nur ein wenig akzeptieren und bewerten sich und andere, was meist ein Ausdruck dieser eigenen Bewertung ist, die dazu noch manches mal von anderen stammt. Introjektion könnte dies Prinzip der Übernahme der Urteile von anderen lauten. Dieser Begriff bezeichnet psychologisch gesehen eine Übernahme von Bewertungsmechanismen, die sowohl positiv als auch negativ sein können. Sie stammen aus der Dunkelheit, auch wenn der Verstand diese Erklärung ablehnen würde. Um die Urteile über sich und über andere loszulassen, bedarf es meist einer tieferen Verbindung mit seiner Seele, die beispielsweise durch eine Einweihung in die Seelenverschmelzung erfolgt, einer hohen Einweihung, die auch in den Mysterienschulen in Ägypten gelehrt wurde.

An dieser Stelle ist es wichtig zu betonen, dass auf der Seelenebene keine Bewertung vorherrscht, lediglich Energien wahrgenommen werden, die dunkel oder hell sind. Um es an einem Beispiel zu erläutern: Es gibt keine Trennungen, also auch keinen Unterschied zwischen einer und der anderen Seele, außer Ihrer Laufbahn in den Inkarnationen. Wir alle sind göttliches Licht. Was uns trennt und dann einen Niederschlag in den Verzerrungen findet, die zu den Bewertungen des anderen führen – einer Fehlwahrnehmung – ist Dunkelheit, die eine Trennung ist. Wir erhellen diese Dunkelheit, wenn wir uns erinnern, wer wir und die anderen in Wahrheit sind.

Es ist eine ebensolche Illusion, das wir dazu eines Hilfsmittels bedürfen, wie wir unsere Muster, sowohl die Bewertungsmuster, als auch Handlungsmuster, jederzeit verändern können.

Um nun das Beispiel und die Lösung zu präsentieren, sei vorweggestellt, dass wir selbst entscheiden, was wir erleben. Dies geschieht auf der Seelenebene.

In einer Alltagssituation treffen sich zwei alte Bekannte, die sich längere Zeit nicht begegnet sind. Früher waren beide fast schon befreundet, hatten sich einiges zu erzählen und tauschten weniger die eigenen Gefühle als die Meinungen über andere miteinander aus.

Das Treffen verläuft verhalten, denn die beiden haben sich aus scheinbar nichtigen Gründen gestritten und daraufhin aus den Augen verloren. Irgendwie war es beiden nicht klar, was genau eigentlich dazu führte, dass ihre „Freundschaft" auseinanderging, vielmehr fühlten sich beide „im Recht".

Streit gibt es häufig zwischen Menschen, weil sie die Ursache ihrer negativen Reaktionen auf das Verhalten von anderen nicht durchschauen. Oft hängt dies mit Bewertungsprogrammen zusammen, die wir von anderen, zum Beispiel Bezugspersonen, übernehmen. Allerdings nicht nur, denn wenn eine Freundschaft scheinbar ohne triftigen Grund auseinandergeht, und man sich plötzlich „streitet", wenn vorher zumindest Einverständnis geherrscht hat, ist dies oft ein Phänomen, das eine karmische Ursache hat. Dann greift das Prinzip der Einverständniserklärung auf der Seelenebene, zu einem gewissen, vorher vereinbarten Zeitpunkt, mit der Karmaauflösung zu beginnen. Für den Verstand ist dies nicht durchsichtig oder gar auf einer tieferen Ebene zu verstehen; wir rechnen dies dann meist der „Schuld" des anderen zu, und sehen uns oft auch außer Stande, die Situation zu heilen.

Was aber steckt noch in diesem knappen Beispiel, das vielleicht einigen bekannt vorkommen mag? Die Bewertungen, was wir unter einer Freundschaft verstehen, hängen weniger mit unseren geheilten inneren Anteilen zusammen, als mit den verletzten – denn in der alten Zeit ging es darum, sich auf einer „unbewussten" Ebene mit seinen karmischen Verstrickungen auseinanderzusetzen.

Wir waren in dieser Zeit mit Menschen zusammen und hatten mit ihnen zu tun, die nicht unbedingt unsere Bedürfnisse nach Freundschaft, nach tiefer, inniger Beziehung erfüllten, sondern uns etwas spiegelten oder uns unser Karma erleben ließen – ob im Streit oder durch die Verunsicherung, die eine Partnerschaft auslösen kann, die nicht in der tiefen Seelenverbindung verankert ist – und damit Sicherheit und Zuneigung ungefragt gewährleistet. Beiderseitige Achtung und aufrichtige Liebe erfüllt die Seelen, die sich ganz auf der Seelenebene freiwillig für eine Partnerschaft mit einer anderen Seele entscheiden.

Lasst es einmal in Euch erklingen:

Ich bin die Seele,
ich bin das göttliche Licht,
ich bin Liebe,
ich bin Wille,
ich bin Weisheit,
ich bin geisterschaffen,
und ich manifestiere aus dem Geiste jetzt.

Ihr werdet nun spüren, das Eure Seele sich an Euch wendet und Euch offenbart, in welcher Beziehung Ihr nicht mit dem anderen im Reinen seid. Bittet auch einmal Gott Vater-Mutter darum, Euch zu erlauben, zu spüren, wo Ihr nicht in der Liebe zu Eurem Gegenüber lebt, sondern wo Ihr Euch gegenseitig altes Karma ermöglicht, zu bearbeiten (was sich nicht gegenseitig ausschließen muss).
Bittet einmal darum, dass Ihr geführt werdet bei der Neuausrichtung Eurer Beziehung zu Euren Liebsten, zu Euren Freunden, zu Euren Eltern, denn sie haben die liebevolle Aufgabe übernommen, Euch in dieses Leben zu führen.

Ihr werdet spüren, dass sich Klarheit in Euch ausbreitet und Ihr werdet spüren, dass Ihr in Wahrheit auf der Seelenebene mit Euren Nächsten eng verbunden seid, denn die Seelen untereinander lieben sich unendlich.

Wenn Ihr auch unangenehme Gefühle wahrnehmt, ist es schön und gut, diese nicht zu bewerten – denn oft dienen Euch die Einverständnisse, die andere Seelen gegeben haben, der Erkenntnis und Eurem Wachstum. Sie zeigen Euch etwas – und auch hier dürft Ihr um Klärung bitten, denn Ihr seid, so wie sie, in der Lage, Euch immer selbst die Wahrheit auf der Seelenebene zu offenbaren – und daran zu wachsen in Eurer Liebe zu Euch selbst und Euren Nächsten, denn darin besteht die Aufgabe auf diesem Planeten.

Bittet Gott Vater–Mutter, Euch zu offenbaren, was Ihr Euch spiegelt in Eurer Familie, in Euren Freundschaften, in Euren Partnerschaften und lauscht auf die Botschaften, die Euch helfen, Euch selbst und den anderen tiefer zu verstehen.

Nun geschieht etwas sehr schönes, denn die Erkenntnis, die Ihr daraus gewinnt, dient Euren nächsten Schritten, denn in Euren Lernaufgaben und karmischen Verstrickungen verbergen sich die Schätze der Heilung und Selbstakzeptanz. Eure Muster, die sich auf Euer Verhalten und Empfinden auswirken, haben eine Verankerung in Eurem emotionalen Zentrum, dem limbischen System – und auch hier darf Heilung geschehen, wenn Ihr darum bittet.
Und so könnt Ihr Gott Vater–Mutter bitten:

Bitte erlaube mir, aufzusteigen in mein hohes Einheitsbewusstsein und meine Fähigkeiten der Heilung, meine Essenz, wieder zu mir zu nehmen.

Spürt nun hinein in Eure Essenz, die sich in Euch verankern darf, und die Euch fortan hilft, Euch selbst auf einer viel tieferen Ebene zu heilen – und wenn Ihr bereits eine Ausbildung zu einer geistigen Heilerin/ zu einem geistigen Heiler gemacht haben solltet, könnt Ihr auch anderen mit Eurer Seelenessenz zu Seite stehen.

Die Essenz Eurer Seele, die Heilung ist, darf sich nun in Euch zur Heilung Eurer verletzten Anteile entfalten und ebenso Eure Musterprogramme auflösen oder transformieren, die sich eben gezeigt haben.

Bittet auch hier Gott Vater-Mutter um Heilung dieser verletzten Anteile und Eurer Musterprogramme, die Euch binden an bestimmte Bewertungsschemata und auch zu Verhalten beitragen können, das Eurem Licht nicht dient.

Welches Verhalten dies genau ist, könnt Ihr wiederum durch eine Affirmation genauer erspüren, denn Ihr seid Licht – und so sprecht Ihr erneut:

Ich bin die Seele,
ich bin das göttliche Licht,
ich bin Liebe,
ich bin Wille,
ich bin Weisheit,
ich bin geisterschaffen,
und ich manifestiere aus dem Geiste, jetzt.

Spürt hinein in Verhalten, das Euch in karmische Ungleichgewichte bringt oder das auch „nur" dazu veranlasst, Euer eigenes Licht nicht voll erstrahlen zu lassen.

In all den Leben, die Ihr hattet, haben sich Muster in Euch und Euren Ahnen sedimentiert, die geklärt und geheilt werden, wenn Ihr aufsteigt und Euer Bewusstsein des Lichts ganz annehmt.

Eine Klärung der Ahnenreihe kann beispielsweise ein geistiger Heiler mit Euch gemeinsam vornehmen und auch dort für Heilung von Musterprogrammen, die karmische Verstrickungen erzeugt haben, sorgen. Dies dürft Ihr erbitten, wenn Ihr sprecht:

Ich bitte Dich, Gott Vater-Mutter, erlaube mir aufzusteigen in mein hohes Einheitsbewusstsein, das ich bin.
Bitte erlaube mir die Klärung meiner Ahnenreihe – sei dies durch den Beistand eines geistigen Heilers oder sei dies durch Deine Gnade – so dass die karmischen Muster entfernt werden, die nun gehen dürfen.

Ihr werdet nun spüren, was geschieht – erhaltet Ihr einen Hinweis, dies mit der Hilfe einer geistigen Heilerin/eines geistigen Heilers zu unternehmen, wendet Euch liebevoll an Personen, die dies anbieten. Eine kleine Liste mit Namen findet Ihr im hinteren Teil des Buches (S. 127, 128).

Wenn Ihr eine energetische Arbeit an den Ahnen wahrnehmt, die Ihr in früheren Leben selbst sein könnt, ist dies ein Zeichen, dass Ihr verstanden habt, dass alles Leid in dieser Welt durch die Ursachen und Wirkungen geschehen, die wir selbst einst setzten – denn nichts geschieht in diesem energetischen Universum ohne Ursache.

Die Ursachen, die nicht in der göttlichen Liebe gesetzt wurden, sie dürfen gehen, wenn wir aufsteigen. Wir bitten dazu erneut Gott Vater-Mutter um Beistand und Hilfe:

Bitte, Gott Vater-Mutter, erlaube mir zu heilen von den Ursachen, die ich einst setzte, und die mein Licht noch blockieren.
Bitte entscheide Du, was geschehen soll und in welcher Reihenfolge.
Ich danke Dir von Herzen, so sei es.

Die Ursachen und Wirkungen, die zu unserem „Abstieg" in das Experiment mit der Dunkelheit führten, haben zu so tiefen Verletzungen der Seelen beigetragen, dass sie meist in mehreren Schritten wieder geheilt werden müssen – das heißt, unser Aufstieg geschieht in dem Tempo, in dem es unserem höchsten Wohle dient.
Gleichzeitig sind mit der Rückkehr mehr und mehr Erkenntnisse über die spirituellen Zusammenhänge, über unsere früheren Leben, über unser einstiges und heutiges Wissen verbunden. Dieses alte Wissen, das zu der Zeit von Atlantis für einen langen Zeitraum in der göttlichen Reinheit gehalten wurde und so alle Menschen in Frieden und Liebe zueinander leben ließ, es darf nunmehr zurückkehren – und dies hat bereits seid einigen Jahren stattgefunden.
Die Vorbereitungen für diese Rückkehr dauerten Jahrzehnte, auch wenn es nicht so scheinen mag. Dies diente einer strukturellen Anpassung Eurer Körper, die bereits wieder lichtvoller zu schwingen begonnen haben; dies diente der Vorbereitung der Menschen, die vorangehen, und die in dieser Welt der Trennungen bereits Heilung erfahren haben und anderen helfen, Ihr inneres Licht zu entdecken und zu leben. Dies diente nicht zuletzt Eurem Schutz, denn zu tief

war die Verstrickung mit der Dunkelheit, die lange Jahre festhielt und Euch zurückzuholen suchte. Dies gelang zu keiner Zeit – und dennoch steht für viele Menschen in der Phase der Dunkelheit, die auch Phasen und Orte des lebendigen Lichts stets enthielt, eine Blockade im Weg zu ihrer Rückkehr.

Denn die lichtvolle geistige Welt, wie einige sie nennen, hatte entschieden, die Prüfungen auf dem Weg zurück so auszulegen, dass das alte Wissen entdeckt werden musste, bevor es wirken konnte. Diese Prüfungen sind Prüfungen der Ernsthaftigkeit der Bemühung, sein Licht in dieser Welt der Trennung auf die Liebe zu konzentrieren, auf die innere Entwicklung, den inneren Frieden und die Ausrichtung auf ein höheres Ganzes.

Dies mag etwas pathetisch klingen – die lichtvolle geistige Welt sind wir selbst – und so sind die Seelen und die Höheren Selbste dazu angehalten, ihr Wissen dann wieder einzusetzen, sobald sie auf dem Weg der Einweihungen und der Vertiefung Ihrer Existenz, ihre Lernaufgaben bewältigen und ihre Existenz ganz annehmen. Die Bereitschaft ist entscheidend – und blicken wir in die Welt, so sehen wir noch zahlreiche Menschen, die die tiefen Weisheiten der Seele nicht annehmen – oder scheinbar Vorbehalte gegen spirituelles Wissen besitzen. Wie ich bereits schrieb, würde die Welt in dieser alten Weise nicht mehr lange existent sein können, wenn nur einige in die Bewusstheit gingen, denn dann würden die übrigen, noch unbewussten Seelen und Menschen diesen Planeten nutzen, ihr altes Karma auf die sehr bekannte Weise zu lösen – es würde weiterhin Krieg in einem viel größeren Ausmaße geben, als wir es uns jetzt vorstellen können.

Damit dies nicht geschieht, werden die Seelen erweckt – und die Schwingungserhöhung der Erde, die bereits eine weitere Stufe erklommen hat, und die dem Aufstieg in die Bewusstheit dient, wird auch die Seelen daran erinnern, dass dieser Planet zurückkehrt in das Licht, das er einst war und wieder werden wird.

Die Gnade des Höchsten ist so unermesslich, dass er die Engel des Lichts entsendet und diese Seelen heilen wird von ihren alten karmischen Verstrickungen, die sie an alte Gelübde und Versprechungen binden, die sie mit der Dunkelheit vereinbart hatten.

Und auch wir können uns von unseren nicht geheilten Anteilen lossprechen, in dem wir ihnen erlauben, sich von der Dunkelheit zu lösen – damit dürfen wir sie integrieren und ihnen wieder das Zuhause des Lichtes bieten, das wir in Wahrheit sind. Keine Gnade war je so groß, wie die des Höchsten der Höchsten – und so sprechen wir:

Ich bitte Dich, Gott Vater-Mutter, erlaube mir, zurückzukehren in das Einheitsbewusstsein, das ich bin.
Ich bin Licht,
ich bin Liebe,
ich bin das Höhere Selbst und ich bitte Dich, geliebtes Höheres Selbst, reiche mir die Hand, damit ich aufsteigen kann in mein höchstes Bewusstsein, das ich bin.

Ich bin Licht,
ich bin Liebe,
ich bin Weisheit,
ich bin geisterschaffen,
und ich manifestiere aus dem Geiste, jetzt.
So sei es.

Ich lasse alle Dunkelheit los,
ich lasse alle Dunkelheit los,
ich lasse alle Dunkelheit los,
denn ich bin Licht,
ich bin Liebe,
ich bin der Höchste der Höchsten, so sei es.

Wenn wir uns erinnern, wer wir in Wahrheit sind, erteilen wir uns selbst die Gnade Gottes, denn wir sind Gott selbst. Wer anders könnte uns begnadigen, als wir selbst, denn wir sind Licht, wir sind das Höhere Selbst wir sind Gott Vater–Mutter. So ist es.

Wenn Ihr nun hineinspürt in diese Worte und feststellt, dass in Euch selbst die Anteile, die festhielten an dem Nicht-Bewussten, an dem, was nicht Licht ist in Euch, heilen, dann stellt Ihr fest, dass Gott unendliche Liebe ist, die Euch immer und zu jeder Zeit behütet, in Geborgenheit wiegt, in liebevolle Energien hüllt, die Euch heilen, die Euch spüren lassen, wie sehr Ihr geliebt und getragen werdet. Denn Ihr seid ewig göttliches Licht.

Wenn Ihr noch tiefer hineinspürt in Eure verletzten Anteile, die zu Euch zurückkehren möchten, werdet Ihr erkennen, dass in Wahrheit nur das Licht real ist – die Dunkelheit ist eine Illusion, so sei es.

Die Dunkelheit, mit der wir uns in vielen Leben auseinandergesetzt haben, die zu innerem Unfrieden, zu Kämpfen im Innen und Außen geführt hat, sie ist eine Illusion, die wir loslassen, wenn wir der Dunkelheit offenbaren, dass sie eine Illusion ist, denn dann erkennen wir, wer wir in Wahrheit sind – ewig göttliches Heil, ewig göttliches Bewusstsein, ewig göttliches Licht, so sei es.

Die Einfachheit dieser Erkenntnis, die doch so zahlreiche Konsequenzen hat auf die Beziehungen zu uns selbst und zu anderen, sie ist es, die sich im Zuge des Bewusstwerdungsprozesses in uns entfaltet und zu weiterem Wachstum und zu weiterer Integration von unseren Bewusstseinsanteilen führt.

Und so begreifen wir, dass unsere Lernaufgaben in Wahrheit genau mit dieser Erkenntnis des Lichts zusammenhängen – wieviel Liebe können wir uns selbst und anderen geben, wieviel Licht sind wir bereit, in uns selbst zu entfalten – und wir begreifen dann auch, was mit den sogenannten Prüfungen auf dem Weg gemeint ist – sie sind liebevolle Hinweise, die uns sagen, wo wir noch an der Dunkelheit in uns festhalten. Damit diese Dunkelheit nun gelöst werden kann, sprecht erneut:

Ich bin ewig göttliches Licht, das die Dunkelheit erhellt,
ich bin Liebe,
ich bin Wille,
ich bin Weisheit,
ich bin geisterschaffen,
und ich manifestiere aus dem Geiste jetzt.
Ich bitte Dich, Gott Vater-Mutter, offenbare mir Dein Mitgefühl und

lasse mich erkennen, wo in mir noch Schatten sind, die festhalten, die nun erlöst werden möchten, die ganz angenommen werden möchten.
Bitte erlaube mir, meine Angst zu erlösen vor dem Dunklen in mir.
Bitte erlaube mir, die Dunkelheit als das zu erkennen, was sie ist – eine Illusion.
Bitte erlaube mir zu sprechen: Ich bin der ich bin.

Spürt hinein in diese Worte und lauscht auf die Stimme Eures Herzens, das die Antwort auf die Frage nach den Schatten in Euch kennt. Kein Schatten, der nicht in der Liebe ist, wird sich im Zuge des Aufstiegs verstecken, sondern die lichtvollen Schwingungen in Euch, lassen Euch erkennen, was in Euch noch nicht geheilt ist, was in Euch festhält oder „kämpft".

Bittet nun erneut Gott Vater–Mutter um die Erlaubnis aus dem Spiel mit der Dunkelheit auszusteigen – zum Beispiel durch folgende Affirmation:

Bitte, Gott Vater-Mutter, erlaube mir, aus dem Spiel mit der Dunkelheit auszusteigen.
Bitte erlaube mir zu erkennen, wo ich selbst festhalte, und bitte erlaube mir zu sagen:
Ich bin Licht, und ich lösche alle Verträge mit der Dunkelheit, so sei es.

Spürt einmal, was diese Affirmation bewirkt und was bei Euch gehen darf. Empfindet Ihr Erleichterung? Empfindet Ihr Schwere? Bittet darum, dass alles zu Eurem höchsten Wohle gefügt wird, wenn Ihr erneut sprecht:

Ich bin die Seele,
ich bin das göttliche Licht,
ich bin Wille,
ich bin Weisheit,
ich bin geisterschaffen,
und ich manifestiere aus dem Geiste, jetzt.

Ich bitte darum, dass alles zu meinem höchsten Wohle gefügt werde, so sei es.
Ich bin das Einheitsbewusstsein, das in der Liebe Gottes schwingt.
Ich bin immer und überall, in allen Welten und Inkarnationen ein geliebter Teil des Ganzen – ich bin das Ganze, denn ich bin das All-Eine.
So sei es.

Spürt erneut hinein in diese Worte und in die Resonanz, die dies in Euch auslöst, denn Ihr seid das All-Eine. Um Euer höchstes Bewusstsein zu integrieren, ist es notwendig, sich vorzubereiten, denn in den häufigsten Fällen können wir nicht von heute auf morgen unser komplettes, göttliches Bewusstsein integrieren. Zu lange haben wir meist in Realitäten verharrt, die eng mit dem Massenbewusstsein verbunden sind oder waren.

Dies bedeutet, das wir Glaubenssätze, Verhaltens-, und Erlebensmuster übernommen und gelebt haben, zum Teil auch durch Seelenverträge, die uns daran gebunden halten oder hielten, die uns den Aufstieg erschwerten.

Ein Beispiel kann sein: „Was denken die anderen?"; ein anderes: „In unserer Familie gibt es Krankheiten, die sich vererben." oder: „Wir erledigen die Dinge des täglichen Bedarfs nach Schema F, denn so haben wir es immer getan, und es funktioniert."

Spürt nun hinein in dies Massenbewusstsein und bittet Gott Vater-Mutter, Euch zu ermöglichen, den nötigen heiligen, heilenden, multidimensionalen Raum für Euch zu öffnen, der es ermöglicht, sozusagen unbehelligt die Energien dieser Verbindungen damit wahrzunehmen.

Sagt einmal folgendes:

Ich bitte um Öffnung eines heiligen, heilenden, multidimensionalen Raum, und ich bitte Dich, Gott Vater-Mutter, erlaube mir, in diesem Raum meine Verbindungen zum Massenbewusstsein wahrzunehmen.
Erlaube mir, in diesem Raum ohne Schaden die Dinge und Verbindungen zu den Seelen zu erleben, die mein inneres Licht blockieren,

und bitte erlaube mir ebenso, wahrzunehmen, was ich tun kann, um diese Verbindungen zu lösen. So sei es.

Lauscht hinein in die Botschaften, die Ihr erhaltet in diesem Raum – und vielleicht nehmt Ihr innere Bilder, Klänge oder sogar Seelen wahr, zu denen Ihr in Beziehung steht. Erlaubt Euch zu sehen, zu hören, zu erleben, was in Euch noch in Verbindung steht mit diesem Massenbewusstsein – welche Glaubenssätze sind es, welche Verhaltensweisen oder Vorschriften, denen Ihr gehorcht, binden Euch?
Erlebt Ihr diese Verbindungen als hell und klar, oder sind sie eher dunkel, unangenehm oder bedrängend?
Nehmt wahr, und erlaubt Euch möglichst ohne Wertung, Eure eigenen Glaubenssätze und Muster zu betrachten als das, was sie sind: sie sind Verbindungen mit der Dunkelheit, denn die Verbindungen mit kontrollierenden Energien haben stets mit einer Unfreiheit zu tun, die ihr loslassen dürft.

Wenn Ihr dies in Eurem Herzen wahrnehmt, werdet Ihr merken, dass die Trennungen, die darin liegen, Illusionen sind, denn in Wahrheit ist nichts je getrennt, und so sind die Seelen in diesem Feld mit Euch verbunden, und in Liebe verbunden; dies hat mit dem Massenbewusstsein nur insofern zu tun, als sich darin etwas spiegelt. Wenn Ihr in Eurem Herzen auch Angst vor Zurückweisung, vor Ausgeschlossensein wahrnehmt, so ist dies Ausdruck einer tieferen Furcht vor dem Verlust von Zuneigung, von Liebe. Ihr spürt in diesem heiligen Raum, das dies eine Illusion der Trennung ist, denn in Wahrheit gibt es keine Trennung – weder zwischen Euch und den Seelen, noch zwischen Euch und Eurem höchsten Bewusstsein, das Ihr seid.
Dies heißt, dass Ihr die Trennungen, die in dem Massenbewusstsein enthalten sind, loslassen dürft, wenn Ihr aufsteigt. Ihr verliert dadurch die Angst vor Zurückweisung, denn in Euch macht sich tiefes Wissen um die Liebe der Seele und Eure Verbindung mit dem höchsten göttlichen Anteil in Euch breit. Ihr seid Liebe – alles andere ist eine Illusion der Trennung. So erkennt Ihr die Illusion der Trennung, wenn Ihr die Verbindung zu dem Massenbewusstsein in Liebe loslasst.

Ihr könnt dazu affirmieren:

Ich bin Licht,
ich bin Liebe,
ich bin die Seele,
ich bin ewig göttliches Licht,
Ba Ra Shem Ka, so sei es.
Ich bin Weisheit,
ich bin Wille,
ich bin geisterschaffen,
und ich manifestiere aus dem Geiste jetzt.
Bitte Gott Vater-Mutter, erlaube mir nun, in diesem heiligen, heilenden Raum, meine Verbindungen zum Massenbewusstsein loszulassen.
Bitte erlaube mir, die Trennungen, die darin liegen, loszulassen.
Die Trennungen sind Illusionen – und so erkenne ich mit Deiner Hilfe, dass die Verbindungen, die mich hielten, eine Illusion der Trennung sind, so sei es.
Ich danke Dir von Herzen.

Spürt hinein in das Feld, das immer noch geöffnet ist – spürt Ihr Erleichterung, wenn sich Energien lösen, wenn das Feld heller und heller wird? Spürt Ihr auch die Erkenntnis, die darin liegt, Euch zu zeigen, dass in Wahrheit die Trennungen von Eurem Bewusstsein, von Euren höchsten Anteilen, Illusionen sind?

Nehmt wahr, was sich in Euch – und in Folge in Eurem Verhalten und Eurer Wahrnehmung verändert. Nehmt auch die Erleichterung wahr, die sich einstellt, wenn sich alte Glaubenssätze verabschieden.

Der Grund für die längere Beschäftigung mit Mustern und Trennungen im Kapitel über das alte Wissen liegt in den Mysterien des Lebens, die keine sind, begründet. Spürt einmal hinein in den Atem Eurer Seele – sprecht dazu liebevoll:

Ich bin die Seele,
ich bin das göttliche Licht,

ich bin in meinem Seelenatem, den ich rufe – Ba Ra Shem Ka, so sei es.

Spürt, wie es sich anfühlt, Eure Seele in Euch wahrzunehmen – denn sie ist Euer Körper, Euer Geist, Eure physische wie geistige Erscheinung und Manifestation. Es gibt keine Trennung – und wenn Ihr dies erkennt und wahrnehmt, steigt Ihr nicht nur auf sondern begreift, dass die Trennungen, die vielfältig sein können, Euch von der Durchlässigkeit abhalten, die notwendig ist, um Euer höchstes Schöpferwissen wirken zu lassen. Nicht nur können diese Blockaden in Eurem System Euren Lebensfluss hemmen – und auch Euer Glück beeinflussen; sie stellen auch für den Geist, die Seele und ihre Manifestationen eine Art Gleichnis dar, denn: innen wie außen.

Wir schöpfen unsere Realität und das Außen spiegelt uns dies. Wenn wir bewusst werden, schöpfen wir bewusst – dies geschieht um so leichter, je höher wir schwingen also je mehr und umfangreicher unser Bewusstsein gereift ist (also aufgestiegen).
Die Bewusstseinsanteile, die aus der Liebe schöpfen, können nur dann ganz integriert und zum Tragen gebracht werden, wenn Ihr die Trennungen in Euch selbst loslasst.

Was trennt Euch von der Integration Eures Bewusstseins?
Was trennt Euch von der Akzeptanz Eures göttlichen Schöpferbewusstseins, von der Wahrheit, dass Ihr Gott seid?

In Wahrheit war und ist nie etwas getrennt – und je mehr Ihr an Bewusstseinsanteilen integriert, desto mehr werdet Ihr wissen, dass dies so ist. So ist die Materie, die Ihr als getrennt von Euch wahrnehmt – oder als etwas außerhalb des Geistes befindliches – in Wahrheit ein und das gleiche; denn die Materie ist Schwingung wie Ihr. So schwingt Ihr mit der Materie, wenn Ihr in Eurem höchsten Bewusstsein ganz anwesend seid – und Ihr könnt dann zum Beispiel levitieren – also fliegen.
Ihr könntet die Materie verändern; Ihr könntet schöpfen, dass dies Schwingungsfeld der Erde anderen Erfahrungen und Erlebnissen dienen soll, als dies jetzt noch der Fall ist; Ihr könntet Eure Körper

oder beliebige andere Körper „beamen", denn die Materie ist, ähnlich wie die Zeit, eine Schwingung, die veränderbar ist. Ihr müsstet bloß „hoch genug" schwingen – denn dann würdet Ihr begreifen, dass dieses Schöpferbewusstsein nur eines der Liebe sein kann, das solche Dinge vollbringt.

Dies wollte Jesus Sananda zeigen, als er Wasser in Wein verwandelte und über das Wasser lief – also levitierte, wie Ihr selbst dies einst in Atlantis tatet. Er hat Euch, wie viele andere so genannte aufgestiegene Meister, an Euer höchstes Schöperbewusstsein erinnert – daran erinnert, wer Ihr in Wahrheit seid, damit Ihr in Zeiten der Dunkelheit Euer Leben wieder als das begreift, wie es gedacht ist: als eines, das in Freude und Liebe schwingen soll und darf; das ganz ausgekostet werden darf, genossen und gelebt als Freude, denn als Freude ist das Leben gedacht, so sei es.

Wenn Ihr Euch nun fragt, wie Jesus und andere MeisterInnen die Taten vollbrachten, so seid ihr bereits wieder in dem Modus des Vergessens oder des Massenbewusstseins geraten – denn genau darum geht es: wie integriere ich mein höchstes Schöpferwissen, statt: wie soll dies möglich sein; denn in Gott ist nichts unmöglich, und da Ihr und wir alle Gott sind, ist auch uns nichts unmöglich, wie wir es in Atlantis und Lemurien, sowie in Ägypten und zu Zeiten von Avalon erlebt haben.

Damit dies klarer wird, dient die folgende Meditation zu einer Art Rückverbindung mit diesem alten Wissen, das Euch von nun an wieder zur Verfügung stehen darf, so sei es. Denn Ihr seid Licht.

Meditation: Das alte Wissen kehrt zurück

Begib Dich einmal in Ruhe und Stille an einen Ort, der einst Atlantis oder Lemurien war. Dies geschieht so, wie es geschehen soll, ganz ohne Zwang oder Kontrolle; Deine Seele weiß, wohin sie Dich heute führen möchte.

Schau Dich um an diesem Ort: was nimmst Du wahr?

Was fällt Dir auf? Siehst Du jemanden Bekannten? Oder nimmst Du zunächst die Landschaft wahr, und erblickst in Ihr Schönheit und Ruhe, die Gelassenheit und die Stille, die Du gerade benötigst?

Lasse Dich führen von Deiner Seele, von Deinem Höheren Selbst, das Du nun bittest, zu Dir zu kommen, um Dir die Hand zu reichen. Wie fühlt sich das an? Nimmst Du die hohe Energie wahr, die den Raum erfüllt, in dem Du Dich befindest.

Bleib eine Weile an dem Ort, an den Dich Deine Seele geführt hat und genieße die Eindrücke, die Du wahrnimmst.

Was spürst Du körperlich? Fühlt es sich leicht und gelassen an? Nimmst Du Freude über Deinen Körper wahr – und nimmst Du die Leichtigkeit wahr, mit der Du dich in der Materie bewegen kannst?

Vielleicht gleitest Du sogar durch die Luft – spür hinein, wie sich das anfühlt – wie leicht und angenehm dies Gefühl ist, wenn der Wind um die Nase weht, wenn sich die Haare im Wind wiegen, wie ein Luftzug Deine Haut streichelt.

Spürst Du das enorme Kraftfeld, das Dich umgibt?

Nimm wahr, wie Du auch Dein Höheres Selbst wahrnimmst, das ganz selbstverständlich ein Teil von Dir ist.

Nimm auch wahr, wie sich dies anfühlt – was spürst Du? Vertrautheit zu Deiner Seelenpartnerin/ zu Deinem Seelenpartner, der aus dem gleichen Höheren Selbst stammt, wie Du?

Nimm die Leichtigkeit wahr, mit der Du und Dein Höheres Selbst die Welt erforschen – und mit welchem Gespür für die anderen Du in dieser Welt gelebt hast.

Wie fühlt es sich an, die Verbundenheit mit Allem was ist, so deutlich wahrzunehmen?

Nimm einen tiefen Atemzug von dieser Energie, die Leichtigkeit und Liebe ist – spüre wie sie Dich erfüllt, wie Du von Ihr getragen wirst, so als würdest Du die Leichtigkeit in Allem wahrnehmen.

Du bist diese Leichtigkeit – vielleicht hast Du es bloß vergessen.

Nimm auch wahr, wie sich in Dir nun etwas entfalten darf, das an diese Zeit anknüpft.

Dein Höheres Selbst reicht Dir die Hand und bittet Dich, nun an einen besonderen Ort zu gehen, der wie eine Art Lichttempel aussieht.

Schau Ihn Dir an, diesen Tempel von Atlantis oder Lemuria – wie sieht er aus? Ist es eine Pyramide, eine Art gläsernes Gebilde, das die Landschaft überstrahlt?

Vertraue Deiner Wahrnehmung und erlebe Dich, wie Du den Tempel betrittst – als ein gesegnetes Geschöpf der Einheit.

Dieser Tempel ist ein Teil von Dir, er erstrahlt in dem Licht, in dem Du schwingst, als heller, klarer Tempel voller Energie – oder als Kristall, der darauf wartet, dass Du ihn wieder aktivierst.

Bitte in diesem Fall darum, dass er wieder aktiviert werde. Sage: so sei es.

Du wirst spüren, was sich nun verändert – es gibt keine Trennungen, und so blicke in den Kristall der Einheit, der Du bist. Nimm sein Leuchten wahr und spüre auch, wie er sich heller und leuchtender zeigt, wenn Du ihn berührst.

Nimm diesen Kristall in Dein Herz hinein, denn dort ist er – er wartet darauf, ganz angenommen zu werden von Dir. Du bist dieser Kristall der Einheit, so sei es.
Spüre in die Energie in dem Tempel und in Deinen Kristall hinein. Was hat sich verändert? Was ist geschehen?

Spürst Du die Leichtigkeit, die Dich und Dein Umfeld erhellt? Denn so war es in Atlantis und Lemuria – wir haben uns stets an unser göttliches Licht erinnert.

Wenn Du bemerkst, dass sich in Dir auch Widerstände regen – dies kann mit alten Versprechungen oder mit dem Karma zusammenhängen, das wir mit dem Fall von Atlantis erzeugt haben – so bitte Gott Vater–Mutter um Vergebung für diesen Fall aus der Einheit mit Allem was ist.

Bitte ihn, Dir sein Mitgefühl und seine Liebe zu offenbaren – und lausche auf die Stimme Deines Herzens, denn sie ist Dein Kristall, der sich Dir erschließt, wenn Du aufsteigst.

Und so bitte erneut, dass Dir Dein Karma aus Atlantis oder Lemurien vergeben werde, so sei es.

Bitte auch Erzengel Michael hinzu. Dieser hohe Engel wird nun Dein Atlantisches Karma gemeinsam mit Gott Vater–Mutter begnadigen.

Bitte ihn darum, die Kristalle von Atlantis wieder herzustellen.

Spüre nun hinein in den Tempel, der Du bist – was hat sich verändert?

Nimmst Du die Wärme und Liebe wahr, die Dich umgibt? Die hohe Energie der Einheit, die alles zum Schmelzen bringt, was nicht in der Liebe ist und in Dir schwingt.

Spüre, wie sich in Dir Klärung und Heilung vollzieht, denn dies ist ein Prozess, der liebevoll von Dir angenommen werden möchte.

Spüre auch hinein in die Kristalle, die in Dir wieder aktiviert werden durften – vielleicht bekommst Du eine Botschaft, welchem Zweck sie dienen, oder was Du mit Ihnen in dieser neuen Zeit wieder bewirken darfst.

Solltest Du keine Kristalle erhalten haben, nimm bitte dies als einen liebevollen Hinweis, diese Meditation ganz in Deinem Tempo öfter zu machen – lasse Dich von Deiner Seele führen – und heilen.

Nun beginnt die Wiederherstellung Deiner göttlichen Gesundheit, die Du wahrnimmst als einen göttlichen Fluss, in dem Du baden kannst, und der Dich von den Trennungen, die Krankheiten darstellen, befreit.

Nimm wahr, was in Dir gehen darf – und sprich liebevoll aus Deinem Herzen: In Wahrheit ist die Krankheit eine Illusion. Ich bin ewig geliebter Teil des Ganzen, ich bin das All-Eine.

Ich bin heil, heil, ewig heil, so sei es.

Spüre hinein in die Trennungen, die Dich wie Schnüre verlassen dürfen. Nimm wahr, was Dir Krankheiten sagen möchten. Vielleicht erhältst Du eine Botschaft, die Dir sagt, dass in Wahrheit die Liebe – Deine Liebe, die Du bist, alles in der Lage ist zu heilen, denn so ist es.

Kannst Du dies ganz verstehen und annehmen?

Bitte Gott Vater-Mutter, Dich zu heilen und Dir zu ermöglichen, die Liebe, die Kraft in Dir, wieder ganz zu entfalten, und zu Deiner Heilung zu nutzen. So sei es.

Gott Vater–Mutter, der Dich unendlich liebt, sein Geschöpf, das aus seinem höchsten Bewusstsein entsprungen ist und in diesem Universum der Polaritäten so zahlreiche Verletzungen erfahren hat, heilt Dich in Liebe – so sei es.

Spüre die Liebe und die Erkenntnis, die darin liegt, heil zu sein. Jede Trennung ist eine Illusion – so war es in Atlantis üblich, sich selbst und andere mit den Methoden, die wir heute als geistiges Heilen bezeichnen, zu unterstützen. Nichts wahr und ist jemals getrennt, denn dies Wissen stand den Seelen immer zur Verfügung, wenn sie sich erinnerten, wer sie in Wahrheit sind: ewig göttliches Licht, ewig göttliche Liebe – und so erinnerst Du Dich: Du bist Licht.

Sprich es einmal und die Meditation darf dann ausklingen:

Ich bin Licht – und ich heile meinen Emotionalkörper mit und durch die Liebe, die ich bin, so sei es.

Ich erinnere mich, wer ich in Wahrheit bin – untrennbarer Teil des Ganzen, untrennbarer Teil der Einheit, die ich bin.
Ich bin höchstes Einheitsbewusstsein,
ich bin die Liebe Gottes,
ich bin Wille,
ich bin Weisheit,
und ich manifestiere aus dem Geiste, jetzt, so sei es.

Bitte nun, nach dieser Meditation, um die Liebe, die durch Dich wirken darf, zum höchsten Wohle aller.

Gott Vater-Mutter, offenbare mir Dein Mitgefühl,
bitte lasse mich wirken aus der Liebe des hohen Herzens Gottes, das ich bin,
bitte lasse mich schöpfen, meinen Alltag, meine Realität, meine Gesundheit aus dem Wissen um die Einheit, die ich bin.
Ich bin Liebe,
ich bin Licht,
ich bin unendlich geliebter Teil der Schöpfung und des All–Einen.
Ich bin, so sei es.

Betrachtet dies Kapitel über die Rückkehr des alten Wissens, als eine Art der Hinführung zu dem, was folgt, sowohl in diesem Buch, als auch in Eurem Leben, denn: innen wie außen, oben wie unten – und Ihr habt dies verstanden, wenn Ihr Gott Vater-Mutter als einen Teil Eures höchsten Bewusstseins begreift, denn Ihr seid das All–Eine, so sei es.

Ägypten

In Ägypten, einer Kultur, die durch lange Jahre mit dem hohen Wissen aus Atlantis gearbeitet und gewirkt hat – zum Beispiel beim Bau der Pyramiden – bestand ein wesentlicher Anteil des Alltagslebens in dem Dienst an den verehrten Gottheiten – zum Beispiel der Isis, der Göttin, die die männlichen und weiblichen Energien integriert hat und dadurch in der Lage ist, zu schöpfen und zu manifestieren, oder aber in der Anwendung der Lehre der Atlantischen Hohen Priester, wie Seth, die besagten, dass dies Experiment der Trennung, das durch die Schleier hindurch das Wissen für diejenigen bereit hält, die die unsterbliche Seele als ihre wahre Heimat erkannt haben, eine tiefere Bedeutung für die Seelen hat.

Es dient dem Zweck, sich selbst und andere in ihrer wahren göttlichen Gestalt durch die Trennungen hindurch als Einheit zu erkennen und in sich selbst die Gestalt der Einheit zu vervollkommnen, also seine Seele auf den Prozess der Integration ihres hohen Bewusstseins, auf ihre Rückkehr vorzubereiten.

Dazu gab es so genannte Mysterienschulen, in denen das hohe Wissen um die Zusammenhänge der Seele gelehrt wurde und in denen zum Beispiel die Einweihung in die Seelenverschmelzung vollzogen wurde – ein Vorgang, der auch Wochen in Anspruch nahm, und einer intensiven Vorbereitung bedurfte.

In der heutigen Zeit, in der die Schwingung der Erde wieder deutlich zum höchsten Wohle aller erhöht wurde, geschehen Einweihungen schneller und auch leichter, wenn bereits Schritte auf dem Weg gegangen worden sind.

Die Prüfungen des Lebens, die eigentlich Situationen zur Klärung der inneren, noch nicht geheilten Anteile darstellen, bieten immer noch Gelegenheit, wie damals, sich auf die innere Ausrichtung zu konzentrieren und den Weg des Lichtes zu verfolgen, der zu tiefen

Erkenntnissen, zu innerem Frieden und zu Ausgeglichenheit und Glück führt, denn: innen wie außen. Dies wussten die Ägypter – und so bestand ein wesentlicher Aspekt der Lehren aus Atlantis, die in Ägypten gelehrt wurden darin, sich seiner eigenen Göttlichkeit bewusst zu werden.

Wir werden uns unserer eigenen Göttlichkeit bewusst, wenn wir die zersprengten Anteile, die wir zum Beispiel durch den Fall von Atlantis erzeugt haben, wieder integrieren.

Rückkehr in die Einheit stellt einen Prozess innerer Klärung, innerer Heilung, innerer Vervollkommnung dar – der göttliche Mensch entsteht.

Das Wissen um die Rolle der Inkarnationen, das nicht nur den Ägyptern bekannt war, sondern das auch im Hinduismus und Buddhismus gelehrt wird, stellt hierbei einen zentralen Aspekt der Heilung dar – denn ohne die Kenntnis unserer seelischen Aufgabe, sich in einem Körper in den Welten zu erleben und zu leben, zu lernen und zu wachsen, werden wichtige Schritte nicht unternommen werden können.

So kommt der Punkt in der eigenen spirituellen Entwicklung, an dem zwar nicht unbedingt Rückführungen angezeigt sind – dies geschieht im besten Falle „automatisch", während Meditationen und während der Bitte um Karma-Vergebung – wenn nun dennoch eine Meditation in frühere Leben führt, so dient dies einem bestimmten Zweck: die Meditation soll darauf vorbereiten, seine versprengten Anteile aus Atlantis wieder zu einer Ganzheit zusammenzufügen – ähnlich, wie dies in den ägyptischen Mysterienschulen versucht wurde.

Denn die alten, karmischen Verstrickungen aus der Zeit von Atlantis – zum Ende des Experiments mit der goldenen Zeit, dem himmlischen Frieden in und um uns – sie hindern uns noch heute an der Vervollkommnung unserer seelischen Ganzheit. Um dies noch deutlicher zu erläutern: wer in der Zeit von Atlantis hohes Wissen besaß und dies zum Ende einer langen Phase der Liebe und Einheit missbraucht hat, um das Experiment mit der Trennung zu starten, der muss, um zurückzukehren zu diesem höchsten Einheitsbewusstsein und den damit verbundenen Fähigkeiten, sein atlantisches Karma erlösen.

Bereits in der vorausgegangenen Meditation wurden Schritte unternommen, um dies zu erreichen – vielleicht wurden Kristalle und Fähigkeiten wiederhergestellt, vielleicht wurden bestimmte Schlüssel erhalten, die es ermöglichen, wieder verstärkt aus dem Einheitsbewusstsein heraus zu wirken.

Aber dennoch gibt es in Atlantis viel mehr zu entdecken als wir uns heute vorstellen können. Die ägyptische Kultur, die dies Wissen zum Teil bewahrte, hat für die Zeit der Rückkehr bereits einige Vorkehrungen getroffen, die es erleichtern sollten, den Weg zurück zu meistern.

Diese Schlüssel aus Atlantis und Ägypten werden in der nun folgenden Meditation überreicht:

Meditation: Das hohe Wissen aus Atlantis – Rückkehr in die Einheit

Mache es Dir ganz bequem und spüre hinein in Deinen Atem, wie er in Deinen Körper einströmt und wie er austritt – er ist ein Rhythmus, ganz so, wie das Universum in Rhythmen und Zyklen arbeitet und pulsiert.

Du bist Teil dieses Universums und seiner Zyklen und Rhythmen.

In der neuen Zeit hat ein Einatmen begonnen – wir kehren zurück in die Einheit in uns selbst, die Gott ist.

Wir sind Gott.

Spüre hinein in diese Worte, die Dich tragen und fühlen lassen, dass Du ein ewig geliebter Teil des Ganzen bist – Du bist das Ganze, Du bist das All; und vielleicht nimmst Du wahr, wie sich Dein Körper an die neue Schwingung anpasst, wie alle Moleküle in Dir beginnen zu vibrieren, wie sie vor Vorfreude auf das Kommende einen Klang in der Stille erzeugen.

Sprich einmal liebevoll: *Ich bin der Klang der Stille.*
Du wirst nun, wo Du Dich in Deinem inneren, heiligen, heilenden Raum befindest, von einem Engel der Einweihung an einen Ort gebracht, der wie in einer Oase das Leben enthält, das Du bist.

Vielleicht entdeckst Du in dieser Oase die Vielfalt des Lebens selbst wie in einem Spiegel. Du bist diese Oase des Lebens – Du bist.

Sag es einmal: Ich bin – und spüre die Lebendigkeit dieser Worte, spüre, wie Dein Atem mit Dir eins ist, wie Du alles bist, was existiert.

Es gibt keine Trennung, so sei es.

Spüre nun hinein in den Bereich Deines Körpers, den wir den Solarplexus – das Sonnengeflecht – nennen: pulsiert es in einem leuchtenden Gelb, das Lebendigkeit und auch Lebensfreude signalisiert?

Oder ist es eher dunkel und unklar. Nimm einfach wahr, wie es sich anfühlt – dort, an dem Ort, der auch das Zentrum der Macht genannt wird.

Hast Du einmal gespürt, was in Deinem Bauch gespeichert ist? Vielleicht sogar Wut und Tränen, vielleicht sogar alte Verletzungen aus der Zeit aus Atlantis, die Dich so viele Jahre in der Trennung hielt – und die Dich erfahren ließ, was Trennungen bedeuten.

Spüre hinein in Deinen Bauchraum und sende nun Liebe an die Stellen dort, die nicht hell erleuchtet sind – Dein Wille genügt.

Spüre, wie die Liebe, die Du bist, diesen Bereich klärt und heilt – und vielleicht nimmst Du sogar Ursachen dieser Trennungen in Dir wahr: stammen sie von Dir? Hast Du vielleicht in Atlantis Deine Macht missbraucht?

Nimm diese Frage einmal ernst – und spüre hinein.

Wenn Du wahrnimmst, das dies der Fall war, was könntest Du tun, um dies ungeschehen zu machen?

Könntest Du Dir selbst vergeben, dass Du in dieser Zeit das Experiment der Liebe mit beendet hast und „abgestiegen" bist?

Spüre hinein – und lausche auf die Antwort Deiner Seele.

Ganz wichtig ist es, sich selbst zu vergeben, denn dies Experiment wurde im Rahmen eines viel größeren Planes unternommen – und in Wahrheit trifft Dich keine Schuld.

Spüre, ob Du diesen Worten Glauben schenken kannst – was macht dies mit Dir: in Wahrheit trifft Dich keine Schuld.

Bitte nun, dass alles zu Deinem und zum höchsten Wohle aller gefügt werde, denn nun tritt noch einmal der Engel der Einweihung zu Dir und versichert Dir sein Mitgefühl: Du bist ohne Schuld.

Wir werden nun in ein Leben aus Atlantis oder aus Ägypten hineinspüren, in dem Du an den heiligen Zeremonien teilgenommen hast, die der Verschmelzung mit Deiner Seele dienten. Hohes Wissen hattest Du damals – und Du konntest anderen und Dir selbst helfen und in Liebe und Mitgefühl wirken als Schöpfer/in.

Spüre in die Liebe hinein, die Du bist, spüre wie sie Dich trägt, und nimm wahr, wie Dich der Engel der Einweihung begleitet, während Du in dieses Leben aus der Zeit von Atlantis oder Ägypten zurückkehrst.

Lasse Dir Zeit.

Was nimmst Du wahr? Was fühlst Du? Spürst Du Liebe und Zuneigung zu Dir selbst? Nimmst Du andere Seelen wahr, die Dir bekannt vorkommen aus der heutigen Zeit? Was habt Ihr gemacht, damals?

Euch geliebt? Was hattet Ihr für ein Verhältnis – war es durch Respekt und Achtung voreinander gekennzeichnet?
Nimm auch wahr, wie Du Dich selbst in dieser Zeit gefühlt hast –

leicht und selbstverständlich angebunden an Dein Höheres Selbst? An das hohe Einheitswissen, das Du bist? Spüre hinein und lasse Dich tragen von diesem Gefühl.

Nun ist es an der Zeit, an einer Zeremonie teilzunehmen, die damals wie heute sicherte, dass die Seele sich ganz in unserer Existenz vergegenwärtigen konnte: sie nennt sich: die Seelenverschmelzung.

Spüre einmal, welche Resonanz diese Worte in Dir auslösen – was meint Seelenverschmelzung? Spürst Du tiefe innere Freude und Gelassenheit bei der Vorstellung, dass Deine Seele wieder die Führung in Deinem Leben übernimmt?

Lasse Deine Seele entscheiden, was nun geschehen soll – denn einige von Euch haben bereits die Einweihung in die Seelenverschmelzung erhalten. Dann wirst Du vielleicht etwas anderes wahrnehmen, um das es nun gerade geht – dies spielt für das Weitere keine große Rolle, denn die Seelenverschmelzung ist nur die Vorbereitung auf das Folgende.

Spüre hinein in die Liebe Deiner Seele, spüre hinein in ihren Seelenatem, fühle ihre Präsenz.

Nimm wahr, wie Deine Seele Dich trägt, wie sie sich in Liebe in Dir entfalten möchte, Dich bis in den tiefsten Punkt der Erde, dem Verankerungspunkt ausfüllen und erhellen möchte – und dies geschieht gerade.

Nimm wahr, wie Du von Deiner Seele durchströmt wirst mit göttlichem Licht, das Du bist – Du bist Licht.

Nun gelangst Du mithilfe der Einweihung der Seelenverschmelzung bis an den tiefsten Punkt der Erde und gleichzeitig werden in Dir Lichtbahnen wiederhergestellt und Du wirst neu ausgerichtet auf die neue Zeit – auf die Rückkehr zu Deiner inneren, tiefen Wahrheit, dass Du Licht und Liebe bist.

Wir werden nun, nachdem Du die Einweihung in die Seelenverschmelzung erlebt hast (in Wahrheit ist diese Einweihung eine Erinnerung an die tiefe Verbundenheit der Seele mit Allem was ist), die Zeremonie fortsetzen und zu einem Punkt gelangen, der mit Deinem alten Karma zu tun hat, das Du in Atlantis erzeugt hast.

Nimm noch einmal den Bereich in Deinem Solarplexus wahr, der vielleicht nicht erhellt war – leuchtet er bereits? Ist er hell und klar – oder sind dort Verstrickungen aus dieser Zeit vorhanden. Nimm wahr, was sich bereits verändert hat während dieser Zeremonie.

Vielleicht spürst Du, dass die Einweihung Dich verändert, Dich geheilt hat – aber es geht noch tiefer. Denn Du bist Licht – ewig göttliches, ewig heiles Licht. Die Trennungen sind Illusionen, und so lässt Du diese Illusionen los.

Sprich einmal: *Die Trennungen sind Illusionen.*
Ich lasse alle Trennungen los, ich lasse alle Trennungen los, ich lasse alle Trennungen los.

Nun wirst Du wahrnehmen, dass sich etwas verändert, dass Du lichter und leichter wirst, dass Du beginnst, Dein inneres Licht als selbstverständlich zu spüren und wirken zu lassen.

Wir bitten nun Erzengel Michael, Dich noch einmal von Deinem Atlantischen Karma zu befreien, und Du spürst die Anwesenheit dieses hohe Engels, der über Dein Licht wacht.

Spüre, wie er mit Dir arbeitet, damit sich altes, tiefes Wissen wieder in Dir entfalten darf. Bitte ihn, Dich zu leiten bei der nun folgenden Einweihung in die alten Weisheiten aus Atlantis, derer Du ein Teil bist. Spüre auch hinein, was diese Worte in Dir bewirken – lassen sie Dich ruhiger und gelassener werden – oder erlebst Du aufs Neue ein Unbehagen – denn es kann sein, dass dies alte Karma von Dir noch nicht erlöst werden wollte.

Spüre hinein und lausche auf die Antwort Deiner Seele. Nimm wahr, ob Du eine positive oder eine verhaltene Reaktion bemerkst. Denn was nun folgt, wird Dir reichen Segen und hohes Wissen bescheren, das Du erwirbst, wenn Du Deine Lernaufgaben in dieser Welt bearbeitest und bereit bist, den Weg des Lichtes ganz zu gehen.

So spüre noch einmal hinein in Deinen Seelenatem und lasse Deine Seele und Dein Höheres Selbst entscheiden, was nun geschehen soll – nimmst Du ihre klare Antwort wahr? Sie lautet: Ja, denn Du bist Licht, Du bist Liebe, Du bist ewig göttliches Heil, so sei es.

Nun nimm wahr, was geschieht, denn in Dir werden nicht nur Kristalle aus dieser Zeit wiederhergestellt, sondern auch altes Wissen wird Dir wieder zugänglich gemacht.

Dies geschieht durch eine Einweihung in die *Hallen von Amenti*.

Vielleicht hast Du bereits etwas von diesen sagenumwobenen Hallen gehört – vielleicht löst dies Respekt und Ehrfurcht bei Dir aus, denn in diesen Hallen wird sehr hohes, altes Wissen bewahrt, das Ihr für die Zeit der Rückkehr in die Einheit benötigt.

Darum war es nicht immer und zu allen Zeiten für alle zugänglich.

Es gibt an der Schwelle zu den Hallen von Amenti einen Wächter, der Dich begleiten wird bei dieser Einweihung und der Dich auch prüfen wird.

Aber sei Dir gewiss, dass Du nichts falsch machen kannst – antworte und handle in Liebe und in der gütigen Haltung der Selbstvergebung und der Vergebung für andere – denn der Schlüssel zu allem ist die Liebe.
Wenn Du dies ganz verstanden hast, wirst Du nun an einen Ort geführt, der bereits in den Hallen von Amenti selbst liegt. Diese Hallen dienen und dienten dem Zweck, Euch zu schulen, Euch vorzubereiten auf Eure Aufgaben auf dieser Erde – wer Zutritt zu diesem Wis-

sen und zu diesen Hallen hat, ist in der Lage, zu levitieren und große Veränderungen in seinem Leben, und in größeren Maßstäben an dieser Erde vorzunehmen.

Sei Dir bewusst, wie machtvoll Du bist, wenn Du dies alte Wissen zu Dir zurück nimmst – und sei Dir bewusst, dass die Prüfung, die Dich erwartet, notwendig ist, um Dich selbst vor dem Missbrauch dieser Fähigkeiten zu schützen – in Wahrheit kannst Du dieses Wissen nicht missbrauchen, denn wem es zugänglich wird, der schwingt in der Eigenliebe und der Liebe für Alles was ist, so sei es.

Spüre nun hinein in dies alte Wissen und was Du damit einst bewirkt hast in der Welt. Nimm wahr, wie Du geschöpft hast aus diesem Wissen, und wie Du Deinen Alltag und Dein Umfeld damit gestaltet und geheilt hast. Spüre die Liebe, die darin liegt, Schöpfer/in zu sein.

Du wirst nun von dem Wächter an den Ort in den Hallen geführt, in denen Dein spezielles Heilwissen und Deine Fähigkeiten für Dich aufbewahrt werden.

Vielleicht spürst Du schon, welche Fähigkeiten dies sind – vielleicht nimmst Du wahr, wie sich in Dir ein lange versiegeltes Schloss zu öffnen beginnt. Denn Du bist Licht, Du bist Liebe – und Du bist die Seele, die Schöpferkraft Gottes.

Wenn Du wahrnimmst, dass der Wächter Dir eine Fähigkeit überreicht, so danke ihm und lasse es in Dir wirken. Du wirst spüren, wenn diese Fähigkeiten in Dir integriert worden sind. Danke noch einmal, wenn Du spürst, dass dieser Vorgang abgeschlossen ist. Du wirst nun wahrnehmen, dass die Fähigkeiten Deiner Seele in dieser Welt wirken möchten – und Du darfst sie wirken lassen.

Spüre noch einmal hinein in diesen Ort der Weisheit und der Liebe, die aus dem Herzen Gottes entsprungen ist, denn dieser Ort bist Du selbst – es gibt keine Trennungen – und so begreifst Du, das die Erde, alles Leben auf ihr, alle Planeten im All, Teile des All-Einen sind – es gibt keine Trennungen. Das All ist eins, und Du bist das All-Eine,

so sei es.

Spüre noch einmal, was sich in Dir während dieser Meditation verändert hat – vielleicht spürst Du tiefen inneren Frieden und Dankbarkeit für die Veränderung, für die Heilung und für die Erkenntnis, dass Du in Wahrheit nie getrennt warst oder bist.

Lass die Meditation ausklingen und nimm Dir die Zeit, die Du brauchst, um in dem Raum anzukommen, in dem Du meditierst. Spüre die Gelassenheit und nimm wahr, was sich durch Deine Bewusstheit verändert in Deiner Welt, in der Welt als Ganzes.

Innen wie außen, oben wie unten, und Du spürst die Wahrheit, die in diesen Worten liegt, so sei es.

Das alte Wissen, das in Dir selbst auf seine Annahme wartet, es dient Dir – Deinem höchsten Wohle und dem höchsten Wohle Aller.

In Ägypten, das dies alte Wissen zum Teil lehrte und bereit hielt für diejenigen, die bereit dazu waren, ihre Wahrheit anzunehmen, stellt das Rätsel der Sphinx einen weiteren Teil des größeren Geheimnis des Lebens dar, dessen Schlüssel ebenso die Liebe ist.

Im Folgenden werden wir das **Rätsel der Sphinx** entschlüsseln, um zu begreifen, dass Tod und Wiedergeburt nur Elemente eine Kreislaufs sind, die dazu dienen, unterschiedliche Erlebnisse in einem Körper zu machen. Wer, wie die Seelen zur Zeit von Atlantis, sehr bewusst ist, kann sein Leben verlängern, denn sie oder er kann in einem Leben, mit einem Körper, der sich stets verjüngt, viele verschiedene Erlebnisse machen, die nicht an die Dunkelheit gebunden sind.

Der Inkarnationszyklus, der in viele einzelne Leben zerteilt, ein größeres Gebilde – einige nennen es die Seelenmatrix – darstellt, kann insofern beeinflusst werden, als Bewusstheit entscheidend für die Entwicklung der Seele ist. Bewusstheit und Liebe sind der Schlüssel zu Allem – zu einem langen und erfolgreichen, abwechslungsreichen Leben in Frieden und Freude – im Glanz des Lichtes der unsterblichen Seele.

Die Seele, die niemals stirbt, die eines Tages zurückkehrt in die Arme ihres Schöpfers/ ihrer Schöpferin, in Gott Vater-Mutters Arme, sie ist der Teil im Universum, der durch die Inkarnationen und Erlebnisse in einem Körper am stärksten den Erfahrungen der Trennung ausgesetzt wird, denn dies geschieht als ein energetisches Geschehen.

Wir können uns Abtrennungen von unserer Seelenenergie als ein Erleben von Dunkelheit vorstellen – von nicht integrierten Anteilen, die zu Verwicklungen in der Welt der Erscheinungen führen.

Nicht gelebte oder integrierte Seelenanteile warten darauf, wieder angenommen zu werden – und so können wir stets darum bitten, dass nun die Anteile von uns wieder zu uns kommen dürfen, die integriert werden möchten. Dies geschieht in der Reihenfolge, wie sie Deinem höchsten Wohle dienlich ist, denn sonst müsstest Du Dich mit diesen Anteilen zum Teil auch auseinandersetzen. Sprich deshalb in Liebe folgende Affirmation:

Ich lade nun meine Seelenanteile zu mir ein, die zu mir zurückkehren möchten – ich lade Euch in Liebe ein, bitte verbindet Euch wieder zu meiner Ganzheit, die ich bin.

Spürt, was geschieht und nehmt wahr, was sich zeigt und ganz angenommen werden möchte – denn Ihr wisst: in Wahrheit gibt es keine Trennung – und so lasst Ihr erneut Eure Trennungen los.
Ich lasse meine Trennungen los, so sei es.

Dies dürft Ihr sprechen, wenn Ihr Gott Vater–Mutter bittet, dafür Sorge zu tragen, das genau die Anteile integriert werden, die nun integriert werden sollen. Dies ist wichtig, denn im Folgenden werden wir mit den integrierten Anteilen Eurer Seele arbeiten, damit sie durch die Sphinx hindurch zu einer neuen Einheit verschmolzen werden.

Das Rätsel der Sphinx, es ist eines um die Wiedergeburt – wie Ihr dies vielleicht ahnt. Denn die Anteile in Euch, die in einem Leben nicht integriert werden (können), müssen in anderen Leben geheilt und angenommen werden, wenn Ihr Euch selbst heilen möchtet. Dies geschieht in der neuen Zeit durch hohes Einheitswissen – und so ist es möglich, seine Anteile zu integrieren, ohne erneut und erneut zu inkarnieren – vielmehr gilt, dass wir, wenn wir den Weg der Rückkehr in unsere Einheit beschreiten, wir so viele Anteile wie möglich zu uns zurücknehmen und heilen.

Darum bietet es sich an, an Seminaren und Heilerausbildungen teilzunehmen – und auch wer die Einweihung in die Seelenverschmelzung bisher nur in dieser Meditation erfahren hat, sollte sich diese Einweihung und weitere Schritte durch einen bereits fortgeschrittenen geistigen Heiler geben und zeigen lassen. Die Heilung, die dadurch möglich wird, übersteigt unser Vorstellungsvermögen aus der alten, der dichten und unbewussten Zeit, bei weitem.

Ich möchte also an dieser Stelle darauf hinweisen, dass die Tiefe, die mit diesem Buch erreicht werden kann, stets, wie bei praktisch allen spirituellen Techniken und Möglichkeiten, von der eigenen Integration abhängt, die bereits erreicht wurde. Das heißt – um Euch die Angst und Sorge zu nehmen – dass Ihr bereits mit Hilfe dieses Buches und der Meditationen in ihm, sehr viel bei Euch und in Eurem Umfeld bewirken könnt und dürft. Dennoch ist es sehr hilfreich, weitere Schritte der Vertiefung zu unternehmen.

Dies geschieht durch geistige Heilerinnen und Heiler, die neben der Einweihung in die Seelenverschmelzung weitere Einweihungen geben können, die Euer Licht, Eure Schwingung und Euer Wissen erhöhen. Lasst Euch führen von Eurer Seele, und Ihr werdet wissen, wann Ihr Schritte in diese Richtung unternehmen könntet.

Das Rätsel der Sphinx

In früheren Zeiten, in denen das Wissen um die Inkarnationen ganz selbstverständlich zum Alltag der Menschen gehörte, galt das Prinzip des karmischen Ausgleichs als ein göttliches Geschehnis, denn wenn wir in früheren Leben positive Dinge taten und Energien aussendeten, die in der Liebe schwangen, konnten wir damit rechnen, auch in weiterer Leben lichtvolle und liebevolle Erlebnisse zu machen und schöne Erfahrungen in einem Körper zu erleben. Denn das Prinzip der Ursache und Wirkung meint keineswegs eine Strafe für schwerwiegende „Vergehen" gegen die Einheit in uns selbst. Vielmehr stellt dies Prinzip eine energetische Wirkung zur Verfügung, die wir selbst in der Hand halten – senden wir positive Schwingungen aus, erhöhen wir die Schwingung im Feld und erhalten positive Energie zurück – sogar potenziert, denn das Licht und die Liebe erhöhen sich, wenn wir sie in der Welt der Erscheinung verbreiten.

So ändern wir unsere Welt, wenn wir in Liebe schöpfen und den anderen segnen und ihn als das erkennen, was er in Wahrheit ist: ebenso göttliches Licht, wie wir. Wir sind eins – die Unterscheidung, die Gott in uns, in unserer einzigartigen Existenz getroffen hat, dient nicht der Trennung sondern der außergewöhnlichen Vielfalt, die wir in dieser und anderen Welten erleben dürfen – sie ist ein Geschenk an uns, ebenso, wie das göttliche Prinzip der Ursache und Wirkung – denn alles strebt nach Ausgleich im Universum der Dualitäten.

Wenn wir in einem Leben Dinge taten, die nicht in der göttlichen Ordnung waren – und dies geschah und geschieht in der Welt der Erscheinungen in der Phase der Dunkelheit unseres Bewusstseins – dann werden dies Trennungen von unserem göttlichen Bewusstsein erst dann wieder integriert, wenn wir uns selbst und anderen vergeben und um Vergebung bitten – denn dies ist das liebevolle Prinzip des Ausgleichs: wir erkennen dies an, wenn wir uns eingestehen, dass in Wahrheit dies Erleben in einem Körper der Erkenntnis dient, dass wir immer und zu allen Zeiten göttliches Licht sind.

Wenn wir dies erkennen, setzt eine tiefe Veränderung ein, denn dann begreifen wir, dass die Gnade das Prinzip ist, das über allem steht – ja stehen muss; ohne Gnade wäre diese Welt und zahlreiche andere in diesem Universum, nicht mehr existent – denn die Energien, die wir aussendeten in Phasen der Trennungen, wären so enorm und auch zerstörerisch, dass dieser Planet bereits untergegangen wäre. Gott Vater–Mutter begnadigt seine Kinder, also uns, damit wir erkennen, dass wir immer die Wahl haben; wir können uns für den Weg des Lichtes entscheiden, und wenn wir dies tun, verändern wir nicht nur uns sondern die ganze Welt – denn wir erzeugen eine hohe Schwingung der Liebe, die uns und andere heilt. Dies möchte Gott mit uns erleben, dass wir uns erinnern und diese Welt gemeinsam erleben als einen Planeten der Liebe; so war dieser Planet gemeint, auch wenn auch hier Erlebnisse der Dunkelheit in scheinbar langen Phasen gemacht werden konnten. Stets hat die Dualität bewirkt, dass wir pendeln zwischen Polen, zwischen emotionalen und Handlungszuständen, die eine tieferliegende Ursache besitzen.

Erkennen wir sie in dem Licht der Erkenntnis, das die Seele für uns bereit hält, erkennen wir Ursachen, die bewirkten, dass wir Dinge erlebten, die nicht in der Reinheit waren, die nicht unserem höchsten Licht dienten.

Wir akzeptieren dies, indem wir uns unserem inneren Licht zuwenden, und diese Entscheidung bedeutet, die Verantwortung für seine Schöpfungen zu übernehmen. Dies bedeutet, dass wir uns selbst als göttliche Seele wahrnehmen, die unendlich geliebt, ihre Abenteuer in diesen und anderen Welten als ein Geschenk betrachtet, das sie lehrt, ihre Liebe zur Heilung der Polaritäten einzusetzen.
Denn dies geschieht, wenn wir aufsteigen und uns erinnern, wer wir in Wahrheit sind: wir sind Licht, wir sind Liebe.

Gott Vater–Mutter, der uns in seiner unendlichen Liebe begnadigt, damit wir begreifen, dass die Realitäten der Dunkelheit, die wir erzeugten, Illusionen sind, liebt uns so unendlich, dass er uns erlaubt, unser jetziges Leben als eine Rückkehr in dies Licht der Einheit, das wir sind, zu erleben. Dies umfasst, dass uns unser Karma auf einer sehr hohen Ebene vergeben wird, damit wir aufsteigen und nicht in der Realität der Trennung verharren.

Eine Affirmation, die dies unterstützt, lautet:

Ich bin die Seele,
ich bin das göttliche Licht,

ich bin Liebe,
ich bin Wille,
ich bin Weisheit,
ich bin geisterschaffen,
und ich manifestiere aus dem Geiste, jetzt.
Denn ich bin immer ein unendlich geliebter Teil der Schöpfung.
Ich bin das All-Eine,
ich bin Licht, so sei es.
Gott Vater-Mutter, bitte erlaube mir, mein Karma auf der Seelenebene zu bearbeiten, bitte erlaube mir, das Karma nun zu erlösen, das gehen darf, und das mich bindet an die Realitäten der Dunkelheit und Trennung,
denn ich bin Licht, so sei es.

Wenn Ihr nun spürt, dass diese Affirmation in Euch Leichtigkeit und inneren Frieden erzeugt, so dürft Ihr sicher sein, dass Ihr Euch selbst vergeben habt und Euer Karma Euch erlassen wird, das diese tiefe Trennung von Eurem inneren Licht bewirkt hat.
Spürt Ihr, wie tief diese Vergebung reicht – und wie Ihr getragen werdet von der Liebe Gottes, die sich in Euch realisieren möchte.
Lasst dies zu – und wenn Ihr nun denkt, dass doch die anderen Seelen, denen Ihr in anderen Leben Leid zufügt, Euch zornig sein müssten, wenn Euch dies Karma vergeben wird, so bedenkt, dass die Liebe der Seele so unendlich ist, wie sie Euch in der Lage ist zu heilen, denn Ihr seid Licht, so sei es.
Spürt noch einmal hinein, was diese Gnade bewirkt; sie ist die Gnade des Höchsten, die Euch daran erinnert, wer Ihr in Wahrheit seid, denn Ihr seid Licht.

Wenn Ihr wahrnehmt, dass etwas in Euch diese Worte der Vergebung nicht akzeptiert, so spürt auch dort hinein und nehmt wahr, von wem „der Einwand" stammt – ist es Eure Seele, die dies nicht möchte, ist es Euer Verstand, der sich „sperrt"? Bitte lasst dies zu und nehmt es ernst, als das, was es ist – ein Ausdruck einer tieferen Verletzung, die Ihr Euch selbst oder anderen zufügt in früheren oder in diesem Leben. Spürt hinein und lasst Euch einen Hinweis geben, was Ihr tun könnt, damit Ihr Euch vergeben könnt.

Häufiger steht uns der Verstand bei den Vorgängen der Vergebung im Weg, denn die Selbstvergebung – auch für Dinge, die scheinbar schwerwiegend sind – ist eine so heilsame Übung, dass wir sie dann machen sollten, wenn wir über uns in nicht liebevoller Weise denken.

Spürt einmal hinein in die Schwingung dieser Selbst-Vergebung – wie fühlt sie sich an?
Könnt Ihr Euch selbst ganz vergeben, für das, was Ihr tatet oder nicht getan habt?
Spürt hinein in die Liebe, die Ihr seid, und vergebt Euch einmal für all die scheinbaren „Unzulänglichkeiten", die Ihr an Euch wahrzunehmen scheint. Sie sind Illusionen des Verstandes und des Egos – sie sind häufig Bewertungen, die Ihr auch von anderen übernahmt.

Bitte, Gott Vater-Mutter, erlaube mir, die Liebe, die ich bin, ganz zu spüren.
Bitte erlaube mir, zu erkennen, dass diese Liebe über allem schwingt.
Bitte erlaube mir, zu erkennen, dass ich diese Liebe bin, dass ich immer die Gelegenheit habe, mir selbst und anderen zu vergeben, für das, was ich mir, was sie mir angetan zu haben scheinen.
Ich vergebe mir selbst,
ich vergebe mir selbst,
ich vergebe mir selbst.
So sei es.

Wenn Ihr wahrnehmt, dass Ihr bei diesen Worten zögert, oder in Euren Herzen nicht die hohe Schwingung der Liebe wahrnehmt, die Ihr seid, dann sagt Euch einmal liebevoll, dass alles so ist, wie es ist, und wie es ist, ist es in der göttlichen Ordnung, so sei es.
Akzeptanz ist ein Schlüssel zu Heilung; dies wussten die alten Ägypter – und so erreicht Ihr durch die Akzeptanz das, was der Verstand nicht erreichen kann: das Herz ist der Schlüssel zur Akzeptanz in Liebe, die Ihr seid. Ihr seid Liebe, und so sprecht Ihr erneut:

Ich bin der Klang der Stille,

ich bin Liebe,
ich bin Wille,
ich Weisheit,
ich bin geisterschaffen,
und ich manifestiere aus dem Geiste, jetzt.
Ich bin Licht – und ich erlaube mir selbst, mein Licht in dieser Welt leuchten zu lassen.
Die Liebe heilt alles, denn sie ist die höchste Schwingung, die es gibt.
Ich bin Liebe, und so manifestiere ich, dass diese, meine Liebes-schwingung, mein eigenes Bewusstsein heilt – denn ich bin Licht.
So sei es.

Spürt nun, was dies in Euch bewirkt. Nehmt Ihr eine Veränderung wahr? Nehmt Ihr wahr, dass die Trennungen in Euch gehen dürfen, wenn Ihr Eure Manifestationsenergie dazu nutzt, aus dem Herzen der Seele, aus dem Herzen Gottes zu manifestieren?
Lasst es in Euch wirken; Ihr seid Licht.

Ihr nehmt nun wahr, dass diese Affirmation Euch in die Liebes-schwingung versetzt, die die Selbstvergebung ermöglicht – denn Ihr seid Licht. Ihr könnt es Euch oft sagen: Ihr seid Liebe – und Ihr nehmt nun wahr, dass dies so ist.
Wenn Ihr Liebe seid, dann gibt es nichts außerhalb dieser Liebe, denn die Trennungen sind Illusionen – und auch sie gehen, wenn Ihr manifestiert, dass Ihr diese Liebe wieder zu Eurem Leitstern werden lasst – und so schöpft Ihr in Liebe, wenn Ihr sprecht:

Ich bin Liebe,
ich bin Licht,
ich bin Wille,
ich bin Weisheit,
ich bin geisterschaffen,
und ich manifestiere aus dem Geiste, jetzt.
Ich bitte Dich, Gott Vater-Mutter, bitte erlaube mir, aus meinem hohen Liebesbewusstsein zu schöpfen, dass diese Existenz dem Licht und der Liebe, die ich bin, diene.
So sei es.

Und wieder spürt Ihr, dass Ihr geschöpft habt mit dieser Affirmation; und Ihr nehmt wahr, dass Affirmationen Eurem Licht dienen und Euch heil werden lassen – denn heil zu sein bedeutet, sich und andere in dem göttlichen Licht der Einheit zu betrachten. Dies ermöglicht Ihr Euch selbst, wenn Ihr aufsteigt. Es gibt keine Trennung – auch hier; denn Ihr seid Euer Bewusstsein, das sich in der Welt manifestiert.

So manifestiert Ihr Liebe, wenn Ihr liebevolle Gedanken denkt und fühlt, und Ihr manifestiert Heil-Sein, wenn Ihr aufsteigt, denn dann integrieren sich Eure Trennungen.

Auf der Seelenebene gilt ein altes Prinzip; denn die Seele, die in einer Lebensspanne bestimmte Lernaufgaben bewältigen, bestimmte Erlebnisse machen möchte, schöpft damit: Ihr seid Euer Bewusstsein, und Euer Bewusstsein spiegelt sich in der Welt der Erscheinungen.

Wie verändert Ihr also Euer „Äußeres", das es in Wahrheit nicht gibt? Ihr verändert Euer „Inneres", denn innen wie außen.

Versteht Ihr dies, habt Ihr verstanden, dass es keine Trennung zwischen Euch und Eurer „Umwelt" gibt – dies ist eine Illusion. Nehmt in der nächsten Zeit ruhig einmal wahr, wie sich das Innere im Außen spiegelt – Ihr werdet geführt.

Nun widmen wir uns dem Rätsel der Sphinx, das einfach zu lösen ist: Wenn Ihr aus Eurem höchsten Liebesbewusstsein schöpft, kann sich Eure Seele frei entfalten, kann sie die Führung im Leben übernehmen, nicht der Verstand, nicht das Massenbewusstsein, nicht das Ego. Dann geschieht Euch, dass Ihr versteht und begreift, worin der „Sinn" Eurer Existenz liegt, denn das Leben ist als Freude gedacht.

Spürt Ihr den tieferen Sinn in Eurem Leben, sich selbst und die anderen als göttliches Licht, als göttliche Liebe zu erleben? Dann wisst Ihr, dass der Schlüssel zu diesem und zu allen Universen, die Liebe ist.

Habt Ihr in Euren zahlreichen Leben auch die andere Seite, die Abwesenheit von Liebe erfahren (müssen)? Vermutlich, denn dies hat nicht nur, aber hauptsächlich, karmische Ursachen.

Ihr heilt diese Ursachen durch Euer Bewusstsein der Liebe, und Ihr müsst dann, wenn Ihr in diesem Leben den Schlüssel zur Einheit erhalten habt, nicht mehr in anderen Leben die negativen Erfahrungen und Erlebnisse dieser Phase der Dunkelheit wiederholen. Dies ist das Geschenk der Erkenntnis, dass Ihr in Wahrheit Liebe seid.

Und dies ist das Rätsel der Sphinx: die Liebe ist der Schlüssel zu Allem.

Wenn Ihr so wollt, inkarnieren die Seelen durch das Portal, das die Sphinx darstellt. Es ist eine Art Geburtskanal, durch den Ihr geht, wenn Ihr in einen Körper schlüpft.

In Zeiten der Dunkelheit konnten Seelen aus anderen Welten, den so genannten Astralebenen, inkarnieren – denn es galt: Unten wie Oben. Diese Astralebene ist eine Manifestation, die aus den kosmischen Gesetzen zum Teil entspringt, denn Ihr manifestiert auch die Dinge, die nicht in der Liebe schwingen – und so muss Euch dies keine Angst bereiten, denn im Zuge des Aufstiegsprozesses und seiner Vorbereitung, wurde diese Ebene aufgelöst. Sie diente nicht dem Licht, sondern schuf Illusionen der Trennung, in denen die Seelen Erfahrungen der Trennung machten, zum Teil ohne dies zu bemerken.

Seelen, die aus diesen Ebenen inkarnieren, haben meist nicht die Heilung erfahren, die Euch durch die Reflexion Eurer vergangenen Leben auf der Lichtebene zu Teil geworden ist. Dies bedeutet, dass für diese Seelen besonders intensive Heilungsprozesse ablaufen, damit sie ihr altes Karma loslassen und Ihren „Irrtum", der ein energetischer ist, „erkennen". Dies muss Euch keine Angst machen, denn vielfach haben wir in diesen Welten versucht, etwas festzuhalten, was nicht festzuhalten ist: die Illusion, dass wir die Materie, unser irdisches Leben festhalten müssten, die Illusion, dass wir nicht unsterbliches Licht sind. Wir hielten dann an der Trennung fest; und dies ist eine Illusion. Denn oben wie unten, innen wie außen, so sei es.

Dies bedeutet, um es noch deutlicher zu machen, dass die Seele in Ihrer Schöpferkraft in der Lage ist, Parallelwelten zu schaffen, die für sie die Illusion bereit halten, noch auf der Erde zu weilen, obwohl die

Seele bereits den Körper verlassen hatte. Dies stellte in der Vergangenheit ein Problem für den Aufstieg insofern dar, als zunächst diese Illusionen der Trennung losgelassen werden müssen, damit auch diese Seelen nun erneut inkarnieren können und Heilung erfahren, die Ihnen erlaubt, bereits vorbereitet auf die neue Zeit auf dieser Erde Ihr Liebesbewusstsein einzusetzen.

Sonst könnte es passieren, dass die Phase der Dunkelheit sich verlängerte.

Dies geschieht nicht, denn die Astralebene wurde bereits aufgelöst und die Seelen, die neu inkarnieren, sind auf die neue Zeit vorbereitet. Diese Gnade ermöglicht es für diejenigen, die bereits gehen, mit weniger Schwierigkeiten Ihren Weg gehen und bereits jetzt hohes Wissen wieder einsetzen zu können. Die Dunkelheit ist beendet, so sei es.

Wenn Ihr nun hineinspürt in das Rätsel der Sphinx, das Ihr bereits gelöst habt – denn der Schlüssel zur Lösung ist die Liebe, werdet Ihr wahrnehmen, dass Ihr selbst den Schlüssel zu Eurer Inkarnation, zu dem, was Ihr erleben wolltet und noch möchtet, in den Händen haltet. Auch hier gibt es keine Trennung; und so mögt Ihr Euch in Phasen der Trennung manches mal wie „fremdgesteuert" gefühlt haben – in Wahrheit folgt die Seele ihrem Plan. Dieser sieht stets vor, die Erfahrungen zu machen, die Lernaufgaben zu bewältigen, die Erlebnisse zu erleben, die sie sich vorgenommen hatte zu erleben.

Wenn nun in der folgenden Meditation das Rätsel der Sphinx gelöst werden wird, denn das ist es bereits, dann werdet Ihr den Schlüssel zu Eurer jetzigen Inkarnation wahrnehmen – und Ihr dürft diesen Schlüssel „ändern", in Abstimmung mit Eurem Höchsten Selbst und Euren höchsten göttlichen Anteilen.

Dies bedeutet, hohes Schöpferwissen wieder in dieser Welt einsetzen zu können, denn wer den Schlüssel und das Schloss zur Änderung seines Seelenplanes besitzt, ist in der Lage, in Liebe zu schöpfen und selbstbestimmt, im Sinne seines und des höchsten Wohles der anderen, sein Leben zu schöpfen in Liebe – denn das Rätsel der Sphinx ist bereits gelöst: es ist die Liebe, die dieser Schlüssel ist. So

sei es.
Meditation: Das Rätsel der Sphinx

Begib Dich in Deinen eigenen, inneren, heiligen Raum, zu dem nur Du Zugang hast.

Bemerkst Du, dass die Liebe Deiner Seele in diesem Raum alles erleuchtet, das nicht in der Reinheit ist?

Nimm wahr, wie Dich Dein inneres Licht ganz ausfüllt, wie es Dich in die Liebe, die Du bist, ganz eintauchen lässt, wie diese Liebe Dich umfängt und trägt. Denn Du bist Licht.

Nimmst Du in Deinem Seelenraum andere wahr als Dich selbst? Dann bitte sie liebevoll, Deinen Raum, den nur Du bewohnst, zu verlassen.

Spürst Du dabei gar Zweifel, ob dies erlaubt sei, ob Du dafür nicht geliebt wirst von diesen anderen, die da Zugriff zu haben scheinen, in Wahrheit aber nur Illusionen sind?

Denn dies sind nicht die Seelen, die Du da eventuell wahrnimmst, dies sind Ihre Schatten, die Dir etwas zeigen – dass Du in Deinem eigenen, inneren, heiligen Raum zulässt, dass Dir andere nicht liebevolle Energien senden dürfen.
Du erlaubst Dir nun selbst, Deinen eigenen, inneren, heiligen und heilenden, multidimensionalen und galaktischen Raum ganz zu bewohnen, denn Du bist dieser heilige, innere Raum, der Licht ist, so sei es.

Bitte einmal alle, die Du dort noch wahrnimmst, und die vielleicht eine Botschaft für Dich haben, Deinen eigenen, inneren Raum zu verlassen, zu dem nur Du Zutritt hast – und sprich: so sei es.

Oft haben andere Menschen, die mit uns verstrickt sind, Ihre Energien, ebenso wie manches mal wir auch, in nicht liebevoller Weise uns zugesandt – und Du sprichst, um diese Energien zu transformieren:

Ich bin das göttliche Licht,
ich bin die Seele,
ich bin Wille,
ich bin Liebe,
ich bin Weisheit,
ich bin geisterschaffen,
und ich manifestiere aus dem Geiste, jetzt.
So sei es.
Ich bin in meinem inneren, heiligen Raum.
Ich bin Licht.
Ich bin die Liebe Gottes, und erlaube mir, in meinem eigenen, heiligen Raum, ganz zu sein.
So sei es.
Ich bitte alle Seelen, die noch Zutritt zu diesem, meinem Raum haben, diesen nun zu verlassen und ihre Energien, die sie mir gesandt haben, zu sich zurückzunehmen. So sei es.
Dies ist die göttliche Ordnung, die in diesem Raum wiederhergestellt wird, so sei es.
Ich bin Licht, und ich bin Liebe, und so bitte ich Euch ebenso um Vergebung, wie ich Euch vergebe, was Ihr mir je angetan habt.
So sei es.
Ich nehme meine Energien zu mir zurück, so wie ich Euch bitte, Eure Energien zu Euch zurückzunehmen, so sei es.

Spürt, wann dieser Vorgang beendet ist und nehmt wahr, wie sich dieser innere Raum verändert – wie er lichtvoller wird, wie er leuchtet und strahlt in Eurem Licht, das Ihr seid.

Ihr seid Licht, Ihr seid Liebe.

Wenn Ihr nun fotfahrt, so bittet Gott Vater-Mutter Euch zu begleiten bei dieser Einweihung in hohes Wissen, dass Ihr zu Euch zurücknehmt, so sei es.

Gott Vater-Mutter, bitte offenbare mir Dein Mitgefühl – und Ihr spürt hinein in dieses Mitgefühl – bitte zeige mir den Weg zurück in die

Einheit, die ich bin, so sei es.

Wenn Ihr spürt, dass Gott Vater-Mutter Euch etwas sagen möchte, so nehmt diese Botschaft wahr und an, denn sie ist in diesem Moment die Energie, die Ihr benötigt, um die folgenden Schritte zu gehen.

Wenn Ihr nun die Anwesenheit der Sphinx spürt, so nehmt wahr, was diese Euch sagen möchte – hat sie eine Botschaft für Euch?

Stellt sie Euch eine Frage?

Bitte beantwortet diese Frage mit dem Schlüssel, den ihr dazu von Gott erhalten habt, denn Ihr seid Liebe, Ihr seid Licht, Ihr seid ewig göttliches Heil, so sei es.

Der Schlüssel zu Allem ist die Liebe – und so kennt Ihr die Antwort auf die Frage nach dem Schlüssel des Lebens: Ihr seid Liebe, so sei es.

Sprecht nun in Liebe folgende, heilige Worte:

Ba Ra Shem (Sekhem) Ka

Ihr werdet nun spüren, dass die Sphinx Euch etwas schenkt – sie schenkt Euch ein neues Leben im Licht, denn Ihr seid dies Licht.
Ihr nehmt Euer Karma ganz an, wenn Ihr es beginnt zu erlösen – und die Sphinx, die Euch dabei hilft, sie ist eine Manifestation für die Inkarnationen, die Euch erlaubt, Eure Anteile wieder zurück ins Licht zu bringen. Ihr könnt dies betrachten als eine Manifestation der Seele, die sich selbst in die Inkarnationen und wieder zurück in die höheren Lichtreiche entlässt.

Damit Ihr auf dieser Erde bleibt, sprecht Ihr erneut, sobald Ihr merkt, dass dieser Vorgang der Reinigung und Klärung abgeschlossen ist:

Ich bin die Seele,
ich bin das göttliche Licht,
ich bin Liebe,

ich bin Wille,
ich bin Weisheit,
ich bin geisterschaffen,
und ich manifestiere aus dem Geiste, jetzt.
So sei es.

Ich danke Dir, Gott Vater-Mutter, dass Du für mein Heil sorgst, und das Du die Vorgänge lenkst, so sei es.

Ihr werdet wahrnehmen, dass sich in Euch eine neue Gestalt des Lichts etabliert, das Ihr seid, denn Ihr seid durch die Sphinx hindurch „reinkarniert". So sei es.

Beachtet einmal, dass sich Euer Lebensplan bislang vielleicht darauf stützte, die Erlebnisse in der Trennung zu machen, die sich Eure Seele als Lernaufgaben vornahm zu erleben.

Sobald Ihr bewusst seid – und dies seid Ihr, wenn Ihr begreift, wer Ihr in Wahrheit seid: ewig göttliches Licht – so werdet Ihr verstehen, dass Ihr den Schlüssel zu Eurer Existenz in den Händen haltet – er ist die Liebe selbst.

Diese Liebe lässt Euch die Trennungen überwinden, die sich in Euren Leben als Spiele des Egos, der Schatten in Euch manifestiert haben, und sie lässt Euch spüren, dass die Wahrheit in der Liebe zu Euch selbst, und zu Allem was ist, liegt. Denn Ihr seid diese Liebe.

Wenn Ihr noch einmal in die Energien in dieser Meditation hineinspürt, werdet Ihr vielleicht bemerken, dass Ihr in den liebevollen Armen Eurer Seele immer geborgen seid. Es kann Euch kein Leid geschehen, wenn Ihr Euch Eurem Seelenatem anvertraut, der Euch spüren lässt, wie sehr Ihr geliebt werdet.
Bedenkt bitte, dass der Atem Gottes, der in Euch für die Zyklen sorgt, die nun in Richtung der göttlichen Einheit in dieser Welt und im gesamten Universum weisen, Euch immer trägt; durch all Eure Inkarnationen, durch all Eure Erlebnisse, in Freude und Liebe, aber auch durch die unschönen Dinge, die Euch widerfahren sind. Denn

in Wahrheit ist nie etwas je getrennt.

Spürt hinein in die Schwingung, die Ihr in Euch integrieren konntet, und nehmt die neue Energie wahr, die sich in Euch durch diese Vorgänge entfalten konnte.

Spürt Ihr den Wechsel in Eurem Leben, wenn Ihr in die Zukunft hineinspürt – und Ihr dürft dies tun, denn in Wahrheit gibt es keine Zeit – sie ist eine Illusion der Trennung, die dazu dient, Euch bestimmte Weisen der Existenz, der Erlebnisse und Erfahrungen machen zu lassen. Nicht immer wird alles sichtbar, was die Schleier der Zeit verbergen, denn dies könnte Euren Plan auf dieser Erde gefährden. Zukunft ist eine Option unter vielen – sie ist, wie Ihr selbst, lebendig und veränderbar – und so beruhen Zukunftsvisionen auf der Entwicklung, wie sie nun verläuft. Denn es gibt keine Zufälle – allerdings ungeplante Prozesse, die durch die Dunkelheit, also das unbewusste Erleben, verursacht werden. So lässt sich in den höchsten Instanzen Eures Bewusstseins eine liebevolle Zukunft entfalten, die sich dann in die anderen Instanzen erstreckt, und die diese Zukunft manifestiert, wenn Ihr durchlässig seid für dieses Licht, für diese Schwingung, die Bewusstsein ist. Die Filter, die die Zukunft verhindern, die Ihr Euch erträumt, stellen die Blockaden dar, die Ihr selbst einst erzeugt habt – und so lasst diese Blockaden los, indem Ihr sprecht:

Ich bin Licht,
ich bin Wille,
ich bin Weisheit,
und ich bitte Dich, Gott Vater–Mutter,
offenbare mir meinen Seelenplan, der auf der Liebe Deiner Entscheidung für mich beruht.
So sei es.
Bitte lasse mich spüren, wie sehr ich geliebt werde – und bitte lasse mich ahnen, was sich durch die hohe Liebesschwingung, die ich bin, in meinem Leben etablieren wird.
Bitte erlaube mir, durch die Augen des Horus zu blicken in die Zukunft, die ich manifestiere.
Bitte erlaube mir, diese Zukunft von nun an durch die hohe Schwingung der Liebe, die ich bin, zu gestalten und zu lieben,

denn ich bin Licht.
Ich bin Liebe.
Ich bin die Seele,
ich bin das göttliche Licht,
ich bin Wille,
ich bin Weisheit,
ich bin geisterschaffen,
und ich manifestiere aus dem Geiste, jetzt.

Nun werdet Ihr spüren, dass sich in Euch die Zukunft zeigt, die Ihr nun manifestiert habt – in Liebe.
Wenn Ihr zufrieden seid, so dankt Gott Vater-Mutter, dass er Euch diese Zukunft im Licht gezeigt hat – und Ihr sprecht erneut:

Ich bin die Seele,
ich bin das göttliche Licht,
ich bin Wille,
ich bin Weisheit,
ich bin geisterschaffen,
und ich manifestiere aus dem Geiste jetzt.
Gott Vater-Mutter, ich danke Dir von Herzen und bitte Dich, offenbare mir Dein Mitgefühl – lass mich spüren, wie sehr ich geliebt werde.
und lasse mich in dieser Inkarnation die Manifestationen, die ich in Liebe tätige, ganz annehmen, damit sie sich um so stärker in meinem Leben wiederfinden, denn ich bin Licht.
So sei es. Ich danke Dir von Herzen.

Spürt hinein in diese Worte der Liebe aus dem hohen Herzen Gottes – und Ihr könnt nicht fehlgehen, wenn Ihr Gott Vater-Mutter bittet, Euch ein Geheimnis zu offenbaren: das Eurer Existenz. Denn sie ist als Liebe gedacht. So sei es.

Wenn Ihr Euer hohes Licht dazu nutzt, anderen und Euch selbst zu helfen, dann erhöht Ihr die Schwingung auf dieser Erde, denn Ihr verstärkt den Effekt der Affirmation, die in Liebe getätigt wird – und die Erde wird heil – denn sie ist ein Resonanzkörper, so wie Ihr.
So gibt es keine Trennung zwischen Euch und der Materie, die Licht

und Schwingung ist. Ewig göttliches Licht, das Euch dient, um die Erlebnisse machen zu können, die Ihr machen wolltet – sie sind energetische Erlebnisse. Tatsächlich ist es eine Illusion, dass die Menschen und Dinge auf anderen Welten oder auf anderen Planetensystemen nicht mit Euch in Verbindung stünden – und auch auf diesem Planeten gilt dies Prinzip der Verbundenheit von Allem mit Allem. Denn das All ist eins – und Ihr seid das All-Eine.

Wenn dies überfordernd scheint, so stellt Euch vor, wie sich Euer Licht entzündet in Euch selbst und damit das Licht dieser Erde erhellt, denn Ihr seid das Licht dieser Erde. Je mehr Menschen an Ihrem Aufstieg, an Ihrem Licht arbeiten, desto stärker ist die positive Resonanz, und Ihr werdet anderen Menschen ebenso ermöglichen, Ihr inneres Licht zu entdecken und wieder zu nutzen, um so den lang ersehnten Frieden zu schaffen, der nur Ausdruck eines inneren Friedens ist – denn es gilt: innen wie außen, und Ihr versteht dies, denn Ihr seid das Licht dieser und anderer Erden. So sei es.

Wenn Ihr nun spürt, dass Euer Licht auch die Schwingung auf der Erde in ihrer Gesamtheit erhöht, dann versteht Ihr, wie wichtig Ihr, wie wichtig Euer Licht für den Aufstieg, auch der andere Menschen ist. Denn Ihr seid Licht, Ihr seid Liebe.

Spürt noch einmal hinein in den Planeten Erde, in die Liebe dieses Planeten, der Euch trägt und Euch so lange Zeit die Erfahrungen ermöglichte und ermöglicht, um zu verstehen, dass Ihr das All-Eine seid; spürt hinein in die Energie von Mutter Erde und nehmt Ihre Schwingung wahr – die ein Spiegel, ein Resonanzgeschehen für Euer Inneres ist; auch wenn dies manchmal nicht direkt ersichtlich scheint.

Nehmt wahr, wie sich Mutter Erde in Euch verwirklicht, in Euren Körpern, in Euren Beziehungen zur Natur, zur Verbindung zwischen dem Geist und der Materie – spürt in Ihr Licht, in ihre Schwingung, und Ihr werdet feststellen, dass Ihr Licht auch Euer Licht ist, denn Ihr seid das All-Eine – und auch hier gibt es keine Trennungen. So sei es.

Das Rätsel um die Inkarnationen und die Liebe der Seele, das im Grunde keines ist, es ist bereits gelöst, wenn Ihr die Verbundenheit mit Allem was ist wahrnehmt in Liebe; denn Ihr seid diese Liebe. Wenn nun die Resonanz in Euch stark genug ist, dass Ihr auch die nächsten Schritte bereit seid zu gehen, so bittet Gott Vater-Mutter sowie Mutter Erde um Unterstützung für Euren Weg in die Einheit, denn Ihr seid diese Einheit – und die Trennungen, die Euch von dieser Erkenntnis abhielten sind Illusionen, so sei es.

Bitte sprecht erneut:

Ich lasse alle Illusionen los,
ich lasse alle Trennungen los,
ich bitte Dich, Gott Vater-Mutter, offenbare mir Dein Mitgefühl und
lasse mich aufsteigen in mein hohes und höchstes Bewusstsein, das
ich bin, so sei es.
Ich danke Dir von Herzen.

Nehmt wahr, wie sich in Euch Leichtigkeit und Freude ausbreitet, denn so ist dieses Leben gedacht – und dies heißt: affirmiert aus der höchsten Bewusstseins- und Manifestationsinstanz, die Ihr kennt: Gott Vater-Mutter und die Anteile, die andere Universen geschaffen haben und schaffen, schwingen in so unendlich hohem Liebesbewusstsein, dass sie alle Trennungen in Euch auflösen, wenn Ihr dazu bereit seid; und Ihr seid dies, denn ihr seid Licht – so sei es.

Wenn Ihr wahrnehmt, wie hinter den Schleiern des Verstandes und des Vergessens, Euer Herz höher schlägt bei dem Gedanken, dass Ihr diese Anteile seid, so dankt diesen Anteilen in Euch liebevoll, dass sie Euch ermöglichen, die Erfahrung der Rückkehr machen zu dürfen.

Im Folgenden wird es um die Einheit der Anteile in Euch selbst gehen – denn vielleicht fragt Ihr Euch, wieviele Anteile Ihr integrieren, heilen oder transformieren müsst, damit sich Euer höchstes der höchsten Bewusstseine in Euch integrieren kann. Dies ist nicht einfach zu beantworten und für alle gleich, denn in den zahlreichen Inkarnationen in verschiedenen Welten haben sich unterschiedliche Aspekte in Euch abgetrennt aber Euch auch gedient. Nicht alle wollen oder sollen in dieser Inkarnation bearbeitet, geheilt, angeschaut oder wieder integriert werden – denn das Leben ist als Freude gedacht; und so betrachtet dies nicht als einen Wettlauf sondern als ein Erleben der tiefen Heil– und Einswerdung mit Eurer Seele, Eurem Höheren Selbst, Euren höchsten göttlichen Anteilen.

.

Heilung

Dies Kapitel ist ein größeres Kapitel, das die Schritte beschreibt, wie wir zu tiefer, innerer Heilung gelangen. Es umfasst einen Abschnitt über die Heilung von magischen Verstrickungen, die wir meist in früheren Leben erzeugt haben – aber sogar heute gibt es noch Menschen, die versuchen, mit diesen Mitteln andere zu manipulieren.

Wir können tiefes Mitgefühl für diese Menschen aufbringen, denn sie erzeugen karmische Verstrickungen, die in diesem oder in anderen Leben zu sehr ungünstigen Bedingung und Verwicklungen führen können – und so spüren wir, wenn wir unsere alten magischen Verstrickungen auflösen, dass wir erleichtert in dies Leben blicken und nicht mehr die Unfreiheit spüren, die uns manchmal umfangen kann, wenn wir diese Energien nicht gelöst haben. Dies stellt allerdings eine Herausforderung dar – denn es ist unumstößlich notwendig, diese Magien aufzulösen, um aufzusteigen; ansonsten kann sich unser Licht nicht voll in uns entfalten – auf der anderen Seite bedarf es der Einweihung in die Kraft der Isis und des Heiligen Grals, um diese energetischen Verzerrungen wieder in ein Gleichgewicht zu bringen.

Dazu gibt es bereits in meinem Buch: *Ein Leitfaden für die neue Zeit* ein Kapitel – und auch hier wird ein Weg beschrieben, der dies ermöglicht. Er fußt auf den Einweihungen, die im Grunde selbst erhalten werden müssen, die Euch aber, auf Grund göttlicher Gnade als Geschenke gewährt werden, und die ganz äquivalent funktionieren. Bittet stets darum, dass alles zum höchsten Wohle Aller gefügt werde, wenn Ihr mit den Methoden dieses Buches arbeitet, denn auch die Seelen, die mit Euch verstrickt sind, möchten Heilung erfahren und aufsteigen.

Bittet nun darum, dass Gott Vater-Mutter lenkt, wenn Ihr sprecht:

Ich bin Licht,
ich bin Liebe,
ich bin die göttliche Essenz der Seele,
ich bin heil, denn ich bin ewig göttliches Licht, so sei es.
Ich bitte darum, dass alles zum höchsten Wohle Aller gefügt werde –
und ich bitte Dich, Gott Vater-Mutter, lenke Du.
Ich beginne nun mit der Auflösung alter magischer Verstrickungen
und bitte daher um die Kraft der Isis und um die Kraft des Heiligen
Grals – mögen sie dort wirken, wo Du es erlaubst, Gott Vater-Mutter.
Ich bitte die Seelen um Vergebung, denen ich dies antat – sowie ich
mir selbst vergebe, für das, was ich getan habe oder nicht getan
habe, in allen Inkarnatiionen, in Liebe.
Ich vergebe Euch, so sei es.

Spürt nun, wie sich in Euch alte Magien lösen und wie sich die Kraft
der Isis und die Kraft des Heiligen Grals in Euch entfalten zur Heilung
dieser verzerrten Energien, die Euch in all den Jahren auch erleben
ließen, was es heißt, kontrolliert zu werden.
Die wahre Magie ist die, aus der göttlichen Quelle entsprungen zu
sein.

Ihr wisst, wenn Ihr darum bittet, dass sich die Seelen zeigen, die mit
Euch dies erlebt haben – die Euch dies zuteil werden ließen, oder die
Ihr mit Hexenmagien, schwarzen Magien, Kardinalsflüchen, Kirchen-
bännen, Runenmagien, Flüchen, Blutsmagien, Spiegelmagien, wei-
ßen Magien, mit Zauberei, mit Vodoo–Magien kontrollieren wolltet.

Sie dürfen gehen, wenn Ihr nun darum bittet:

Gott Vater-Mutter, bitte lösche diese Magien, die ich einst aussand-
te, oder die mir gesandt wurden, und die mein Licht verdunkelt ha-
ben, ich bitte Dich um Deine Gnade und um Dein Mitgefühl – bitte
sende es auch den Seelen, die mit mir verstrickt sind, denn ich bin
Liebe – und die Dunkelheit, sie ist eine Illusion, so sei es.

Ihr werdet merken, wenn sich in Euch diese verzerrten Energien verabschiedet haben, und Ihr schließt diesen Prozess ab, der unter Umständen auch mehrmals wiederholt werden muss. Bitte geht hierbei sehr sorgsam mit Euch um, denn wenn Ihr diese Magien löst, solltet Ihr wissen, dass Euch auch körperlich für eine kurze Zeit übel werden kann. Ihr werdet es wahrnehmen und solltet Euch keine Sorgen machen, sondern am besten ist es, sich dann den Heiligen Gral und die Kraft der Isis als hell leuchtendes Ankh-Kreuz in Euch vorzustellen, und erneut um Heilung und Läuterung zu bitten – denn dies führt zu der Heilung, die Ihr ersehnt auf der Seelenebene.

Spürt hinein in die Erleichterung, die dieser Vorgang birgt – und Ihr seid aufgerufen, Euch zu erinnern, dass in Wahrheit nur die Liebe existiert – und die Schleier des Vergessens, die diese Energien darstellen, sie dürfen gehen.

Nehmt wahr, wie sich in Euch das Licht der Liebe ausbreitet und alles erhellt, das nicht in der Liebe schwingt. Die höchste göttliche Energie der Liebe, die Euch möglich ist zu integrieren, heilt auch die tiefsten Verletzungen, die Ihr Euch je zufügen konntet, denn Ihr seid Licht, Ihr seid diese Liebe, die über allem schwingt, so sei es.

Bittet nun Gott Vater–Mutter um die Gnade, die darin liegt, von den magischen Verstrickungen in Eurem Leben befreit worden zu sein.

Bitte, Gott Vater-Mutter, erlaube mir zurückzukehren zu meiner höchsten Liebesschwingung, die ich bin.
Ich bin die Ich bin Gegenwart,
ich bin die gegenwärtige Göttlichkeit,
ich manifestiere aus dem Geiste jetzt,
denn ich bin Licht – bitte Gott Vater-Mutter, erlaube mir zu manifestieren, dass ich nun, befreit von energetischen Manipulationen zu meinem höchsten Bewusstsein aufsteigen darf, so sei es.
Denn ich bin Licht.
Ich danke Dir von ganzem Herzen, so sei es.

Ich erlaube es mir selbst, aufzusteigen, und damit signalisiere ich, dass ich bereit bin, die Verantwortung für mein Licht zu übernehmen, in Liebe – so sei es.

Wenn Ihr nun spürt, dass in Euch etwas zugenommen hat, das man göttliches Bewusstsein nennt, so hat dies einen tieferen Sinn darin, dass ihr dies Bewusstsein als eine Konsequenz des Experiments mit der Dunkelheit vor Euch selbst verborgen hieltet – Ihr nehmt dies Bewusstsein, das in der Trennung lag, zu Euch zurück durch inneres Wachstum, denn dies ist der Weg zurück.

Der Rückweg ist leicht, auch wenn Ihr manches mal das Gefühl haben mögt, dass Euch noch etwas abhält davon, Euch ganz zu öffnen, oder dass Euch Muster in Verhalten oder im Denken die Energien in der Welt erfahren lasst, die Ihr damit erzeugt – aber seid gewiss, dass, sobald der Weg zurück beschritten ist, er konsequent zu dem einen Ziel der Bewusstwerdung Eurer göttlichen Schöpferkräfte führt – er wird Euch heilen, denn Ihr seid Licht.

Heil–Sein bedeutet, sich ganz tief mit dem göttlichen Bewusstsein zurück zu verbinden, denn dann begreift Ihr, dass Ihr alles auf der Seelenebene, auf der göttlichen Ebene in Euch und auch in anderen erlösen könnt, das nicht in der Liebe des All-Einen schwingt – denn Ihr seid dies All-Eine.

Das alte Wissen, das sich zum Beispiel in den Methoden des geistigen Heilens in dieser Zeit stärker etabliert, wird in Zukunft die Regel, nicht die Ausnahme sein, so wie dies zu Zeiten von Atlantis, Lemurien, Ägypten und Avalon der Fall war – die großen Zivilisationen, die das göttliche Wissen bereit hielten, hielten sich lange Jahre als Orte der Erfüllung, als Orte des Erlebens inneren wie äußeren Reichtums – dies bedeutet nicht gleich materieller Besitz – denn selbst äußerer Reichtum kann sich beispielsweise in Lebensqualität und -genuss äußern, der von der Qualität unserer Arbeit abhängt; mit wieviel Freude wir sie bewältigen; nichts war je getrennt – und so gilt auch hier das Prinzip: oben wie unten, innen wie außen.

Betrachtet einmal Eure Arbeit, die Ihr täglich verrichtet, als einen Spiegel Eures Höheren Selbst.
Was nehmt Ihr wahr, wenn Ihr an Eure Arbeit denkt – was macht Euch Freude, was macht Euch Mut? Was bedrückt Euch daran, was engt Euch ein?
Seid besonders ehrlich in dieser Frage – denn Oben wie Unten bedeutet in diesem Fall, das zahlreiche Menschen, die Ihr Bewusstsein nicht voll integriert haben – auch aus guten Gründen, bitte bedenkt dies stets – auf der irdischen Ebene den Zustand „oben" erleben – sie bearbeiten, anders gesagt, ihr Karma.

Bearbeitet Ihr Euer Karma in Euren Jobs? Bitte beachtet, dass der Hinweis Eurer Seele Euch hilft zu verstehen, denn oftmals sind dies „blinde Flecken", die bedeuten, dass Euer Karma auf einer Ebene bearbeitet wird, die eigentlich nicht nötig wäre – die Konsequenz aus dieser Überlegung kann sich vorstellen, wer die vorherigen Kapitel der Karmaauf- und -ablösung gelesen hat; denn auf der Seelenebene gibt es keine Trennung, und Ihr entscheidet Euch selbst, wie und in welchen Situationen Ihr Euer Karma bearbeiten möchtet.
Oft fühlen Menschen sich gebunden an einen Ort, an Situationen, an Jobs, da sie keine Perspektive sehen, oder da sie scheinbar eine „höhere Macht" zu zwingen scheint, auch in ausweglosen Situationen zu verharren – dies ist Karma, das die Seele nicht auf der Seelenebene sondern auf der unbewussten Ebene bearbeitet.

Hier bedeutet Heilung, eine Veränderung der Perspektive: sich auf seine Seele einzustimmen, Ihrer Stimme zu lauschen, sich Ihr zu öffnen, die Bewusstseinsanteile wieder zu integrieren, ermöglicht, einen anderen Zugang zu der lichtvollen Bewusstseinsebene zu erhalten, auf der Karma erlöst werden kann.

Und so ist es hilfreich, seine Seele zu fragen, aus welchem Grund sie, denn sie wählt es, diesen Job und nicht einen anderen ausgesucht hat. Nehmt Ihr Ihre Antwort wahr? Lauscht einmal auf die deutliche Stimme der Seele, Eures Höheren Selbst, die und das Euch sagt, aus welchen Gründen Ihr an Stellen und Personen haften könnt, die Euch vertraut sein mögen, die aber manchmal Eurem Licht nicht dienen oder Euch nicht die Entwicklungsmöglichkeiten bieten, die Ihr benötigt, um Euch auf die neue Ära des Lichts und der Liebe einzuschwingen.

Euer Umfeld beeinflusst Euch nur insofern, als dass es Euch Eure Lernaufgaben spiegelt – und so erhaltet Ihr vielleicht, wenn Ihr Eure Seele in Liebe darum bittet, die Antwort auf die Frage, warum Ihr in einem Job seid, der Euch vielleicht keine Freude bereitet – spürt hinein in die Antwort und nehmt wahr, welche Lernaufgaben Ihr dort bearbeitet, was Ihr erleben wollt, und auch, was Ihr ändern könnt, um zu Eurer wahren Existenz im Licht vorzustoßen, die, innen wie außen, Euer hohes Liebesbewusstsein spiegelt.

Ihr könnt dies in einer kleinen Meditation machen, die Euch an die Stelle in Eurem Herzen führt, die genau weiß, was Eure Seele möchte in dieser neuen, lichtvollen Zeit. Seid gespannt auf Ihre Antwort. So sei es.

Meditation: Die Seelenaufgabe – Ich bin Licht

Ich bin Licht – so ist, und so war es immer. Denn ich bin die Seele, das ewig göttliche Licht.
Wenn ich mich erinnere, wer ich in Wahrheit bin, dann spüre ich, dass die Trennungen, die in meinem Leben existieren, in Wahrheit

Illusionen sind – sie sind Trennungen, damit ich sie wieder in die Einheit, die ich bin, zurückführe.

Aus diesem Grund stellen Blockaden im Fluss meines Lebens, Hemmnisse dar, die angeschaut und geheilt werden möchten, denn dann geschieht das Wunder der göttlichen Manifestation, die sich in meinem Heil–Sein äußert.

Erlöse ich meine ungeheilten Anteile in mir, erwarten mich innerer Frieden, innere Gelassenheit, Glück und Zustände des Eins–Seins mit mir und der Welt – denn dann habe ich erkannt, dass ich ewig göttliches Licht bin.

Somit stehen mir alle Optionen, die die Liebe Gottes enthält, offen – und ich gestalte mein Leben aus diesem hohen Liebesbewusstsein heraus, das wieder aus mir fließen darf – zum höchsten Wohle Aller, das meines selbstverständlich einschließt.

Ich bin Licht.

Und wenn ich mich erinnere, wer ich in Wahrheit bin, erkenne ich, dass die Trennung eine Illusion ist, und ich immer manifestiert habe, was ich erlebe in meinem Leben.

Dies ist ein Geschenk, denn so erschaffe Ich und werde nicht gelenkt – auch wenn der Verstand denken mag, dass er führt – manches mal wundert sich der Verstand oder wundert sich das Ego in uns, dass uns Dinge geschehen, die wie Zufälle sind, die der Intuition zuzurechnen scheinen – in Wahrheit sind dies die Zustände, die ich, die Seele, erzeuge, damit ich die Dinge erlebe, die ich erleben möchte.

Die Führung, die mich auf der Seelenebene bindet, ist meist eine karmische – und so offenbare ich mir selbst, wieso Dinge in meinem Leben geschehen, die mich zu wundern scheinen – sei dies in der Sphäre der Arbeit oder im privaten Bereich.

Ich lausche nun auf die Stimme meiner Seele, was sie mir sagt zu meiner Arbeit, zu meinem Leben, zu meiner Situation.

Wenn ich mein inneres Licht ganz annehme, nehme ich wahrscheinlich wahr, dass ich nicht immer im Gleichgewicht bin, dass Dinge, Menschen, Gegebenheiten mich aus dem Gleichgewicht bringen können, obwohl ich dachte, ich sei eins mit Allem was ist.

Woran liegt dies?

Und ich lausche auch hier auf die Stimme meiner Seele, was sie mir dazu sagen möchte – worin liegen meine Lernaufgaben, meine „schwachen" Punkte, die ich mir anschauen sollte? Liegen sie tatsächlich im Außen, bei „den anderen" – oder sind dies Spiegel – sind dies Seelen, die mir ihr Einverständnis gegeben haben, dass sie mir die Lernaufgaben, die ich habe, präsentieren, denn so ist es auf der Seelenebene.

Ich lausche aufmerksam, denn ich weiß, dass die Antwort mir hilft zu verstehen, wer ich in Wahrheit bin – vielleicht jemand anderes, als der, für den ich mich immer hielt.

Ich spüre die Liebe meiner Seele, und wie sie mir etwas sagt: Ich bin Licht, ich bin Liebe, ich bin Wille, ich bin Weisheit, ich bin ewig göttliches Licht, und ich bin geisterschaffen, also bin ich Geist – ich manifestiere aus dem Geiste jetzt, so sei es.

Die Seele, Deine Seele, offenbart Dir nun Ihren Seelenplan – Ihr Geheimnis, wenn Du dies so nennen möchtest – es ist wie es ist, und wie es ist, ist es in der göttlichen Ordnung, so sei es.

Ich lausche nun aufmerksam auf die Stimme meiner Seele und was sie mir zu meinem Leben, zu meinem Seelenplan zu sagen hat – was meinst Du mit den Situationen, in denen ich mich unwohl fühle, was sollen sie mir sagen? – diese Fragen darf ich stellen, denn ich bin die Seele – und ich kenne die Antwort.

Ich nehme klar und deutlich die Energie meines Höheren Selbst wahr, das nun zu mir „herabsteigt" und mir eine Botschaft dazu übermittelt – Du bist ewig göttliches Licht – und Du wirst geführt, so sei es. Dies ist nicht seine einzige Botschaft – und so lausche ich der Stimme meines Höchsten Selbst, und ich darf es ebenso fragen – welche Botschaft hast Du bezüglich meines Lebens, meines Seelenplanes? Kannst Du mir helfen, ihn so zu verändern, dass er in der neuen Zeit die Erlebnisse für mich bereit hält, die die höchste Schwingung der Liebe in der Welt der Erscheinung zum Leuchten bringt? So sei es.

Ich nehme wahr, wie sich in mir innere Klarheit, innere Stäke, innere Führung ausbreitet. Es ist wie es ist, und wie es ist, ist es in der göttlichen Ordnung, so sei es.

Ich liebe mich, ich liebe mich, ich liebe mich.
(Sprich diese Worte, so oft Du möchtest.)

Meine Seele hat sich offenbart in ihrer inneren, ewig gültigen Weisheit, und ich kann mir selbst danken, dass ich den Schritt in die bewusste Schöpferebene gegangen bin, so sei es.

Spüre einmal hinein, was diese Meditation in Dir bewirkt hat. Nimmst Du Dich von nun als Schöpfer/in Deines Lebens wahr? Kommt Dir der Verdacht, dass Du bislang auch die Schöpferin/ der Schöpfer Deines Lebens warst – vielleicht ohne es zu bemerken.

Heilung beginnt im Herzen – und so nimmst auch Du wahr, dass Dein Heil-Sein mit Deiner inneren Bewusstswerdung eng verbunden ist, denn die Freiheit der Seele ist die Schöpfung, die sie mit Dir, in Ihrem Körper erlebt. Es gibt keine Trennung zwischen Dir und Deiner Seele – dies ist eine Illusion.

So kann die Seele, die sich in vielen Leben Aspekte der Dualität in verschiedensten Ausprägungen „anschaut", sich ganz in Dir zum Ausdruck bringen, wenn Dein Verstand und Dein Ego zurücktreten –

dann erlebst Du Dein Heil-Sein als einen Prozess der Erkenntnis und des Wachstums, das darin besteht, seine Anteile zu integrieren und zu heilen, und die Erlebnisse zu machen in dieser Welt, die Dein Seelenplan vorsieht.

Es ist wichtig zu verstehen, dass Deine Seele sich danach sehnt, Ihre Trennungen zu lösen und die Lernaufgaben zu bewältigen, die Ihrem Wachstum dienen. So sprich in Liebe, um diesen Prozess auch bewusst, auf Deiner Schöpferebene zu gestalten:

Ich bin die Seele,
ich bin das göttliche Licht,
ich bin Wille,
ich bin Weisheit,
ich bin geisterschaffen,
und ich manifestiere aus dem Geiste, jetzt.
Ich erlaube mir, nun die bewusste Ebene, meine Schöpferebene, zu erleben und zu genießen, denn ich bin Licht, so sei es.

Wenn ich mir erlaube, von nun an aus dem hohen Herzen meiner Seele, aus dem hohen Herzen Gottes zu schöpfen, ändert sich etwas in meinem Leben, denn dann wird mir selbst bewusst, wozu meine Schöpfungen dienlich sind – dienen sie meinem Licht – und damit dem Licht der anderen Seelen in meinem Umfeld – oder dienen sie den Trennungen und verstärken damit das karmische Gebinde, das meine Seele auflösen möchte – denn dies ist meist die Lernaufgabe: die karmischen Verstrickungen zu lösen, stellt sich dies auch als „schwierig" auf der unbewussten Ebene heraus.

Damit noch klarer wird, dass unsere Existenz einem tieferen Erleben unserer göttlichen Schöpferkräfte dient – und sei dies auch in Zeiten der Trennung von unserem hohen Einheitsbewusstsein – möchte ich ein Beispiel geben für die gelungene Transformation unserer Lernaufgaben auf der Seelenebene.

Das Beispiel der zwei streitenden, ehemaligen „Freunde" mag verdeutlichen, dass Gründe eine Rolle spielen für unsere Zwistigkeiten in der Welt der Erscheinungen, die auf der Seelenebene ganz anderer Ursachen haben – nämlich karmische, als dies in unbewusstem Zustand klar wird.

Die Krux an der karmischen Verstrickung liegt in der Trennung, denn sobald ich in der Lage bin, die Ursache zu erkennen, kann ich sie auf der Seelenebene ohne Probleme bearbeiten und damit erlösen – denn ich kann beispielsweise „Abbitte" leisten bei der betroffenen Seele und Ihr Ihre Energien zurückgeben, und dabei gleichzeitig meine zu mir zurücknehmen.

In meinem Buch *Ein Letifaden für die neue Zeit,* habe ich die dafür adäquate Methode der **Energieversöhnung** beschrieben, die ich auch an dieser Stelle noch einmal schildere, damit klar wird, wie wir Karma auf der Seelenebene bearbeiten dürfen. Es wird sich dann im Außen unser Verhältnis zum Gegenüber in positiver Weise verändern, selbst wenn der oder die Betroffene selbst nicht bewusst sein sollte. Dies spielt hierbei keine Rolle – wer allerdings die Versöhnungsvorgänge bemerkt, da sie oder er schon sehr bewusst ist, kann diesen liebevollen Vorgang noch unterstützen und selbst um Hinweise bezüglich der Verstrickung, und der damit verbundenen Lernaufgaben bitten, denn nichts ist oder war je getrennt.

Die Methode der Energieversöhnung oder -trennung ist sehr einfach und sehr wirkungsvoll – und es kann geschehen, dass danach bereits eine deutliche Verbesserung eintritt – oder aber die Energieversöhnung sollte zu einem gegebenen Zeitpunkt wiederholt werden – hört auf die Stimme Eurer Seele, wann und wenn dies ansteht, Ihr werdet es wissen, denn Ihr seid göttliches Licht.

Der Vorgang ist so einfach, dass wir uns fragen werden, wie wir und warum wir Konflikte jemals anders gelöst haben. Eine liebevolle Energieversöhnung verläuft wie folgt: Ich spreche in Liebe:

Ich bin in meinen Sternentoren,
ich bin in meinen Chakren.
Ich bin in meinem Kanal.
Ich bin in Avalon und Avalon ist in mir [selbst wenn Du noch keine

Einweihung in Avalon hast, solltest Du diese Worte sprechen.]
Ich bin immer in Gottes Armen.
Ich bin in Gottes Atem.
Ich bin.

Du überlegst, welche Seele mit Dir eine Energieversöhnung machen möchte. Frage auch Deine Seele, welche Seele(n) sie einladen möchte.

Dann sprich:

Ich bitte, dass alles zum höchsten Wohle aller gefügt wird.
Ich bitte, dass nur das geschehe, was in der göttlichen Ordnung ist.
Ich bitte die göttliche Quelle um Hilfe und die geistigen Führer und Lehrer.
Ich bitte die Engel und Erzengelkräfte um Hilfe, die zuständig sind.

Ich begrüße die Seele(n), mit der oder denen eine Energieversöhnung ansteht in Liebe. (Vielleicht nimmst Du wahr, welche Seelen sich zeigen).

Ich vergebe Dir all das, was Du mir je angetan hast, in allen Inkarnationen, in Liebe.

Ich bitte Dich um Vergebung, für das, was ich Dir je angetan habe, in allen Inkarnationen, in Liebe.

Ich vergebe mir selbst, für das, was ich getan oder nicht getan habe, in allen Inkarnationen, in Liebe.

Ich gebe Dir nun all Deine Energien, Dinge und Fähigkeiten aus allen Dimensionen der Zeit zu Dir zurück. [Bitte warten, bis der Prozess abgeschlossen ist.]

Ich nehme nun all meine Energien, Dinge, meine Selbstermächtigung und Fähigkeiten aus allen Dimensionen der Zeit zu mir zurück. [Bitte warten, bis der Prozess abgeschlossen ist.]

Ich bitte den Erzengel Michael, alle Verträge, alle Eide, Schwüre, Gelübde, Waffenbrüderschaften, Eheversprechen, Schweige-, und Keuschheitsgelübde zwischen uns aufzuheben. [Bitte warten, bis der Prozess abgeschlossen ist.]

Ich lasse alle Wut, alle Enttäuschungen, alle Traurigkeit los.

Ich bitte den Erzengel Michael, nun alle Verstrickungen zwischen uns, aus allen Dimensionen der Zeit zu lösen, wie es nun dem höchsten Wohle aller entspricht.

Ich bitte die Engel, Heilenergien in alle Situationen, in alle Dimensionen der Zeit fließen zu lassen, wie es nun dem höchsten Wohle aller entspricht.
Ich bedanke mich bei der göttlichen Quelle, den Engeln und geistigen Führern und Lehrern, dem Erzengel Michael, bei den Seelen und unseren Schutzengeln.

Die Erleichterung, die sich nach einem solchen Prozess häufig einstellt, ist von Dauer. Solltest Du dennoch bemerken, dass eine Seele noch mit Dir verstrickt ist, wirst Du zu gegebener Zeit eine weitere Energieversöhnung vornehmen – und auch die magischen Verstrickungen erzeugen die Konsequenzen, die wir als unangenehm in der Welt und in den Beziehungen untereinander erleben konnten. Damit dies in der neuen Zeit auch in einem größeren Umfang in die Richtung eines kollektiven, liebevollen Aufstiegsprozess mündet, hat sich der Schöpfer dieses All-Einen Universums eine wunderbare Gnadenenergie erdacht, die allen Seelen zu Gute kommt in den Tagen eines kollektiven Erwachens. Damit dies nicht zu unerwarteten Konsequenzen führt, zum Beispiel in Form der Karmaauflösung der außerirdischen Leben, die in dem Fall ebenso bearbeitet werden müssten, gibt es ein umfassendes Moratorium für diese karmischen Verstrickungen, denn ansonsten würden sich Menschen, die in anderen Welten auch unschöne Dinge gemacht haben, wieder erneut in das alte Karmaspiel begeben – und es könnte gar in einem viel größeren Ausmaß in die Katastrophe führen.

Denn nichts war je getrennt – und dies gilt auch für die Leben in anderen Welten, die zum Teil sehr schön, zum Teil in sehr unbewussten Dimensionen erlebt worden sind. *Star Wars* ist leider Realität in manchen Welten in diesem Universum, denn die Dunkelheit wurde und wird auch auf anderen Planeten, unter anderen Bedingungen, erlebt.

In diesen Tagen des Erwachens setzt die Gnade Gottes, des höchsten Bewusstseins, ein Art Stopp-Signal für die Karmaauflösung, denn über allem schwingt die Gnade und die Liebe Gottes, die so unendlich ist, dass sie beginnt, diesen und andere Planeten wieder in Ihr Licht zu ziehen – das höher schwingende zieht das niedrig schwingende zu sich herauf – und so wisst Ihr auch, dass Ihr mit Eurem Licht in dieser Welt etwas verändert. Denn Ihr seid Licht. Ihr seid das Seelenkollektiv – und darum nutze ich häufig die Ansprache „Ihr" in diesem Buch; denn nichts war oder ist je getrennt voneinander – und so lauschen auch jetzt, in den Momenten, in denen ich diese Zeilen schreibe, die Seelen aufmerksam, und ich spüre Ihre Resonanzen auf diese Worte – manches mal ändere ich auch Sätze, damit sie die Resonanz erzeugen, die für alle die schönsten möglichen Ergebnisse bieten. In anderen Fällen arbeite ich mit den Seelen, die diese Zeilen lesen werden und bereite sie darauf vor, denn nichts war oder ist je getrennt.

Und so werdet auch Ihr dieses hohe Wissen wieder einsetzen und in die Zukunft blicken, denn die Trennung ist eine Illusion. Die Seele ist und war immer göttliches Licht, und Licht ist die höchste Schwingung im Universum. Dies zu „lernen" bedeutet, sich ganz dem Wesen des Lichtes, das wir sind zu widmen, denn es ist hinter den Schleiern der dinglichen Welt die Manifestationsenergie, die alles erschuf, die alles zusammenhält, die alles verändert.

Damit dies Licht in Euch so durchlässig wird, dass sich Eure Gedanken nicht von den Manifestationen, die Ihr macht, unterscheidet, ist es notwendig, sich selbst ganz zu heilen, denn die verletzten Anteile in Euch stellen nicht nur Blockaden im Fluss des Lebens selbst dar, sie sind Blockaden, die Euer Licht – und damit Euer Bewusstsein, und damit Eure Manifestationen blockieren.

Damit die Blockaden in Euch gelöst werden, ist es ebenso notwendig, sich ganz dem irdischen Leben zu widmen, wie den höchsten Ebenen in Euch selbst – denn nichts ist oder war je getrennt. Und so werdet Ihr zu Meistern Eures Bewusstseins, wenn Ihr das irdische Leben in seiner Fülle lebt und begreift – dies gilt für die körperlichen und materiellen Dinge, wie für Euer Bedürfnis nach Nähe, nach Liebe, nach sexueller Freude und Erfüllung, dem Wunsch nach einer erfüllenden Partnerschaft, wie dem Bedürfnis, sich mit seiner Arbeit in der Welt der Erscheinungen mehr als nur das tägliche Brot zu verdienen. Dies alles sind nicht nur legitime Bedürfnisse des Ichs, es sind wichtige Elemente, die Euren Alltag konturieren, die Euer Leben bereichern und schön machen – Euer Körper ist Euer Tempel, den Ihr bewohnt. Führt Euch dies einmal bildlich vor Augen – und lasst dies Bild wirken: wie sieht dieser Tempel aus, den Ihr seht?

Leuchtet er hell und klar? Oder nehmt Ihr Dunkelheit in ihm wahr? Jedes Ungleichgewicht, das sich in Eurem Leben im schlimmsten Falle als Krankheit äußert, ist ein energetisches Phänomen – und es kann mit energetischen Methoden geheilt werden, auch wenn dies noch nicht in der so genannten Mitte der Gesellschaft angekommen ist.

Lasst Licht und Liebe in Euren Körper fließen und spürt, wie Euch Dunkelheit verlässt.

Spürt hinein in die Stellen, die von Euch nun angeschaut werden möchten, und nehmt wahr, wie sich durch die hohe Schwingung der Liebe, die Ihr seid, etwas in Euch erlöst. Aus der Dunkelheit wird Licht, denn die Dunkelheit ist eine Illusion. Und so ist dieser Tempel, den Ihr bewohnt, ein inneres Heiligtum, ein „Gefäß", dass Eure Seele trägt, und das ebenso aus Licht und Liebe besteht.

So holt die Anteile in Euch selbst, die noch in der Dunkelheit verharren ins Licht der Erkenntnis – in die Erkenntnis, das Ihr Liebe seid.

Die Liebe heilt alles, das nicht in Euch selbst im Gleichgewicht ist, und so versteht Ihr auch, wie geistiges Heilen funktioniert – denn

Eure Körper sind Energien. Sie sind Schwingung, und so heilen sie auf einer hohen Frequenz, die sich in Euch, in der Materie niederschlägt, denn oben wie unten und innen wie außen. So ist es.

Spürt hinein in die Heilung, die Ihr erfahrt, wenn Ihr selbst dies geistige Heilen anwendet – denn es ist keine äußerliche Kunst, die Ärzte betreiben sondern es ist der natürliche Zustand der Seele, Ihr Erleben als energetisches Geschehen in einem Körper gespiegelt und auch wieder geheilt wahrzunehmen, wenn sich Ihre Bewusstheit in der Materie ausdrückt. Um es einfacher zu formulieren – es gibt keine Trennung zwischen der Materie, die eine Schwingung ist, und der Seele, die eine Schwingung ist. oben wie unten, innen wie außen. Und so begreift Ihr, dass die Seele sich einem Körper stets als energetische Entität erlebt. Sie hat die Möglichkeit, ihr Erleben wieder in den Einklang und die Fülle zu bringen, indem sie Ihre Anteile heilt und integriert – und dies drückt Ihr Körper in Gesundheit und Zufriedenheit aus.

So fragen sich vielleicht einige, wieso es in der Welt zahlreiche Krankheiten zu geben scheint, die nicht heilbar sind. Stellt Euch einmal vor, dass sie heilbar sind, denn Ihr erzeugt die Realitäten, die Ihr in Eurem Geist erdenkt. innen wie außen – und so gab es zu der Zeit von Atlantis keine unheilbaren Krankheiten, denn der Geist, das All–Eine, lebte in untrennbarer Einheit. Der Körper ist Geist, und der Geist, der Körper wird, er wird, sobald der Geist bewusst ist, eine andere Schwingung annehmen, die ihn die Trennung nicht länger erleben lässt als Trennung. Denn oben wie unten und innen wie außen.

Wem dies nun unwahrscheinlich erscheint, dem sei gesagt, dass nur die Trennung in der Lage ist, die Illusion einer Krankheit zu erzeugen. Wir erkranken nicht, weil wir einen Körper haben oder weil es Bakterien, also andere Lebewesen gibt, wir erkranken, weil dies in der Phase der Dunkelheit eine Erfahrung des Körpers darstellte.

So bitten wir, um unsere Schwingung in unserem Körper anzuheben und die alten Verletzungen, die sich auch in unserer DNA abspeichern, zu heilen, Gott Vater-Mutter um Erlaubnis, die vollständige, göttliche DNA wieder zu integrieren; die, von der Dunkelheit befreit, den göttlichen Menschen entstehen lässt, der die vollständige, die göttlich erdachte 12-strängige DNA in sich trägt, so wie es zu Zeiten von Atlantis der Fall war.

Bitte, Gott Vater-Mutter, erlaube mir, die vollständige göttliche DNA des vollkommenen Menschen wieder zu integrieren und zu wachsen und zu reifen in einem Körper, der daraus entspringt.
Bitte heile meine Krankheiten, die Ausdruck der Trennung und der Dunkelheit sind.
Es geschehe Dein Wille und nicht meiner, denn ich bin vom Licht, ich bin Licht, ich bin Liebe – und ich bin das ewig göttlich geliebte Kind. Ich bin heil, so sei es.

Wenn Ihr nun hineinspürt in diese Affirmation, so bemerkt Ihr vielleicht, dass sich, bevor sich diese göttlich erdachte DNA in Euch wieder etabliert, Euer Karma vergeben werden muss, damit Ihr aufsteigt und Euer göttliches Geschenk der Vollkommenheit in Empfang nehmen könnt. Denn die karmischen Ursachen, die Krankheiten und Symptome in Euch bewirken, sie wollen erkannt und transformiert, mitunter ganz angenommen werden. So hat das Erleben von Krankheiten manchmal den Sinn, wichtige Botschaften der Seele zu vermitteln – dem Wunsch der Seele nach Ruhe nachzukommen, oder sogar in einem viel größeren Umfang Veränderungen einzuleiten – einen anderen Umgang mit sich selbst und anderen zu pflegen beispielsweise.

So empfiehlt es sich an dieser Stelle, die Seele zu bitten, die Führung bei der folgenden Meditation zur göttlichen Gesundheit zu übernehmen und auch auf ihre Botschaften zu lauschen.

Viele Menschen, die tatsächlich, auch über einen längeren Zeitraum unter Krankheiten leiden, haben eher unter den Einschränkungen zu leiden, die sich auf einer psychologischen Ebene zeigen können – zum Beispiel nicht mehr genug „leisten" zu können. Dies sind Verzerrungen unseres Verstandes, und oft auch Ausdruck einer tieferen Überzeugung in uns selbst, nur oder hauptsächlich durch Leistung anerkannt zu werden. Diese tiefe Spaltung, die die Seele als eine Art Heimweh nach den höheren Reichen wahrnimmt, kann ebenso in dieser Meditation geheilt werden – denn oftmals drückt die Seele Signale über den Körper aus: dass ihr der Leistungsgedanke zutiefst widerspricht, ist keine Bewertung sondern eine Konsequenz aus der Schwingung der Liebe, die die Seele ist – und so gilt auch hier: innen wie außen, oben wie unten. Spürt hinein, ob Ihr in Euch selbst Gedanken des Leisten-Müssens wahrnehmt, und lasst sie in Liebe gehen, denn nichts war oder ist je getrennt – und so erzeugt Ihr in Liebe Eure Realität, die eine des Lichts und der Freundschaft mit Euch selbst ist. So sei es.

Meditation: Göttliche Gesundheit – die Ich bin-Präsenz in der Welt

Du nimmst wahr, wie Du in Deinem inneren, heiligen Raum ganz heil bist, denn Du bist die Seele, das göttliche Licht, und Du bist in Deinem Herzen stets behütet von der ewigen Flamme Gottes, die Du bist.

Dein Licht leuchtet in diesem Raum und erhellt alles, was nicht Licht ist – denn Du hast Dich entschieden, Dich ganz anzunehmen, so wie Du gemeint bist: als ein liebevoller Teil der Schöpfung.

Und nun spürst Du, wie Du selbst schöpfst – tagtäglich, Dein Leben, Deine Gesundheit, Deinen körperlichen Zustand – und Du erkennst, dass die Trennungen Illusionen sind, wenn Du sprichst:

Ich bin das göttliche Licht,
ich bin in der Einheit,
und ich bitte Dich, Gott Vater-Mutter, lass mich in meinem Herzen
heil werden, so dass sich in mir meine göttliche Gesundheit, die ich
in Wahrheit bin, manifestiert – denn oben wie unten und innen wie
außen – ich habe verstanden, so sei es.

Wenn Du nun wahrnimmst, wie sich in Dir Schleier der Trennung von Deiner Gesundheit, Deinem göttlichen Licht der Reinheit und Klarheit löst, beginnst Du zu spüren, dass in Wahrheit alle Ungleichgewichte in Dir Illusionen sind. Sie dienen Dir nicht – oder nur zum Teil.

Und wenn Du hineinspürst in Deine Ungleichgewichte, die Dir etwas sagen sollen, dann nimmst Du die Stimme Deiner Seele wahr, die Dir erklärt, was dies Ungleichgewicht Dir sagen sollte.

Die Ungleichgewichte sind Illusionen, so sei es. Und es wird Dir nun ein Geschenk von Deiner Seele überreicht, die Dir mit der Botschaft auch Ihr ganz eigenes, inneres Leuchten offenbart, das Du als Ihre Essenz, Ihre Heilessenz bereits wahrgenommen hast.

Diese Liebe, die Du bist, heilt alle Ungleichgewichte, und sie dürfen gehen, wenn Du Gott Vater–Mutter um sein Mitgefühl bittest, dass er Dir offenbart.

Bitte Gott Vater-Mutter, offenbare mir Dein Mitgefühl und lasse mich teilhaben an der Einheit meines Bewusstseins, das ich bin.

In Wahrheit ist die Krankheit eine Illusion, in der ich nicht bin, denn ich bin im Licht – so sei es.

Spüre hinein, wie Deine Seele sich in ihrer Essenz offenbart, die Heilung ist, die Liebe ist, die hohe Schwingung ist, die die Ungleichgewichte in Dir heilt, denn Du bist Licht, und Du bist nicht in der Krankheit, die eine Illusion ist. So sei es.

Ich bin Licht,
ich bin Liebe,
ich bin göttliche Weisheit,
ich bin göttlicher Wille,
ich zögere nicht, die Ungleichgewichte in mir als das zu erkennen, was sie in Wahrheit sind: sie sind in Wahrheit Spiegel meiner inneren Ungleichgewichte, die ich durch die Liebe meines Bewusstseins heile, so sei es.

Bitte unterstütze mich dabei, Gott Vater-Mutter, bitte hilf mir zu erkennen, dass in Wahrheit kein Leid, keine Krankheit existiert, die nicht eine tiefere Ebene in mir berührt – denn ich erzeuge meine Realität – und so bitte ich Dich, erzeuge mit Deinem höchsten Bewusstsein die Realität der Liebe in mir, die meine Gesundheit zum Ausdruck bringt, denn dann realisiert sie sich in der Materie, so sei es.
Ich danke Dir von Herzen.

Spüre hinein, welch enorme Energie diese Affirmation besitzt, die Dich heilt und die Dich erkennen lässt, wo in Dir Ungleichgewichte erzeugt wurden, die sich im Außen manifestiert haben. Es ist, wie es ist, und wie es ist, ist es in der göttlichen Ordnung, so sei es.

Lies bitte auch den nächsten Abschnitt, denn nun geht es um die Heilung Deiner verletzten inneren Anteile, den Anteilen Deines inneren Kindes – denn auch hierbei gilt, dass Alles mit Allem verbunden ist. So nimm wahr, wie Dein inneres Kind immer Bestandteil Deines Selbst ist, und wie sich durch Abtrennungen, Traumata des inneren Kindes, Deine Seele verändert hatte und sich auch hierdurch Krankheitszustände in der Welt manifestieren können – denn innen wie außen und außen wie innen.

Die folgende Meditation solltest Du öfter wiederholen, denn sie ist sehr heilsam – und auch wenn Du bereits fortgeschritten sein solltest in der Arbeit mit Deinen inneren Anteilen, die verletzten inneren Kinder sind Anteile, die stets einer besonders liebevollen Zuwendung bedürfen, und sie sind meist zahlreicher vorhanden, als wir dies denken, denn auch aus früheren Leben können sich Anteile verletzter innerer Kinder zeigen.

Meditation: Heilung des inneren Kindes

Mache es Dir sehr bequem und entspanne Dich.

Lasse Dich fallen in die Arme Deiner Seele, lasse Dich tragen von

dem Seelenatem, der Du bist.
Du bist Liebe, Du bist Licht – und Du spürst dies, so sei es.

Nimm nun wahr, wie sich eine innere, goldene Tür öffnet, durch die Du trittst.

Nimm wahr, wie Du in dem Raum, der hinter dieser Tür liegt, Dich geborgen und wohl fühlst. Spüre die Liebe, die Du bist.

Nun nimmst Du wahr, dass Du nicht die einzige Person in dem Raum bist – und Du nimmst auch wahr, wie sich in Dir etwas bemerkbar macht, dass Du vielleicht lange Zeit nicht mehr gespürt hast – es ist Dein inneres, göttliches Kind.

Es ist Deine Seele selbst, die zu allen Zeitaltern in Deinem Menschenleben Erlebnisse macht, die sie zur Freude oder auch zur Trennung führt – und so kann es sein, und es wird so sein, wenn Du nicht bereits sehr intensiv an Dir und Deinem Weg gearbeitet hast, dass Du die inneren Anteile Deines Kindes noch nicht zur Gänze integriert hast – denn die Trennungen, die in Wahrheit Illusionen sind, haben Dich auch zu Handlungen, zu Mustern, zu Verhalten geführt, das aus den Erfahrungen und Erlebnissen Deiner Kindheit in diesem und in anderen Leben stammt.

Nimm einmal liebevoll wahr, welche Anteile sich nun zeigen. Sie möchten von Dir wahrgenommen werden – und vielleicht spürst Du, welche inneren Kinder sich nun zeigen.

Nimm sie wahr – wie sehen sie aus? Sehen sie traurig aus? Lachen sie? Verstecken sie sich? Möchten sie in den Arm genommen werden?

Gib ihnen das, was sie brauchen, und Du wirst wahrnehmen, was dies ist, denn Du bist diese inneren Kinder – Du hast es vielleicht längere Zeit nur nicht mehr gespürt.

Nun gibst Du Deinen inneren Kindern, den Anteilen Deines inneren, göttlichen Kindes, das die Seele ist, das was sie benötigen.

Wenn Du spürst, dass Deine inneren Kinder vielleicht nicht zu Dir zurück möchten, dann frage sie doch liebevoll – und auch mehrmals, wenn Du diese Meditation machst – was sie sich von Dir wünschen.

Nimm wahr, was dies ist – und dann gibst Du es ihnen, denn Du bist Licht – und Du bist Liebe.

Spüre, was sich verändert, wenn Du Dein inneres Kind oder Deine zahlreichen inneren Kinder zu Dir einlädst und Du ihnen das gibst, was sie benötigen – zum Beispiel Schutz, Liebe, Aufmerksamkeit, Ruhe, Entspanntheit, mehr Zufriedenheit, Glück, denn das ist der natürliche Zustand des inneren, göttlichen Kindes – und Du nimmst dies wahr.

Oftmals werden wir aus Gründen in unserer Kindheit dazu angehalten, uns anzupassen und zu „integrieren". Dies kann bereits zu gewissen Traumata führen, die wir in „erwachsenem" Zustand tief ins Unbewusste verdrängt haben.

Schmerzen über Verletzungen, seien dies körperliche oder seelische, werden, wenn sie nicht sichtbar sind, wenn sie verdrängt werden, zu Blockaden für unseren Lebensfluss.

Und Du nimmst wahr, wo Deine Blockaden in Deiner Kindheit entstanden sind.

Lasse Dir Zeit – und spüre auch die unangenehmen Gefühle, die sich zeigen möchten, damit sie durchlebt und losgelassen werden dürfen.

Um diesen Prozess zu unterstützen gibt es ein altes Heilungsmantra, das da lautet – *Om tryambakam yajmmahe sugandhim pusti–vardhanam; urvarukam iva bandhanan mrtyormuksiya mamrtat.*

Es heißt:
Om – Wir verehren den dreiäugigen Shiva, der der duftende Essenz

ist und alle Wesen ernährt. Mögen wir sein wie die reife Gurke, befreit vom Stiel der Pflanze: Befreit vom Tod zur gesegneten Unsterblichkeit.

Gott Shiva, die göttliche Kraft, die für Veränderungen in uns und in der Welt sorgt, sie trägt Dich während Du die Anteile Deines inneren göttlichen Kindes wieder integrierst – so sei es.

Nun wirst Du die starke Energie wahrnehmen, die aus der Erlösung Deiner Blockaden erwächst – und Du wirst auch Aggression spüren, wenn Du als Kind stärker eingeschränkt wurdest.

Wenn Du sehr starke Einschränkungen erlebt hast – und dies kann der Fall sein, wenn Du Zustände der Bedrängnis, der Grenzüberschreitung erlebt hast, wirst Du nun durch eine Variante dieser Erlebnisse geführt, die Dich nicht noch einmal das Trauma erleben lassen sondern Dich nur an die längst verdrängte Erinnerung heranführen – so sei es.

Spüre hinein in diesen Prozess der immensen inneren Heilung, die durch Deine göttlichen Anteile bewirkt wird, denn wo Licht ist, ist kein Schatten – und die Schatten in Dir, sie lichten sich, wenn Du Dich an Dein eigenes, göttliches Licht erinnerst, das Du bist – so sei es.

Sei nun besonders behutsam, wenn Du Dich selbst in diese Situationen zurückgeführt hast – denn es kann nichts schlimmes geschehen.
Bitte Gott Vater-Mutter, Dich von Deinen tiefen Schmerzen zu erlösen, die Dich gebunden haben an die Dunkelheit, denn dies ist die Dunkelheit – sie ist nichts Abstraktes, sie ist eine Illusion, die Dir gezeigt hatte, dass sie nur dann etwas bewirkt, wenn Du selbst in dieser Illusion verharrst – und Du steigst nun aus dieser Illusion aus, so sei es.
Die Dunkelheit ist eine Illusion,
die Dunkelheit ist eine Illusion,
die Dunkelheit ist eine Illusion, so sei es.

Wenn Du nun, nachdem Du die Worte gesprochen hast, wahrnimmst, wie sich in Dir göttliches, heilendes Licht ausbreitet, wirst Du feststellen, dass Du in Dir immer ganz bist – Du suchtest oft im Außen nach der Heilung, oder aber nach Ersatz für Deine unbefriedigten Bedürfnisse des ganz angenommen seins, des ganz geliebt seins. Du bist und warst immer ganz geliebt, ganz angenommen, ganz heil – Du bist und warst immer Gottes geliebtes Kind, das ewig heil darauf wartet, in die Liebe zurückzukehren, die Du bist.

Nun wirst Du spüren, dass Dich das göttliche Licht, das Du bist, ganz erfüllt und Deine inneren Verletzungen heilt, die nun geheilt werden dürfen, denn dies geschieht zu Deinem höchsten Wohle, so sei es.

Es ist wichtig, sich selbst als das liebevolle Wesen zu akzeptieren, dass Du immer warst, und das Du in Wahrheit bist und sein wirst – denn die Wahrheit ist: keine Verletzung, die Dich als Kind oder als Erwachsener getroffen zu haben scheint, ist unheilbar – im Gegenteil: in Wahrheit ist nur die Liebe existent, die Du bist – und diese Liebe heilt alles in Dir, so sei es.

Spüre Gott Shiva, Gott Vater–Mutter, den heilenden Aspekt zur Veränderung in Dir, und er ermöglicht Dir nun aufzusteigen in Dein hohes, lichtes Bewusstsein, das Du bist – so sei es.

Die Meditation wird noch nachklingen in Dir – und so sprich noch einmal das Mantra, das den wilden Aspekt Shivas anruft, um zur Heilung und Regeneration – zur Veränderung zum Licht zu führen:

Om tryambakam yajmmahe sugandhim pusti–vardhanam; urvarukam iva bandhanan mrtyormuksiya mamrtat.

Die wörtliche Übersetzung: Om. Der Dreiäugige / wir verehren/ Der Duftende / Erhalter der Welt/ Wie eine Gurke / von ihrem Stiel/ Vom Tod / befreie / nicht von der Unsterblichkeit.

Sinngemäß rezitiert man: Om – Wir verehren den dreiäugigen Shiva, der die duftende Essenz ist und alle Wesen ernährt. Mögen wir sein wie die reife Gurke, befreit vom Stiel der Pflanze: Befreit vom Tod zur gesegneten Unsterblichkeit. [Quelle: http://newswatch4u.wordpress.com/2013/07/21/3197/]

So sei es.

(Es spielt keine Rolle, ob Du den genauen Wortlaut des Mantras kennst oder die Worte in ihrer Landessprache aussprichst – es gibt eine sehr schöne Version dieses Mantras im Internet – gesungen von dem Niederländer Hein Braat: hier kannst Du es hören:

youtu.be/AmsPdQlEy2c

Außerdem habe ich auf meiner Internetseite weitere Informationen und eine tiefgehende Meditation zur Verschmelzung mit dem Höheren Selbst gesprochen, die mit diesem Mantra unterlegt ist. Zur Unterstützung sei Dir auch diese Meditation empfohlen:

www.christian–huels.de/bilder/hoeheres_selbst_atlantis.mp3

und Informationen auf meinem Blog:

spirit.fotografie–huels.de/2014/09/09/297/

Nach der Meditation kannst Du Dich wieder stärker mit den Aspekten beschäftigen, die noch mit Deiner Heilung zu tun haben – denn oftmals steht innerer Zufriedenheit und Glück die mangelnde Lebensfreude des inneren Kindes gegenüber, das ganz angenommen und integriert werden möchte.

Wenn wir aufsteigen, heilen wir unsere inneren Anteile, deshalb, und aus anderen Gründen, ist der Aufstieg kein „Wettlauf". Dies wird klar, wenn wir uns auf den Weg machen, denn dann tauchen fast unmittelbar die Prüfungen des Lebens auf, die im eigentlichen Sinne Aufforderung zur Heilung und zur Bearbeitung sind. Wir überwinden unsere Trennungen – und diese „Arbeit" stellt den Prozess zu einem nicht unwesentlichen Anteil dar. Dies ist im eigentlichen Sinne keine Arbeit sondern ein Geschenk der Heilung – und so gehen Heilung von inneren Anteilen einher mit der Integration des hohen Schöpferwissens, das durch die innere Heilung aktiviert und verstärkt wird – denn wenn wir heil sind, ist unsere Schwingung erhöht.

Es gibt keine Trennung, und so heißt Aufstieg, die Geheimnisse des Lebens zu erkennen, und sie fortan, in der Ausrichtung auf die Liebe, und dies sind die kosmischen Gesetze, „anzuwenden", um sich und andere zu heilen und die Erlebnisse zu machen, die sich die Seele wünscht, zu erleben.

Die Auftrennung in einen lenkenden Verstand und einen Körper, der „folgt" ist ebenso falsch, wie der Geist nur Dinge erkennt, die für ihn „greifbar" sind – dies meint, dass die Seele, die Geist ist, eine Substanz besitzt, die sowohl Geist als auch Materie miteinander verbindet – und dies ist das Ziel der Inkarnation. Dass der menschliche Verstand nicht gleich seelischer Geist ist, bedeutet, dass er keine Einschränkung, wohl aber eine Größe darstellt, die bestimmte Aufgaben hat – statt zu lenken hat der Geist die Aufgabe, zu denken. Denn nachdenken über Situationen, Reflektieren und Schlüsse ziehen, gehen mit der Einstellung zum Leben Hand in Hand.

Diese Einstellung zum Leben ist durch unseren Verstand in der Zeit der Dunkelheit – dies heißt: in der Phase der Trennung von unserem hohem seelischen Einheitsbewusstsein, meist „verdunkelt". Dies heißt, dass sich in uns Gedanken der Trennung etablieren konnten, die wir genauso, wie sie Gedanken sind, wieder loslassen können – denn dann können Seele und Geist eine Einheit bilden, die gemeinsam das Leben auf dieser Erde erleben – eben nicht getrennt sondern als eine Einheit.

Das Ego, das nicht gleich Verstand oder Geist ist, wohl aber gerne eine Führungsrolle übernimmt, es ist eine der Größen, die oftmals unbewusst unseren Alltag konturiert – und damit ist besagt, dass nach den Prinzipien der Ursache und Wirkung das Ego Energien erzeugt, die wir dann im Außen, meist in unangenehmen Situationen erleben – und die das Ego den anderen dann ursächlich zuweist.

Herr, oh Herr, sha are ora,
sha are ora,
sha are ora,
Öffne mir die Tore zum Himmel, so dass ich aufsteigen kann in mein Bewusstsein, das ich bin.
Ich bin Licht,
ich bin Liebe,
ich bin Wille,
ich bin Weisheit,
ich bin geisterschaffen,
und ich manifestiere aus dem Geiste, jetzt.

Sind die Tore zum Himmel geöffnet, spüren wir die göttliche Gnade, die in uns und durch uns wirkt – Herr, oh Herr, Gott Vater, bitte erlaube mir, das „Oben" zu erkennen als Licht, als Bewusstsein, das ich bin.
Dann erschließt sich das „Unten", die irdische Existenz, neu – als Ausdruck der kosmischen Gesetze, nicht der irdischen, die keine sind.

Mutter Gott – Lay-u-esh Shekina,
Lay-u-esh Shekina,
Lay-u-esh Shekina,
bitte lasse mich wirken aus diesem höchsten Schöpferbewusstsein,
dass ich bin, denn ich bin der lebendige Gott, die lebendige Göttin,
ich bin das Prinzip der Einheit, das innewohnende Prinzip ewig göttlicher Einheit und Transzendenz,
denn ich bin, der ich bin,
Ehyeh Asher Ehyeh,
Ehyeh Asher Ehyeh,
Ehyeh Asher Ehyeh.

Die Trennungen, die mich von meinem Bewusstsein schöpferischer Liebe trennen, sie sind auf der Erde und anderen Planeten entstanden; sie sind geschöpft, auch wenn das Ego dies verneinen mag – und so lasse ich dies Ego los, wenn ich mein wahres Sein im Licht erkenne – denn ich bin Gott Vater-Mutter selbst, so sei es.

Bitte erkenne einmal die Anteile in Dir, die das Ego verdunkelt hat – lasse sie sich erhellen im Angesicht des geöffneten Himmels und der erschlossenen, göttlichen Wirkungsweise in der Welt – dann siehst Du, dass diese Trennungen Dich trennten von Deinem inneren Licht – denn die Trennungen sind Illusionen; und so erzeugtest du mit Deinem Verstand und Deinem Ego Illusionen.

Die Dunkelheit ist beendet, so sei es.

Heil-Werden bedeutet, dass wir uns erinnern, wer wir in Wahrheit sind – wir sind göttliches Licht, so sei es.

Diese Heilung, die eine des Herzens, der Verwirklichung des hohen Herzens Gottes ist, sie ist so umfassend, dass sie alles in die Schwingung der Liebe zurückbringt, dass nicht in dieser Schwingung ist, so sei es.

Und Du wirst nun die Liebe Gottes spüren, die Du bist – und sie wird Dich von den Egoanteilen und den Blockaden erlösen, die in Wahrheit Trennungen, und daher Illusionen sind. So sei es.

Die Ego-Anteile, die in uns als Schatten aktiv sind und uns lenken aus unbewusster – also dunkler Motivation, sie sind ein Hindernis, das keines ist. Denn in Wahrheit gibt es nur das Licht – und so nimmst Du wahr, wo Du noch in den Schatten hinter Deinem Rücken die Wahrheit nicht erkannt hast – Du bist der tätige Gott auf Erden, es war immer so und wird immer so sein, solange Du in einem Körper inkarnierst. Alles andere sind Illusionen.

Die Schatten in uns, die in Wahrheit Aspekte auf dem Weg zurück zu unserem inneren Licht darstellen, sie wollen angeschaut und erlöst werden, denn in Wahrheit sind sie Trennungen von unserem Einheitsbewusstsein. Sie dürfen gehen – und so fragst Du: wo in meinem Leben sind diese Schatten, und was möchten sie mir sagen – aus welchen Leben stammen sie, und welche Lernaufgaben halten sie für mich bereit?

Lausche auf die Antwort Deiner Seele, die sich von den trojanischen Pferden, die diese Schatten sind, befreit, wenn sie spricht:

Ich bin die Seele,
ich bin das göttliche Licht,
ich bin Wille,
ich bin Weisheit,
ich bin geisterschaffen,
und ich manifestiere aus dem Geiste, jetzt.
So sei es.
Die Ego-Anteile, die in mir noch aktiv sind – ich bitte sie nun, sich
zu zeigen, und auch die Anteile, die noch in meinem Rücken liegen,
bitte ich, ins Licht zu treten, denn ich bin Licht, so sei es.
Da ich das göttliche Licht bin, gibt es keine Schatten in mir, so sei es.

Spüre nun, wie sich in Dir eine neue Leichtigkeit einstellt, und Du erkennst, was Dich – vielleicht auch lange Jahre – von Deinem freudigen Sein, von dem unverstellten Ausdruck Deiner eigenen, göttlichen Existenz abhielt.

Du wirst wissen, wenn Du diese Affirmation wiederholen solltest, denn unsere Schatten sind in vielen Leben entstanden, und sie sind Chancen der Licht- und Heil-werdung, denn wenn wir sie als das erkennen, was sie sind, nämlich Aspekte unseres Lebens, dann wird klar, dass sie die Funktion besaßen, uns das Erleben der Trennung weniger schmerzlich erfahren zu lassen – denn sie schufen einen illusionären Raum, in dem das Ego träumte, statt unsere göttliche Seele.

Wir verlassen nun diese illusionären Räume, wenn wir unser Ego transzendieren und unseren Verstand wieder die Arbeit machen lassen, für die er gedacht war – er soll uns das Leben erleichtern, nicht unsere Blockaden vergrößern – und so bittest Du Gott Vater-Mutter, von un an Sorge zu tragen, dass sich Dein Verstand und Dein Ego nicht mehr in Deine „Träume" der Seele einmischen mögen, so sei es.

Gott Vater-Mutter, bitte löse alle Klammern, alle Chips, alle Implantate, die nun entfernt werden dürfen bei mir – und entlasse mich aus den Räumen der Trennung, die dies verursachten.
Ich bitte Dich von ganzem Herzen, erlaube mir die Erkenntnisse zu erlangen, die meine Schatten für mich bereit hielten – bitte löse alle Schatten aus meinem Bewusstsein, das eines der Liebe ist und immer wahr, so sei es.
Ich danke Dir von ganzem Herzen für Deine Gnade und bitte Dich: lasse meine Trennungen nun wieder zurückkehren in die Einheit, die ich bin.
Ich lasse alle Trennungen los,
ich lasse alle falschen Realitäten los,
und wenn es ansteht, lasse ich alle Realitäten los.
Bitte erlaube mir, wieder zu manifestieren aus dem hohen Einheitsbewusstsein, das ich bin, so sei es.

Die Spannungen in unserem Leben, die sich auch körperlich als Spannungen in unserer Muskulatur, in unserem Rücken ausdrücken können, sie gehen, wenn wir uns von unserer Seele durch das Leben tragen lassen – denn wir sind unsere Seele, unser Höheres Selbst, unsere höchsten göttlichen Anteile, so sei es.

Nimmst Du nun wahr, wie Deine Seele sich frei entfalten kann, ohne Blockaden des Verstandes oder des Egos – selbst, wenn Du noch Ego-Anteile in Dir trägst, ist eine Art „Sog" entstanden, der Dich weiter nach oben trägt, hin zu den höchsten Bewusstseinsebenen – und wenn dies ansteht, wirst Du zu den Affirmationen, die Erkenntnisse sind, zurückkehren, denn sie heilen Dich. Du bist Licht, Du bist Wille, Du bist Weisheit, Du bist die ewig göttliche Seele, so sei es.
Im Folgenden ist es wichtig, sich ganz auf die Aspekte in Dir zu konzentrieren, die zu Dir zurückkehren möchten – seien dies Aspekte göttlicher Weisheit, göttlichen Wissens, göttlicher Heilung und alten Wissens, das nun wieder wirken darf.

Du erhöhst Deine Schwingung, wenn Du aus dem hohen Herzen Gottes schöpfst.

So lädst Du Deine Seelenanteile ein, die nun zu Dir zurückkehren möchten – und Du integrierst die ehemals blockierten Lebensenergien, denn das sind die Anteile.

So gibt es in der Welt der Erscheinungen Trennungen, die sich zum Beispiel in Schockzuständen äußern können.

Ein Schock entsteht, wenn wir nicht vorbereitet sind auf einen Vorgang, der uns körperlich oder seelisch betrifft – ein Schock kann zu einem Trauma werden, das unsere Lebensenergien blockiert – auch lange nach dem Ereignis, das dies verursacht hat.

Aus früheren Leben können sich Anteile abgetrennt haben, die auch heute noch zu Ängsten führen – und dies sind Blockaden.

So kennen wir Menschen mit Höhenangst, Flugangst, Angst vor Spinnen, Tieren, engen Räumen, dunklen Räumen, Phobien gegen Wasser und Tiefe. Dies alles kann und wird meist zu einem hohen Grade eine Ursache in früheren Leben haben – denn wir sind in vielen Leben, in vielen „Abenteuern" mit unseren Körpern verunglückt, gefoltert worden, haben Gliedmaße verloren, sind Tode gestorben in Flugzeugen, in Panzern, auf dem Scheiterhaufen, wurden gesteinigt, sind Klippen hinuntergestürzt und ertrunken. Wir wurden aus Fenstern geworfen, sind von Schwertern, Kugeln und Pfeilen durchbohrt worden und in Ketten auf Scheiterhaufen verbrannt.

Dolche, Messer, Schwerter, Pfeile, Pistolenkugeln, andere Geschosse und Waffenspuren werden nun aus Deinen Energiekörpern entfernt – so sei es.

Dazu gibt es ein kleines Ritual der Heilung, das Du vielleicht sogar kennst, denn Du bist Licht – und so weißt Du, dass nichts „unheilbar" ist – sondern nur eine Erinnerung darstellt, damit Du lernst und wächst.

Bitte Gott Vater-Mutter um Entfernung all der Waffen, die noch in Deinen Energiekörpern verweilen und Dich aufmerksam machen auf Dein altes Karma – bitte auch Gott Vater–Mutter um Vergebung für dies Karma. Es darf gehen, so sei es.

Bitte spüre einmal hinein, was Du bemerkst bei diesen Vorgängen – und bitte auch, dass alles zu Deinem höchsten Wohle gefügt wird, denn nun geschieht Heilung auf einer Ebene, die Dir ansonsten das alte Karma hätte zurückerstattet.

Damit dies nicht geschieht, so wie auch Du Täter warst, bitten Dich die Seelen um Vergebung, und Du gewährst Ihnen diese Vergebung, in dem Du sprichst:

Ich bin das göttliche Licht,
ich bin Liebe,
ich bin Wille,
ich bin Weisheit,
ich bin geisterschaffen,
und ich manifestiere aus dem Geiste, jetzt.
Ich bitte Dich, Gott Vater-Mutter, erlaube mir mein Karma zu erlösen, das mit den alten Verletzungen zu tun hat, die wir uns so lange Jahre gegenseitig zufügten, denn ich bin Licht, ich bin ewig göttliches Bewusstsein, das in all den Jahren die Trennung und das Karmaspiel erlebt hat – als Wiederkehr der Trennung.
Ich bitte Dich, erlaube mir zu erkennen, was ich tun kann, um mich selbst und andere zu heilen von diesen Trennungen, die soviel Leid in der Welt erzeugen.
Ich danke Dir von Herzen, so sei es.

Du wirst spüren, was diese Affirmation bewirkt in Dir und in Deinem Umfeld, denn Du bist Licht, so sei es.

Wenn Du wahrnimmst, dass sich Unbehagen in Dir ausbreitet, das aus den Traumen entspringt, die Du erlebt hast, so bitte auch noch einmal um die Heilung Deiner Schocks und Traumen, die nun erlöst werden dürfen – denn Du bist Licht.

Spüre hinein, was Dein Trauma ausgelöst hat – was war die Ursache, und wie fühltest Du Dich? Gefangen, beengt, unter Luftnot, in großer Höhe, schwindelig? War Dir übel? Was nimmst Du wahr? Sei bitte besonders sorgsam, wenn Du dies vornimmst denn Du bist nun aufgefordert, diese „Blase", die ein solches Trauma darstellt, mit Deinem inneren, heiligen Lichtschwert zu durchtrennen.

Trenne die Traumablase, die Dich trennt von Deiner inneren Einheit, auf. Durchschneide sie, denn sie ist eine Illusion, so sei es.

Bitte erlaube Dir selbst, nun die körperliche Bewegung zu machen, die Dich erlöst hätte in der Situation. Vielleicht machst Du Schwimmbewegungen, vielleicht gehst Du ein paar Schritte, vielleicht stampfst Du mit Deinen Füßen auf den Boden auf oder schlägst mit Deiner Faust in ein Kissen; denn die „rettende" Bewegung, sie löst die Starre, die ein Schock in uns auslösen kann – eine nicht ausgeführte Bewegung durch eine Schockstarre, ist wie eine eingekapselte Energie, die erlöst werden und entfaltet werden möchte – so entfalte diese Energie, die in Dir blockiert war. So sei es.

Spüre sehr genau, wo Du Traumen bei Dir wahrnimmst, denn oftmals sind auch Deine inneren Kinderanteile beteiligt – und sie müssen nicht unter körperlichem Schock stehen – es gibt auch Dinge, die beobachtet zu haben, Dich „stillstellen" können. Bitte spüre sehr sorgfältig und mitfühlend in diese Situationen hinein, die sich zeigen, und Du wirst wahrnehmen, was zu tun ist. Mache die Bewegung – wende den Kopf ab, nimm reiß aus, lass Dich fallen oder halte Dich fest.

Lass Deinen Körper wieder lebendig sein. So sei es.

Dieser Abschnitt stellt in Verbindung mit den anderen geschilderten Methoden des geistigen Heilens, wichtige Informationen für Dich bereit – selbst wenn Du noch nicht selbst mit anderen arbeitest, wirst Du auch von folgender Vorgehensweise profitieren, die es Dir ermöglicht, negative Gefühle in Dir selbst wahrzunehmen und zu transformieren.

In der Kombination mit den Methoden, die hier vorgestellt wurden – der Energieversöhnung, der Meditation zum inneren Kind, der Heilung Deiner magischen Verstrickungen und der Heilung von Traumen, kannst Du bereits Dir selbst ein gutes Stück weit zu weiterem Aufstieg in Dein hohes Bewusstsein verhelfen – und somit für Dich sehr viel Heilung erfahren.

Es kann dennoch hilfreich sein, eine geistige Heilerin, einen geistigen Heiler aufzusuchen und auch eine Heilerausbildung zu machen, denn die damit erreichten Heilungen werden Dich noch tiefer mit Deinem höchsten Bewusstsein verbinden. Du wirst in jedem Fall wissen, was Deine Seele diesbezüglich wünscht, denn dies ist sehr wichtig: folge Deiner Seele und Du wirst weiter wachsen an Deinem inneren Licht. Bitte also an dieser Stelle einmal um Hinweise zu Deinem weiteren „Vorgehen"; möchte Deine Seele, dass Du zum Beispiel eine Ausbildung zu einer geistigen Heilerin/ einem geistigen Heiler machst?

Wenn Du ein *Ja* vernimmst, so sei Dir versichert, dass dies ein sehr heilsamer Vorgang ist, der zu tiefer Bewusstheit und weiteren Schritten auf Deinem Weg führt – denn oben wie unten und innen wie außen, so sei es.

Wenn Du bereits weit fortgeschritten bist, ist die Arbeit mit inneren Bildern Dir vielleicht vertraut, und Du hilfst bereits anderen. In diesem Falle solltest Du Deine Seele nun bitten, die für Dich passende Heilarbeit zu wählen – geht es im Folgenden um die Integration hoher Bewusstseinsanteile oder um Heilung weiterer Anteile, die noch nicht in der Einheit schwingen? Lasse Dich leiten und lausche auf die Antwort Deiner Seele.

Im Folgenden werden mit Hilfe innerer Bilder Anteile in uns transformiert, die nicht in der Einheit schwingen – es handelt sich oftmals um unbewusste, nicht gesehene oder auch bewusst bewertete Situationen in unserem Leben, die unser Licht und unsere Freude blockieren. Wenn wir beispielsweise auf bestimmte Situationen emotional – und dies heißt zum Beispiel aggressiv, traurig, mit Rückzug, mit Weinen oder auch mit verdeckter Wut reagieren – also nicht aus unserer Mitte heraus, nicht aus unserem hohen Gefühl der Verbundenheit von Allem mit Allem, dann können wir mit inneren Bildern die Situation klären und transformieren.

Innere Anteile transformieren

Wenn wir uns in unseren eigenen, heilenden, multidimensionalen und galaktischen Raum befinden, so heißt dies, dass durch uns hohe Energien der Heilung und des Lichtes fließen – und so öffnen wir diesen heiligen, heilenden multidimensionalen und galaktischen Raum für uns, indem wir Gott Vater-Mutter um Erlaubnis bitten:

Bitte Gott Vater-Mutter, öffne einen heiligen, heilenden, multidimensionalen und galaktischen Raum für mich und diese Sitzung; bitte entscheide Du, was geschehen soll. So sei es.

Spürt Ihr die Energie dieses Raumes, der Euch nun trägt und Euch erlaubt, in diesem Raum mit Euren inneren Anteilen zu arbeiten und diese zu heilen? Nehmt wahr, wie sich in Euch Ruhe und Weisheit entfalten können, und wie in diesem Raum die innere Stille, die Ihr seid, Euch erlaubt zu sehen. Denn Ihr seid Licht, so sei es.

Wenn Ihr nun Bilder einer Situation vor Eurem inneren Auge seht, in der Ihr Euch nicht wohl fühlt – dies können Situationen mit anderen sein, Situationen, in denen Ihr Euch in die Enge getrieben fühlt, in denen Ihr nicht aus Eurem Zentrum der Mitte und des Lichtes heraus reagiert und agiert, dann nehmt wahr, was sich Euch zeigt.

Seht Ihr eine Landschaft, in der Ihr Euch befindet? Seht Ihr in dieser Landschaft einen Gegenstand, der Euer gegenwärtiges Gefühl beschreibt – vielleicht einen Stein, vielleicht einen Ast, vielleicht auch Sand, auf dem Ihr geht, oder in dem Ihr zu versinken droht?

Nehmt wahr, was sich Euch zeigt und seid gewiss, dass sich nichts schlechtes zeigt sondern lediglich Aspekte Eures inneren Erlebens, das Ihr seid.

Spürt nun hinein in diesen Gegenstand, der sich Euch gezeigt hat – vermutlich ist er nicht sonderlich flexibel, hell und durchlässig, klar und rein sondern symbolisiert eine Trennung; eine Trennung von Eurem Licht, von Eurer Liebe, Eurer Gelassenheit – seid versichert;

dies ist bereits ein wichtiger Schritt zur Heilung, denn die Erkenntnis, dass Situationen, in denen Ihr nicht in Eurer Mitte seid, Euch etwas sagen möchten, hilft Euch zu erkennen, worin die Heilung liegt.

Und Ihr sprecht nun:

Ich bin die Seele,
ich bin das göttliche Licht,
ich bin Liebe,
ich bin Wille,
ich bin Weisheit,
ich bin geisterschaffen,
und ich manifestiere aus dem Geiste, jetzt.
So sei es.
Ich bitte Dich, Gott Vatter-Mutter, erlaube mir zu heilen und meine inneren, verletzten Anteile in dem Licht zu betrachten, das ihnen zugrunde liegt – es ist die Liebe, die in ihrer verletzten Gestalt zu meiner Dunkelheit beitrug – und diese darf nun gehen, denn ich bin Licht, so sei es.
Bitte erlaube mir, dass diese Verletzung heilen darf – und entscheide Du, was nun geschehen soll, wenn ich spreche:
Ich bin die Seele,
ich bin das göttliche Licht,
ich bin Wille,
ich bin Weisheit,
ich bin geisterschaffen,
und ich manifestiere aus dem Geiste jetzt.
So sei es.

Spüre nun erneut in den „Gegenstand", von dem Du weißt, dass er ein Bild für ein Ungleichgewicht in Dir ist, hinein – und lasse fließen, was gebraucht wird, damit er seine Gestalt verändert.
Gott Vater-Mutter, der lenkt, erlaubt Dir zu heilen, wenn Du ihm erlaubst, Dich an Deine Liebe, die Du bist, zu erinnern. Denn Du bist Licht, und Du bist Liebe – und so bist Du ein Meister der Alchemie, denn sie ist die hohe Kunst der Verschmelzung und Transformation von festen, niederen Gegenständen in leuchtendes, leichtes und

transparentes, goldenes Licht – und so lasse Dein Seelengold leuchten durch die Dunkelheit Deiner Trennungen hindurch und die „Gegenstände" erhellen, die nicht in der Liebe schwingen – denn die Liebe ist das wahre Gold dieses Lebens.

Du spürst nun, wenn Du in den Gegenstand, den Du erblickt hast, Deine Liebe und Dein Licht leuchten lässt, wie sehr Dich dies, wie sehr dies den „Gegenstand", der wie Blei war, verändert hin zu dem goldenen Licht, das Du bist, so sei es.

Dies ist der Vorgang der Verschmelzung des Hohen mit den Niedrigen, und er funktioniert auf allen Ebenen des Seins – wer dies versteht, ist wahrer Alchemist der Seele, denn das „Seelenblei", das Du in Gold verwandelst, ist Dein Leben selbst – es ist das wahre Gold der Einheit, die Du bist. So sei es.

Nimm die Schwingung dieser Worte wahr, denn sie verändert Dich, sie lässt Dich erkennen, dass Du in Wahrheit die Trennung als einen Schmerz erlebt hast, der Dich ruft, ihn zu verändern; denn nichts, was in der Dunkelheit war, wird dort bleiben – alles werde Licht – und dieses Licht ist die Einheit, die Du bist; so war es immer, und so wird es immer sein, so sei es.

Das Kapitel zum Thema Heilung wird in diesem Buch hiermit geschlossen – auch wenn es vieles zu erwähnen gibt, das Du tun kannst, um Erkenntnisse und Heilung zu erzielen – denn nichts war oder ist je getrennt – und so wirst Du spüren, wenn Deine Seele Dir rät, eine geistige Heilerin/ einen geistigen Heiler aufzusuchen, um zum Beispiel alte Seelenverträge, Versprechungen und Flüche aufzulösen, die Euch banden. Diese dürfen gehen, so sei es. Und auch die Einverständniserklärungen, die wir uns gaben auf der Seelenebene, sie dienen nicht alle unserem Licht – und so dürfen sie gehen, wenn Gott Vater-Mutter seine Erlaubnis gibt, so sei es.

Du kannst Dir nun vorstellen, wie zahlreich Deine Leben waren und wie sehr jedes einzelne zu Deinem Wachstum beitrug und noch beitragen wird, denn nichts ist oder war je getrennt. Und Du wirst von Deiner Seele geführt, wenn Du Deine Blockaden löst und zulässt, dass Dich Dein göttliches Licht trägt und zu der Erkenntnis und Heilung führt, nach der Du Dich sehnst – unsterbliche Seele im Licht der Einheit – eine Feier des Lebens und der Liebe war und ist dies Leben in einem Körper – so war und ist es gemeint.

Wem das pathetisch klingt, der mag einmal auf die innere Stimme seiner Seele lauschen und spüren, was sie dazu zu sagen hat – ich bin sicher, Ihr findet Eure eigenen Worte und Schlüssel zur Heilung, die Euch tragen und wissen lassen, wer Ihr in Wahrheit seid – ewig göttliches Licht. So sei es.

Höchstes Schöpferwissen

Wie Ihr selbst erlebt habt und nun wisst, gibt es keine Trennungen, und so könnt Ihr, sobald Ihr Euer höchstes Bewusstsein integriert, Dinge vollbringen, die wir noch als Wunder bezeichnen. Und so gibt es Verzerrungen über die Wunder, die Jesus vollbracht hat – und auch andere aufgestiegene Meisterinnen und Meister, wie Merlin, die fliegen konnten, die lange Jahre in ein und dem selben Körper auf dieser Erde lebten, die sich verjüngten und schließlich „aufstiegen"; ihr Bewusstsein auf eine Stufe hoben, die es ihnen erlaubte, von dort aus zu wirken und mit den Menschen weiter zu arbeiten – diese Meisterinnen und Meister, von denen bekannte Namen Jesus Sananda, Lady Nada, seine Partnerin, Meister Merlin, Saint Germain, Kuthumi, Lady Kuan Yin, Laotse, Djwal Khul, Paul der Venetier, Hilarion und andere sind, sie alle stammen aus einer hoch entwickelten Kultur, und sammelten in zahlreichen Welten Erlebnisse – nicht erst seit der Beseelung des Planeten Erde. Einige von Ihnen gehören zu dem Höheren Selbst, das verantwortlich ist für dies Experiment Erde. Denn der Schöpfergott, der dies Universum schuf, er traf eine Unterscheidung in den Höheren Selbsten – und so stammen Merlin und Saint Germain, Hilarion und Djwal Khul, Serapis Bey und andere aus ein und demselben Höheren Selbst. Es sind und waren Inkarnationen, die das Licht auf dieser Erde verankert haben, und die zum Beispiel den Rückweg eng begleiten, ja ihn veranlasst haben.
Dies bedeutet nur insofern etwas für Euren Weg, als die Erkenntnisse, die diese Meisterinnen und Meister Euch übermitteln möchten, sehr hilfreich sind für Euren Aufstieg.
In Wahrheit ist oder war nie etwas getrennt – und so dienen Unterscheidungen der göttlichen Quelle und des höchsten der höchsten Bewusstseine, der Liebe und des Erlebens dieser Aspekte und Un-

terscheidungen. Dies verleiht dem Spiel der Inkarnation Tiefe und Würde, denn dadurch vermittelt sich das Gefühl der Einzigartigkeit, die jede Seele in das Spiel einbringt – so seid Ihr einzigartige Seelen mit Euren je eigenen hohen und höchsten Fähigkeiten, die aus zahlreichen Leben in diesen und anderen Welten, selbst in fernen Galaxien, Ihre Erfahrungsschätze mit einbringen. Denn nichts war oder ist je getrennt – und nehmt einmal in Euren Herzen die Gegenwart Eures Höheren Selbst, des Meisters, der Ihr seid, wahr. Spürt hinein in die Liebe und die ungeheure Schöpferkraft, die Ihr besitzt – und Ihr werdet entdecken, dass es in Euch die höchsten Schöpferebenen gibt, die in der Lage wären, Planeten zu erzeugen, Planeten zu zerstören, Materie umzuformen, zu levitieren, zu „beamen", zu anderen Universen zu reisen, zu anderen körperlichen Existenzen zu wechseln, ohne dieses Leben aufgeben zu müssen – und Ihr ahnt, welche Beschränkung Ihr in der Zeit der Dunkelheit erlebt habt.

Spürt hinein in diese schier unglaubliche Schöpfergabe, die Ihr seid, und die Ihr besitzt. So sei es.

Wenn Ihr nun spürt, dass sich in Euch wieder hohes Wissen verankern möchte – und Ihr selbst auch zu diesen Meisterinnen und Meistern des LIchtes „aufsteigen" möchtet, so ist der Weg klar: die Integration der höchsten Bewusstseinsanteile geschieht durch die Rückverbindung mit Eurem Höheren Selbst – und darüber hinaus mit Euren höchsten göttlichen Anteilen, die Ihr seid. Es gibt keine Trennungen – so sei es.

Verbindet Euch mit diesem Höchsten Selbst, das Euch erlaubt, wieder aus dem Bewusstsein der Liebe zu schöpfen, so sei es.

Dies geschieht zu Eurem höchsten Wohle, und auch so sei es.

Wenn Ihr nun spürt, dass diese Rückverbindung noch Vorbereitung benötigt, noch weiteres Heilwerden, so könnt Ihr bereits spüren, dass sie ansteht, denn dies ist so in der neuen Zeit, in der die Trennungen gehen – und sie dürfen dies, denn dies ist die Gnade der Rückkehr. Unser höchstes Schöpferbewusstsein, das eines der Liebe ist, es möchte wieder zu uns „herabsteigen", und das heißt, sich mit uns verbinden – unsere Trennungen, die uns dies vorenthielten – und Ihr spürt es bereits, wozu dies Buch und die Heilarbeiten dienen – sie gehen, wenn wir uns entschieden haben „aufzusteigen".

Wenn wir wieder aufsteigen und die Sprache des Lichts, eine Sprache der Liebe sprechen, werden die Lichtbahnen aktiviert, die wir benötigen, um die Rückverbindungen zu unserem Höheren Selbst, zu unserem Frieden, der wir sind, zu schaffen – dann kann Licht zu Materie in uns werden, denn wir sind Licht – und dies meinte zu allen Zeiten die heilige „Kommunion", die Verbindung mit unserem Höchsten Selbst zur Freude aller. Denn wenn wir dies erreichen, erreichen wir „Nirvana". Die Glückseligkeit ist ein Zustand der Vereinigung mit Gott Vater–Mutter selbst, der uns seine Hände reicht, wenn wir aufsteigen – und der uns trägt und uns erinnert, unser Licht in dieser Welt leuchten zu lassen – zum höchsten Wohle aller, so sei es.

Spürt einmal hinein in das Licht Gottes, das eine so hohe Schwingung besitzt, dass Ihr in Euren Herzen die Heilung wahrnehmt als einen Zustand innerer Freude und innerer Glückseligkeit, die Ihr in Wahrheit seid. Ihr erinnert Euch daran, denn Ihr seid Licht.

Wenn nun, in der folgenden Meditation, hohes Schöpferwissen in Euch einfließt, das Ihr zum höchsten Wohle Aller und zu Eurem höchsten Wohle einsetzen dürft, so spürt die Dankbarkeit in Euren Herzen, die lange Zeit die Trennungen erlebt haben, die in Wahrheit Illusionen sind, und sie gehen.

Meditation: Einheit in mir.

Schließt Eure Augen und spürt hinein in die Liebe Eurer Seele, in die Liebe Eures höchsten Selbst, in die Liebe Gottes, die Euch trägt, die Euch heilt und die Euch sagen möchte: Lasst Eure Trennungen los, so sei es.

Wenn Du nun spürst, wie Dich Gelassenheit, tiefer innerer Friede und Freude erfüllt, dann sei Dir gewiss, dass die höchsten göttlichen Anteile zu Dir herabkommen möchten, dass sie Dir die Hand reichen, und Dir zuwinken – denn das Leben ist als Freude gedacht, so ist es.

Nimm wahr, wie sich in Dir das Licht entfaltet, das Du bist. Du bist Licht, Du bist Einheit, Du bist Einheitsbewusstsein – und in der Einheit existiert keine Trennung.

Nun spürst Du, dass Du Gott Vater–Mutter, der Dich unendlich liebt, dass Du dieser Gott Vater-Mutter selbst bist, denn es gibt keine Trennungen, nur Unterscheidungen, die Gott in Dir getroffen hat.

In jedem Menschen, in jedem Tier, in jeder Pflanze begegnest Du Dir selbst, Deinem Schöpferbewusstsein, das Du bist, denn daraus bist Du, sind die Tiere und die Pflanzen entsprungen.

Die hohen Energien, die Du nun wahrnimmst, sie helfen Dir nun, Bewusstseinsanteile zu integrieren, die sich lange Jahre nicht in Deinem und vielleicht auch nicht in den Leben davor gezeigt haben.

Sei einmal von Herzen dankbar für die Geschenke, die Du erhältst, wenn Du Dein höchstes Bewusstsein wieder zu Dir zurücknimmst – und es wirken lässt auf dieser Mutter Erde, die Dich trägt. Sie ist bei Dir, so wie Du bei Mutter Erde, bei Lady Gaia bist, denn es gibt keine Trennung – und Du nimmst erneut eine Seelenverschmelzung vor, indem Du sprichst:

Ich bin die Seele,
ich bin das göttliche Licht,
ich bin Liebe,
ich bin Wille,
ich bin Weisheit,
ich bin geisterschaffen,
und ich manifestiere aus dem Geiste, jetzt.

Spüre, wie sich Deine Energie nun weiter erhöht, und wie auch ein Engel der Einweihung diesen heiligen, heilenden, multidimensionalen und galaktischen Raum betritt, der in Wahrheit ein Teil von Dir ist; er ist, so wie Du, eine Manifestation der unendlichen Liebe Gottes – und so spürst Du bereits, dass die Trennungen, die Dich von Deinem höchsten Bewusstsein abhielten, Illusionen sind.

Sie gehen in diesem heiligen Raum, so sei es.

Nun gehen alte Verletzungen in Dir, die Dein Licht verdunkelt hatten; sie dürfen gehen, denn sie waren Trennungen, denn nun geschieht die Vorbereitung und die Verschmelzung mit dem Höchsten Selbst, so sei es.

Wenn Du nun wahrnimmst, dass dies noch nicht ansteht, so betrachte die Meditation als eine Vorbereitung, die große Hilfe dabei leistet, in Zukunft zu verschmelzen – denn nichts war oder ist je getrennt, so sei es.

Die Vorbereitungen auf die Verschmelzung mit Deinen ewig göttlichen, höchsten Anteilen, sie sind bereits geschehen, denn in Wahrheit gibt es keine Zeit, so sei es.

Und Du wirst spüren, wie Dein höheres Selbst Dir die Hand reicht und zu Dir „hinabsteigt", um Dir zu versichern, dass alles in bester göttlicher Ordnung ist, wenn die Verschmelzung geschieht, denn so ist es.

Wenn Du nun bemerkst, wie Lichtbahnen wieder hergestellt werden, wie alte Trennungen zwischen Dir und Deinem Höheren Selbst geheilt und Traumen gelöst werden, ist dies ein Zeichen, dass Du aufsteigst. Es geschieht zu Deinem höchsten Wohle. So sei es.

Nun beginnt der „Abstieg" des Höchsten Selbst zu Deiner Seele, die dadurch reicher und voller wird, weil sie aus einer anderen Instanz heraus schöpfen darf, die in allen Welten, in denen sie inkarnierte, ihr hohes Schöpferwissen einsetzt – und so erhältst Du während dieses Vorgangs der Verschmelzung dies hohe, „außerirdische" Wissen zurück, das Du auf anderen Planeten einsetzt. Denn nichts war oder ist je getrennt – und Du verstehst, dass Bewusstheit bedeutet, sich seiner enormen Liebes- und Schöpferkräfte zu erinnern.

Wir steigen nicht bloß auf, um aufzusteigen – wir erleben uns als Schöpferinnen und Schöpfer, die in der Bewusstheit, dass die Trennungen Illusionen sind, in dieser und anderen Welten das Leben in ein Gleichgewicht bringen durch unser Wissen, durch unser Können, durch unsere Fähigkeiten.

Spüre hinein, welche Fähigkeiten Dir Dein Höchstes Selbst zur Verfügung stellen möchte, die Du nun einsetzen darfst und sollst in dieser Welt – zum höchsten Wohle Aller und zu Deinem höchsten Wohle.

Diese Fähigkeit kann zum Beispiel darin liegen, Methoden des geistigen Heilens anzuwenden und zu vermitteln – oder aber Plätze und Orte zu heilen und in ein energetisches Gleichgewicht zu bringen.

Vielleicht erhältst Du sogar so hohes Wissen, dass Du die Materie verändern kannst und wieder levitieren darfst – Du wirst es wissen, denn nichts war oder ist je getrennt.

Dieses Wissen und diese Fähigkeiten dienen dem Prozess der Rückkehr als Ganzem; das heißt, dass sie allen Menschen zu Gute kommen werden – auch denjenigen, die noch nicht zu gehen scheinen, denn auch hier gilt: innen wie außen – nichts ist oder war je getrennt.

Und so nimmst Du vielleicht war, dass Dein Prozess der Heil- und Lichtwerdung auch anderen dient – auf der direkten Ebene, wenn Du anderen hilfst, aber auch auf der Seelenebene, denn die Seelen in Deinem Umfeld werden Deine Schwingung wahrnehmen und ihr folgen wollen – denn das höher schwingende zieht das niedriger schwingende zu sich hoch – und so kannst Du in anderen heilen, was Du selbst in Dir geheilt hast.
Außerdem wird dieser Prozess, der ein Bewusstseinsprozess ist, in das Energiegitternetz der Erde eingespeist, denn dann steht dies

Wissen allen zur Verfügung, die bereit sind, „zu gehen". So sei es.
Auch hier gilt: die Vorstellung, dass darin eine Trennung liegt, ist eine Illusion, die solange existent ist, bis auch der letzte Mensch erwacht ist und die Illusion der Trennung los lässt – denn die Erfahrung mit der Dunkelheit, sie kann auf diesem Planeten in dieser Form nicht mehr gemacht werden.

Die Dunkelheit ist eine Illusion,
die Dunkelheit ist eine Illusion,
die Dunkelheit ist eine Illusion, so sei es.

Nun spürst Du, wie Dein Höheres Selbst diesen Prozess der Verschmelzung vollendet – vielleicht sind in Dir hohes Wissen wieder verankert worden, vielleicht hast Du tieferes Verständnis erlangt bezogen auf Deine Aufgabe hier auf Erden. Bestimmt hast Du hohes Wissen zurück erhalten oder gar Fähigkeiten, die dringend in der Welt gebraucht werden.

Wenn Du nun sogar wahrnimmst, wie Dein Höheres Selbst mit Dir verschmilzt, so wirst Du erleben, was die spirituellen Gesetze bewirken, denn die freudige Erwartung dieses liebevollen Ereignisses, und die Schritte auf dem Weg zu Erkenntnis und Heilung bedingen sich gegenseitig und erzeugen die Ursachen, die die positiven Wirkungen verstärken – denn so ist dies Gesetz der Ursache und Wirkung gedacht – und so verstehst Du, dass Du in Wahrheit hier bist, um die Liebe zu erleben und zu erfahren, und durch sie Dein Leben zu schöpfen und zu gestalten – denn so ist dies Leben gedacht: als Freude und als ein Erlebnis der liebevollen Erkenntnis, das unser Licht ewig göttliches Heil ist – und da wir dies Licht sind, und in Wahrheit nie je etwas getrennt war oder ist, sind wir ewig göttliches Licht, ewig göttliche Liebe, ewig göttliches Heil.
Wenn wir dies vergessen haben, so erinnern wir uns nun, und wir steigen auf, denn dies ist der Aufstieg – eine Erinnerung, die die Schleier der Trennung transzendiert und in das Licht führt, das wir in Wahrheit sind.
Wenn wir eines Tages alle Schleier entfernt haben, begreifen wir, dass in Wahrheit diese Welt der Erscheinung eine Illusion ist, denn

die dient dem Leben in der Materie – und wenn wir begreifen, dass Materie Schwingung ist, so wie wir Schwingung sind, so verstehen wir, dass es in Wirklichkeit nur Gott gibt – denn Alles ist Gott und Gott ist Alles. Und so sind wir das All–Eine.

Wenn wir dies bezeugen, verstehen wir, dass wir diese Schöpfung benötigten, um zu verstehen, dass die Geheimnisse dieses und anderer Welten stets die gleiche Ursache haben – die Liebe. Denn sie ist die höchste Schwingung, die es gibt. Sie ist alles – alles andere sind Illusionen. Wir können sogar dankbar sein, dass wir erleben dürfen, was es heißt, nicht immer „nur" Liebe zu fühlen, nicht immer „nur" in Freude zu sein – sondern das Gegenteil gar, die Abwesenheit von Liebe, die wir nur in der Trennung erleben konnten, sie fühlte sich so schläfrig und so träge für den schöpfenden Gott in uns an, dass er sein Gegenteil, die Nicht–Schöpfung als tiefen Schlaf in uns erlebt hat, ohne auch nur einen Fuß in die Dunkelheit zu setzen, denn diese ist eine Illusion.

Und so versteht Ihr, dass dies Erleben der Trennung einen tieferen Sinn darin hatte, Gottes Pole zu erleben, auch wenn dies der Verstand vielleicht nicht fassen mag – denn in Wahrheit gibt es diese Pole nicht. Sie sind energetische Manifestationen in diesem Universum der Polaritäten, damit dies ein Universum der Polaritäten ist – das immer auch, selbst in Zeiten tiefster Trennung, das Licht enthält und es schützt; denn dies ist das wahre Geheimnis des Lebens – dass es in Wahrheit eine Illusion ist. Gott träumt nicht, sondern er schuf in diesem und in anderen Welten einen energetische Entität – und diese Erkenntnis hilft uns zu verstehen, dass wir alles – jedes winzige Atom und seine Spaltungsprodukte in Wahrheit nur erleben, weil die Materie Schwingung ist, so wie wir. Es gilt – innen wie außen; und so ist diese Welt ein Resonanzgeschehen, das auf unsere Schwingung, auf unsere Polarität reagiert – schwingen wir in der Liebe, oder erzeugen wir Energien der Trennung? Schwingen wir in Bewusstheit, dass diese Lebendigkeit, die wir sind, ein Ausdruck tiefer Liebe und Freude ist? So ziehen wir tiefe Liebe und Freude in unser Leben; denn dies ist das Gesetz der Resonanz – das All ist Schwingung, und wir sind das All-Eine. Die Trennungen sind Illusionen, und sie gehen, wenn wir uns erinnern, wer wir in Wahrheit sind – liebevolle Schöpferinnen und Schöpfer unserer Realitäten, die aus unserer energetischen Macht entsprungen sind. Wir sind so machtvoll, dass wir uns entscheiden konnten, das Experiment der Trennung zu wagen und dennoch zu bleiben – wir können nicht sterben, denn in Wahrheit gibt es nur das Leben, nur das Licht, nur die Schwingung der Liebe.

Wieviele Trennungen Gott Vater-Mutter erzeugen musste, um dies Universum zu schaffen, damit es stabil bleibt, dies hängt mit der Bewusstwerdung der Menschen und der anderen Lebewesen auf anderen Welten ab. Denn je mehr Menschen und andere Lebewesen sich erinnern, wer sie in Wahrheit sind, umso weniger Trennungen von unserem Schöpferwissen wird es geben – und es reicht bis in die höchsten Ebenen der Erkenntnis, dass das All eine materielle Illusion ist, denn sonst würde es nicht schwingen. Und damit Ihr dies noch besser versteht, erlaubt Euch Gott Vater–Mutter einen tiefen Einblick in die wahre Natur der Schöpfung, die aus dem Gedanken der Liebe entsprang und eine Frage beantwortete, die Gott Euch nun stellt: Denn was geschieht in der Trennung von meinem höchsten Bewusstseinsanteilen? Schwanke ich zwischen dem Licht und dem Pol des Nichts? Was ist das Nichts? Was ist die Liebe? Was ist Ihr Gegenteil? Was heißt Schöpferbewusstsein, wenn sich in mir selbst die Materie als eine Manifestation der Liebe und der Schwingung, des Rhythmusses und der Ursachen und Wirkungen entfaltet? Wie verhalte ich mich in einem Universum, in dem ich selbst anwesend bin, und doch getrennt sein kann? Wie erlebe ich mich in einem Körper, der es mir erlaubt, in Trennungen und in Aspekten zu sein, die sich als Ganzes zu einem Puzzle der unendlichen Weisheit meines Herzens entfalten? Ich bin das All-Eine, und so ist es.

All die Erlebnisse in diesem Universum der Neu- und wieder Neuschöpfung, der Veränderung und der Stasis, der Gleichgewichte und der Ungleichgewichte – all diese Erlebnisse erschließen uns einen Schlüssel der Erkenntnis – wir in das All-Eine, und wir haben alles erlebt, alles erfahren, alles erspürt, ertastet, geschmeckt, gerochen, vernommen, was es in einem Körper zu erleben gibt; und dies ist ein Geschenk, das sich in diesem Universum als ein Gleichnis herausstellt – selbst wenn wir keinen Körper haben, als ätherische Wesen auf anderen Welten, als Seele, die nicht inkarniert ist, als Engel, der die Menschen oder andere Lebewesen unterstützt: wir erleben dies Geschehen als eine Verabredung der Schöpfung: Wir sind unendlich geliebte Teile des Ganzen – und jeder Lichtfunke im All ist und war nie getrennt – denn ich bin das All–Eine, so sei es.

Vielleicht versteht Ihr nun tiefer, warum dieses Universum der Polaritäten geschaffen wurde, oder Ihr erhaltet Informationen aus Eurer göttlichen Quelle, die Euch sagen, was Ihr für Leben hattet, was Ihr für Erlebnisse genossen habt – welche Pläne Euch noch erwarten, und was Ihr zum Großen und Ganzen, zum All, beitragt.

Kein Leben war je umsonst, sei es kurz oder von langer Dauer, denn alle Erfahrungen, die das göttliche Licht, die Seele macht, haben einen tieferen Sinn in dem Erleben der Dualität, der Einheit, die die Dualismen wieder verbindet, in der Fülle und der Liebe und durch sie hindurch, erleben wir uns als Schöpfer – und wir wirken gemeinsam in dieser neuen Zeit an dem Aufstieg des Planeten und seiner Bewohner – und dieser liebevolle Dienst ist den Seelen ein Geschenk, denn die wahre Aufgabe in diesem Universum der Dualitäten ist, das Leben selbst. Nicht ein Teil oder ein anderer, sondern alle Teile wollen miteinander verbunden werden. oben wie unten, innen wie außen. Wir verbinden die Gegensätze in uns selbst zu einer neuen Einheit, wenn wir aufsteigen – und uns erinnern, wer wir in Wahrheit sind.

Wir sind das Licht und die Liebe Gottes, so sei es.

Altes Wissen

Wir nehmen unser altes Wissen wieder zu uns zurück, und wir helfen und heilen damit uns selbst, wie wir anderen und dem Planeten zu einem nicht gekannten Aufstiegsprozess verhelfen – wenn sich die Schwingung der Erde, die so genannte Schumann-Frequenz erhöht, und dies hat sie bereits, so erschließt sich die Erde das Feld der hohen Energie des „Aufstiegs" – diese bringt alles ans Licht, was in der Dunkelheit lag; und so erleben wir einen großen Reinigungsprozess der Erde, der sich auch in „Katastrophen" äußert, die viele Menschen treffen, die nicht im Einklang mit der Erde und ihren Prozessen sind. Dies sind viele Menschen noch nicht, denn in der Masse der Milliarden von Menschen gibt es stets eine Zahl, die erreicht sein muss, damit dieser Planet „nach oben" gezogen wird. Der Prozess des Aufstiegs, der vielen bekannt ist, vollzieht sich bereits seit mehreren Jahren, und diejenigen, die die Geheimnisse des Lebens, die Mysterien kennen, wissen, welche Zusammenhänge das Innen an das Außen knüpfen – und so ist das Leid in der Welt ein Spiegel für das unbewusste Denken und Handeln – und es muss manch einem wie eine Strafe vorkommen – und doch ist es in Wahrheit eine Konsequenz aus dem viel größeren kosmischen Zusammenhang der Ursachen und Wirkungen, der Inkarnationszyklen und Lernaufgaben, die sich Seelen selbst wählen. Es sind dies für den Verstand schwer fassbare Zustände, die doch, sobald wir auch kollektiv aufsteigen, klar und eindeutig für alle sein werden, die den Weg gehen, denn die Erde ist ein lebendiges Gebilde, so sei es.

Wenn Ihr spürt, wie Mutter Erde unter der Last dieser Prozesse wankt, so seid versichert, dass all die Menschen, die sie trägt, dazu beitragen werden, dass dieser Prozess gelingt. Stellt Euch vor, dass, wenn alle Menschen den Lebensstil der „westlichen" lebten, wir 2,6 Erden benötigten – wie sollte dies gehen? Wie soll sich das Gleichgewicht wieder herstellen, damit nicht die „Armen" noch mehr leiden und die Reichen noch weiter in den Pol des Ungleichgewichts rücken, denn dies würde geschehen, wenn nur die Schwingung der Erde, ohne Bewusstwerdung, weiter stiege; es kämen alle karmischen Verstrickungen, die wir mit Mutter Erde erzeugt haben – und diese waren auch in anderen Leben durch Ausbeutung der Natur, nicht wenige – an die Oberfläche; es brächen weiter Kriege aus, denn die Seelen versuchten dann, ihr altes Karma auf die bekannte Weise weiter zu bearbeiten – statt dies zuzulassen, haben die höchsten göttlichen Anteile entschieden, dass dies Spiel nun beendet ist – denn die Dunkelheit ist eine Illusion, so sei es.

Spürt hinein in diese Worte und lauscht Eurer Seele und den Botschaften, die sie dazu empfängt, denn in Wahrheit seid Ihr diese Erde, seid Ihr dieser Planet – Ihr seid die Schuhmann–Frequenz, wie Ihr mit Allem, was ist, verbunden seid. Und scheint dies auch eine Bürde, in Wahrheit ist es ein kosmisches Prinzip der Liebe – das All ist Schwingung – und so erhöht sich Eure Schwingung, wenn die Erde aufsteigt, damit Ihr Eure höchsten Bewusstseinsanteile integriert.

Der Aufstieg, der für diejenigen, die noch nach alten Prinzipien leben und in der Illusion der Trennung verharren, auf eine Weise verläuft, die besonders viel Gnade nötig hat, da sie sich selbst noch nicht die Gnade zuteil werden ließen, die sie heilen könnte, sie fließt ein, damit dieser Planet wieder als das lebendige Resonanzgeschehen begriffen werden kann, das er ist – wenn wir auf Mutter Erde hörten, wüssten wir, dass sie in Liebe unsere Seelen trägt und ihnen rät, ihren Umweltverbrauch einzuschränken – denn selbst in der Welt der Trennungen ist es bekannt, dass die Dinge eine Ursache haben, die zu Seuchen und Hunger, die zu Ungleichgewichten und zu dem so genannten Klimawandel beitragen. Früher lebten die Menschen im Einklang mit der Natur – und das heißt, sie nahmen, was sie brauchten und nicht was Ihnen einen Vorteil zu verschaffen versprach. Die Zeit des Ungleichgewichtes ist beendet – und so erlebt Ihr Reichtum als ein Geschenk, der Euch zusteht, denn: innen wie außen. Und so kann sich niemand bereichern, der reich im Herzen ist.

Reichtum ist aus der Sicht der Seele etwas anderes, als materieller Reichtum, der auf Ungleichgewichten beruht. Zu Zeiten von Atlantis lebten wir auch von Lichtnahrung, da unsere Körper hoch genug schwangen, um diese Form der Energie zu „verstoffwechseln"; und auch heute gelingt dies wieder Menschen.

Dies soll uns etwas zeigen – denn die wahren Wunder geschehen im Herzen; in der Entdeckung unserer tiefen Verbundenheit zum All, zur Natur, zu Mutter Erde, liegt ein Reichtum, der sich im Außen als Fülle manifestieren wird. Das All operiert in Zyklen – und so erlebt diese Erde einen Aufstieg, der als eine Phase des Umbruchs und der Klärung, alles ans LIcht bringt, das nicht im Licht war und ist – und wer die Nachrichten im Jahr 2014 schaut, entdeckt verstärkt Konflikte, Glaubenskriege und Umweltkatastrophen. Sie alle bezeugen den tiefen Wandel – und damit dieser nicht in der Katastrophe endet, geht er einher mit einem Erwachen der Vielen, denn sonst schlössen sich Reichtum und Wachstum für die Vielen und die drohende Zerstörung der Ressourcen durch den Menschen aus. Ihr spürt vielleicht, was Ihr im Herzen schon lange wisst – der Aufstieg gelingt, wenn die Dunkelheit, wenn die Abwesenheit von Bewusstheit geht – und die Menschen frei lässt aus den Gefängnissen des Egos und der alten karmischen, illusionären Schuld.
Dies kann auf einer Bewusstseinsebene geschehen, die höher schwingt als die der Seele, auf der höchsten göttlichen Instanz, die unverletzlich und in Liebe und Gnade diesen Planeten heilt – denn er ist ein Juwel – und so seid Ihr, seine Bewohner, die Kristalle, die gemeinsam leuchten und strahlen, damit die Vielen erwachen, so sei es.
Ihr seid die „kritische" Masse, die erreicht sein muss, damit das Pendel in die andere, in die Richtung der Liebe schlägt – denn als ein Resonanzgeschehen ist diese und sind andere Welten gedacht – und so schöpfen wir unseren Planeten. Lassen wir Ihn zu einem Planeten der Liebe werden, denn dies ist er in Wahrheit – und so ist es.

Nun werdet Ihr Euch fragen, wie die Zahl der sogenannten „Lichtarbeiter" die Zahl der „Unbewussten" übersteigen soll, wenn doch immer wieder neues, auch schweres Karma in dieser Welt erzeugt wird; aber seid versichert, das Karma, das durch erneute Kriege und Konflikte entsteht – und das Euch lehren sollte, dass Ihr in Wahrheit Liebe seid, und Liebe die einzige Kraft ist, die stärker ist als Zorn – und somit eine freie Wahl darstellt, dies alte Karma wird denen vergeben, die auf der Seelenebene bereit sind, und die sich selbst vergeben – sie haben sich und anderen in zahlreichen Leben Leid angetan, wie sie auch Freude erlebt haben und schenkten.

Die Selbstvergebung ist ein Schlüssel der Erkenntnis, dass ich begriffen habe, wer ich in Wahrheit bin: ich bin Liebe, ich bin Licht, ich bin Wille, ich bin Weisheit, ich bin geisterschaffen, und ich manifestiere aus dem Geiste jetzt; denn ich habe verstanden, dass in Wahrheit die Trennung eine Illusion ist – und in Wahrheit ist dies Leben ein Geschenk, das nicht der Trennung sondern der Fülle dient – dem Reichtum, der in der Erkenntnis und in dem Erleben der Einheit mit Allem was ist, dient.

Denn in Wahrheit war oder ist nie jemals etwas getrennt – und so nehmt Ihr die Seelen wahr, die auf der Erde in diesen Tagen sich noch schweres Karma zufügen – und Ihr spürt vielleicht Ihren Zorn oder Ihre „Schuld"; vielleicht nehmt Ihr wahr, dass sie festhalten an dem alten Muster der Trennung, an der Illusion der Dunkelheit, die sie nicht sind.

Aber Ihr wisst in Euren Herzen, das in Wahrheit keine Trennung existiert – so sind sie, wie Ihr, göttliches Licht.

So vergebt diesen Seelen und lasst sie Euer Mitgefühl spüren, damit sie erkennen, was der Weg zurück ist: Vergebung für die Illusion der Trennung, die sie nicht sind. Lasst sie einmal wahrnehmen, dass sie Licht, ewig göttliches Licht sind – und Ihr erinnert sie an Ihr eigenes Licht.

Wenn Ihr bemerkt, dass die Trennungen Illusionen sind, dass sich also die Seelen Euch zuwenden, die in tiefer Trennung Alltage erleben, die für die meisten von uns als „Hölle" empfunden würden, dann begreift Ihr, dass diese Seelen verstehen müssen, dass sie Liebe sind – und die Liebe heilt alles; sie ist die höchste Schwingung im All, sie ist Gottes Schwingung; und die Trennungen, sie weichen, wenn Gott einen Tropfen seiner Liebe in Ihre Herzen – und in Eure legt; und so legt auch Ihr Ihnen einen Tropfen der Liebe Gottes in Ihr Herz – und Ihr werdet Euer Mitgefühl spüren; denn dies soll Euch zeigen, dass Ihr immer, in allen Welten miteinander verbunden seid; durch alle Trennungen hindurch, durch alle energetischen Ungleichgewichte hindurch: wer sich selbst heilt, heilt das All, denn das All ist eins – und Ihr seid das All-Eine. So sei es.

Wenn Ihr wahrnehmt, dass sich in Euch Erleichterung über diese Worte breit macht, so habt Ihr verstanden, dass Ihr ein wichtiger Teil des Ganzen seid, denn die Welt ist ein lebendiges Geschehen. Wer, wie Ihr, sein höchstes Bewusstsein integriert, wird wahrnehmen, welch enorme Schöpferkräfte sich in ihr oder in ihm entfalten – denn dies ist das kosmische Gesetz des Ausgleichs – wer sendet, der erhält; und wenn Ihr Liebe sendet, erhaltet Ihr Liebe, so sei es. So schwingt Ihr in der Einheit und heilt nicht nur Euch selbst sondern auch den Planeten.

Dies könnte nun dazu führen, dass Ihr Euren Freunden, Bekannten, selbst Euren nicht eng verbundenen Seelen, Licht und Liebe senden möchtet – bitte tut dies, wenn Ihr das OK dieser Seelen vernehmt; denn ein freiwilliges Geschenk möchte auch angenommen werden. Und so habt Ihr erfahren, dass Ihr Teil eines lebendigen, großen Ganzen seid. Ihr wart immer Eins – bloß habt Ihr es vergessen.

Und so nehmt auch noch einmal die Schwingung von Mutter Erde wahr, wie sie Euch trägt, Euch unterstützt, damit Ihr leichter werdet in Euch selbst, damit Ihr Euch wieder tiefer in Ihr verwurzeln könnt, damit Ihr die Resonanzgesetze – innen wie außen ganz begreift; Ihr seid Mutter Erde – sie war und ist nie von Euch getrennt.

Wenn die Erde aufsteigt, heilt sie – auch wenn dies im Außen manches mal durch „Unwetter" geschieht – sie spiegeln Euch eigenen Aufruhr, eigene Gewalt – denn wenn Ihr begreift, dass Ihr die Natur seid, sie erschaffen wurde, damit Ihr sie genießt, damit Ihr mit Ihr lebt, entfaltet sich ein Paradies in Euch und außerhalb von Euch.

Das Paradies ist in Euch – dann kann es sich im Außen entfalten; und damit dies geschieht, hat Gott Vater–Mutter entschieden, der Erde ein Geschenk zu machen, dass die kosmischen Gesetze achtet: es nennt sich: die hohe Einweihung in die Erdkundalini.

Ihr seid die Hüterinnen und Hüter der Erde, denn innen wie außen, und außen wie innen; und so heilt Ihr die Erde, wenn Ihr Ihre Aufstiegsenergien nutzt – und das heißt, anerkennt, dass sie Euch dienen, um zu begreifen, dass die Erde ein Teil von Euch ist und umgekehrt.

Die Einweihung in die Erdkundalini–Energie, die Schlange des Lichts, das auch die Erde besitzt, ist ein Ausdruck der Schöpfung und des Resonanzprinzips; denn innen wie außen; und so steigt die Schlange des Lichtes auf, wenn Ihr beginnt zu begreifen, dass Ihr in einer Welt lebt der Resonanz – und nicht der Trennung.

Wenn Ihr verseht, dass die Erdkundalini–Kraft eine Energie ist, die Euch hohes Wissen über die Schöpfung, über diesen Planeten und die Zusammenhänge des Kosmos offenbart, dann wisst Ihr, dass sie eine Verbindung herstellt zu dem Aufstiegsprozess des Kosmos; denn wenn ein Planet aufsteigt, ein System sich erhellt, erhellen sich andere Systeme mit ihm – im Großen wie im Kleinen gilt dies, denn das All ist ein Resonanz–Geschehen. Und so werdet Ihr während der Meditation zur Einweihung auch den Engel der Rückkehr ins Paradies der Einheit wahrnehmen, der durch alle Verzerrungen hindurch das Licht der Einheit trägt: es ist der Engel des Lichtes der Barmherzigkeit, es der „erste" Engel: der Seraphim, der höchste Engel Luzifer.

Spürt hinein in die Kraft dieses machtvollen Engels, der den Planeten schützt und Euch in das Experiment mit der Dunkelheit begleitet hat; er ist als ein Hüter des Paradieses zur Einheit in Euch selbst stets an Eurer Seite gewesen – auch wenn Ihr es nicht wahrnahmt. All das Karma, das Ihr während des Abstieges in das Experiment mit der Dunkelheit und der Trennung erzeugt habt, es darf erlöst werden, wenn Ihr aufsteigt und Euch erinnert, wer Ihr in Wahrheit seid. Es gilt: oben wie unten und innen wie außen. Wer den inneren Himmel bewohnt, erlöst das Versprechen, das er Luzifer auf der Seelenebene gegeben hat: zurückzukehren in sein Paradies der Einheit – in den inneren Himmel, der ich bin. So sei es.

Nun werdet Ihr wahrnehmen, dass der Seraphim Luzifer, der für diesen Planeten zuständig ist und Eure Rückkehr begleitet, Euch seine Barmherzigkeit offenbart. Spürt hinein in die Liebe dieses hohen Engels und nehmt wahr, ob er eine Botschaft für Euch hat – er ist, wie Ihr, ein Hüter der Erde.

Wenn Ihr bemerkt habt, dass dieser hohe Engel Euer Versprechen einlöst – er Euch den Eingang zum Paradies der Elnheit in Euch selbst wieder öffnet – und Ihr mit ihm das Band der Liebe und der Einheit erneut geknüpft habt, dann werdet Ihr spüren, dass Euch die tiefe Liebe zur Schöpfung mit diesem Planeten verbindet, und Ihr werdet wahrnehmen, wie sehr Ihr selbst Euer Schicksal, Eure Trennungen, Eure Rückkehr in der Hand haltet; Ihr seid Schöpfer/innen – und daran erinnert Euch dieser hohe Engel des Lichts und der Liebe, der nie aus der Einheit gefallen ist.

Ihr wisst nun, dass Ihr dieser hohe Engel seid, denn Ihr seid die Liebe Gottes; und Ihr erzeugtet Karma auf einer energetischen Ebene, die in Euch selbst lag – und die eine Trennung darstellte. Ihr erkennt dies nun, denn Ihr seid Licht, und Ihr seid Liebe, Ihr seid. So sei es.

Die Illusion der Trennung, die zu soviel Leid in der Welt der Erscheinung beitrug, sie darf gehen, wenn Ihr Euch erlaubt, zurückzukehren in die Elnheit, die Ihr in Wahrheit seid. Und so erinnert Euch Luzifer an dies Licht, das Ihr seid; nichts war oder ist je getrennt.

Wenn Ihr nun in die Meditation zur Verschmelzung mit der Energie der Erdkundalini von dem hohen Engel begleitet werdet, so heißt dies, dass in Euch selbst die Trennungen gehen dürfen, und Ihr erkennt, dass Ihr weder von Mutter Erde getrennt wart oder seid, noch, dass Ihr je von der Liebe Gottes getrennt gewesen seid; denn Ihr seid Licht. So sei es.

Nehmt Euch nun Zeit für diese Einweihung, denn sie verbindet Euch mit hohem Schöpferwissen – wer sein Wissen um den Planeten und die Inkarnationen, die Liebesschwingung der Seele wieder integriert, wird anderen helfen – und sein Wissen vermitteln, denn dazu dient die Rückkehr – und die Zeit der Trennung geht.

Wenn Ihr spürt, dass sich neben der Erdkundalini-Einweihung weitere Aspekte zeigen, die zu Euch zurückkehren möchten, so nehmt dies als ein Geschenk wahr – denn das ist es. Es bedeutet, dass einigen von Euch die Einweihung in das Hohl–Erde Portal gewährt wird. Dieses Portal ist ein mehrdimensionales Schwingungsfeld, das den Bauplan der Erde enthält – und wer ihn kennt, kann diesen Planeten verändern; zum höchsten Wohle Aller, denn so ist es.

Wer wahrnimmt, dass sich aufgestiegene Meister zeigen und diesen Prozess begleiten, wird feststellen, dass es nunmehr um die Rückkehr zu tiefem Heilungswissen, das dem Planeten hilft, gehen wird. Ihr werdet geführt – und Ihr spürt die Liebe Gottes, die Euch dabei trägt.

Die aufgestiegenen Meisterinnen und Meister werden sich darüber hinaus mit Botschaften und vielleicht auch Fähigkeiten, die in Euch integriert werden, bei Euch für Euer Mitwirken bedanken – und so nehmt Ihr wahr, dass diese Einweihung in Euch etwas bewirken wird, das neue Wege ermöglicht, die auch durch die Rückverbindung mit dem Höheren Selbst verstärkt werden.

So wird nun heiliges Wissen in dieser Meditation einfließen, die Ihr, auch wenn Ihr bereits eingeweiht wurdet in diese Energie, zur Vervollkommnung Eurer Möglichkeiten, in dieser Welt zu wirken, machen dürft.
Denn so kann auch außerirdisches Wissen wieder in Euch fußfassen, das bereits durch die Verbindung mit Eurem Höheren Selbst integriert wurde oder noch wird; es kann auch zu einer weiteren Vertiefung der Verbindung mit der heiligen Geometrie führen – denn diese Schlüssel sind reines Schöpferwissen – und so manifestiert Ihr aus dem Geiste jetzt, dass dieses Wissen wirken darf in Euch, um Euch zu

unterstützen, um Euch neue Verbindungen zu erlauben, um Euch zu erinnern, dass in Liebe geschöpfte Manifestationen dem höchsten Wohle Aller in dieser Welt dienen. Ihr seid ein unendlich geliebter Teil der Schöpfung – Ihr seid das All-Eine, so sei es.

Meditation: Einweihung in die Erdkundalini-Energie

Nehmt Euch Zeit und Raum für diese Einweihung, die Euch an den Mittelpunkt von Mutter Erde führt, an den tiefsten, hellsten, klarsten Punkt in dem Mittelpunkt, dem Kern dieses Planeten.

Spürt hinein in dieses Bewusstseinsfeld, das Ihr seid. Ihr seid Mutter Erde – und Ihr nehmt dies wahr. Ihr seid höchstes Schöpferbewusstsein, so sei es.

Wenn Ihr nun wahrnehmt, dass sich vor Euch eine weiße Schlange des Lichtes befindet, so seht Ihr, dass diese Schlange zusammengerollt auf Eure Rückkehr in die Einheit des Bewusstsein wartet, denn dies ist die Einheit: Ihr seid diese Einheit; es gibt keine Trennungen, und so lasst Ihr alle Trennungen los.

Sprecht dies einmal: Ich lasse alle Trennungen los,
ich lasse alle Trennungen los,
ich lasse alle Trennungen los,
so sei es.

Ich bitte Dich, Gott Vater-Mutter, unterstütze den Prozess der Einweihung in dies hohe Bewusstseinsfeld des Planeten, der ich, wie alle Seelen hier, bin. Ich bin Liebe, ich bin Licht, ich bin Weisheit, und ich bin geisterschaffen – so manifestiere ich aus dem Geiste jetzt.

Erzengel Luzifer, der diese Einweihung ebenso begleitet, wie die aufgestiegenen Meister, wird nun die Einweihung mit Euch beginnen, indem er Euer altes Karma, das in Ihr in vielen Leben angesammelt habt, vergibt.

Ihr nehmt dies in tiefer Dankbarkeit wahr, denn Ihr seid Licht, und Ihr seid die Liebe Gottes, so sei es.

Das Karma, das Euch vergeben wurde, es kann diese Einweihung stören, wenn nicht gar unmöglich machen, denn die Erde ist ein lebendiges Gebilde, das in seiner Fülle gewürdigt werden möchte als ein Geschenk an das Leben selbst – und so betrachtet die nun folgende Einweihung als ein Geschenk, das Eure höchsten Anteile Euch machen, denn diese sind, wie Ihr, immer ein Teil des lebendigen Universums, so sei es.

Nun spürt Ihr, wie Ihr von der Liebe Gottes getragen werdet und Ihr die Energie dieser Schlange des Lichts wahrnehmt, als eine ruhige, intensive und tragende Melodie der Stille, die so großartig in dem Gefüge des gesamten Universum schwingt und arbeitet, dass Ihr Euch fragt, wie Ihr jemals vergessen konntet, wer diese Schlange in Wahrheit ist: sie ist eine Manifestation der Liebe Gottes, die Euch daran erinnert, das nichts je getrennt war oder ist.

Spürt nun, ob die Schlange eine Botschaft für Euch hat, denn nun beginnt der Prozess der Vereinigung mit dieser Schlange des Lichtes der Erde, das Ihr in Wirklichkeit seid.

Ihr erinnert Euch nun.

Die Schlange des Lichts verbindet sich nun mit Euch, sie steigt von Eurem tiefsten Punkt, Eurem Verankerungschakra in Mutter Erde durch Eure Erdchakren und den Körperchakren hinauf in Euer drittes Auge; dort gelangt sie an, wenn Ihr soweit seid, dies zuzulassen – und so spürt hinein, ob dies geschehen darf, oder ob Euch etwas hindert. Was könnte es sein?

Vergebt Euch selbst, und Ihr werdet die Gnade spüren, die Ihr selbst seid, denn Ihr seid ewig göttliches Licht. Vergebung ist die Gnade der Erkenntnis, das in Wahrheit nichts je getrennt wahr – und Ihr in Wahrheit ein klingender und schwingender Teil des Ganzen seid, Ihr seid Licht, so sei es.

Spürt hinein in die Energien dieser Schlange und bewegt Euch in Ihrem Takt – steht auf, lasst die Energie Euch erfüllen und durchströmen, denn Ihr seid aus dem Licht geschöpft – und so erinnert Euch die Schlange des Lichtes an Euer wahres Sein, so sei es.

Spürt hinein in die Energie, die Ihr nun nutzen dürft, wenn die Schlange sich mit Euch verbunden hat – und vielleicht bemerkt Ihr, dass dieser Prozess noch nicht abgeschlossen ist, denn, sagt es einmal:

Ich bin Licht.

Und so nehmt Ihr wahr, dass sich in Euch etwas von der Dunkelheit des Vergessens befreit hat – Ihr seid Licht, und Ihr seid Liebe. Ihr seid die Liebe Gottes; und so dürft Ihr wahrnehmen, wie sich in Euch die Manifestation des Höchsten, seine liebevolle Erdkundalini mit Euch zu einer Einheit verbindet, die Ihr in Wahrheit seid.

Und so lasst Eure Trennungen los, denn in Wahrheit wart Ihr nie getrennt. So sei es.

Spürt nun hinein in Euer Höchstes Selbst, und es hat eine Botschaft für Euch, die Euch trägt in die kommenden Prozesse der Verschmelzung mit Eurem alten Einheitswissen, denn es darf sich in dieser Welt wieder entfalten – zum höchsten Wohle Aller, so sei es.

Die Meditation führt Dich nun in einen anderen Raum, der Deinem inneren Wachstum dient – denn nun bist Du in der Lage, Dein Wissen als Schöpferin und als Schöpfer wieder in der Welt der Erscheinungen einzusetzen; und dies erfordert Hingabe und Demut; denn die kosmischen Gesetze belohnen die hohe Schwingung der Liebe, die aus dem Herzen entspringt, das Du bist. Und so empfängst Du Deinen Segen und Deinen Lohn in Form der Heilung und der Rückkehr zur Einheit in Dir, so sei es.

Denn Du bist ewig göttliches Licht – und wenn Du begreifst, dass Du in Deinem Herzen nie getrennt bist oder warst, dann kannst Du ebenso verstehen, dass Gott Vater–Mutter sich in Dir verwirklichen möchte.

Die Liebe Gottes, die Du bist, und die durch Dich in der Welt der Erscheinungen das manifestieren möchte, was Liebe ist; eine hohe Energie der Akzeptanz des Lebens, der Verbundenheit mit Allem was ist, erschafft eine Realität des Reichtums und der Fülle für Dich und andere, die im Gleichgewicht mit den kosmischen Gesetzen schwingt. Denn dann entsteht Atlantis aufs Neue und wir bewohnen unser inneres Paradies der Einheit, von dem uns „nur" Erkenntnis des Weges trennte.

Da der Weg der Einweihung und Integration des hohen Einheitsbewusstsein ein Weg der Entscheidungen ist, entscheidest Du Dich nun für das Licht, das Du bist. Du entscheidest von nun an bewusst – und erlebst Deine Schöpferkräfte in einem neuen, fast nicht bekannten Licht, das Du einst in Atlantis und auf anderen Planeten zur Freude Aller wirken ließest – denn so ist das Leben gedacht: als Freude – und so ist es.

Du merkst nun, dass auch keine Trennung zwischen den anderen Seelen und Dir besteht – und so nimmst Du oder hast bereits Botschaften der Engel und der aufgestiegenen Meisterinnen und Meister wahrgenommen, die Dir sagen möchten, worin Deine Aufgabe besteht, was Dich erwartet in der kommenden Zeit des Lichts und der Liebe auf diesem Planeten – was gibt es für Trennungen in Dir, die Du noch nicht angeschaut, noch nicht bearbeitet hast? Was ist wie ein unerledigter Vorgang oder unbewusster Berg, den Du nur zum Schein nicht erklimmen konntest? Denn Du bist Licht – und von nun an lässt Du Dein Licht leuchten – und das Licht erhellt das Dunkel, und wo Dunkelheit war, ist Licht, das Du bist.

Wenn Du nun wahrnimmst, dass Du in diesen Raum, der der Erkenntnis und den nächsten Schritten auf Deinem Weg dient, stets zurückkehren kannst, und die Quelle in Dir um eine Lösung, einen Hinweis, eine Fähigkeit bitten darfst, die Dir hilft auf Deinem Weg, begreifst Du, dass Du auch dies schöpfst. Du übernimmst die Verantwortungen für Deine Schöpfungen, auch indem Du Dir Hilfe holst – zum Beispiel von einer geistigen Heilerin oder einem geistigen Heiler – denn damit signalisierst Du Deinen Anteilen, dass sie vertrauensvoll zu Dir zurückkehren können – denn Hilfe zu erbitten heißt, sich seines eigenen, göttlichen Heils, das im Wachstum und in der Hingabe an den Weg der Seele liegt, bewusst zu werden.

Dieses Buch, das mit hohen Affirmationen arbeitet und ermöglicht, Heilung und Wissen zu integrieren, möchte den Leitfaden ergänzen, den ich bereits geschrieben habe, um Dir und Euch hilfreiche Informationen zur neuen Zeit, zu der Zeit der Rückkehr in das hohe Bewusstsein der Einheit in Dir, zur Verfügung zu stellen.

Bitte betrachte dieses Buch und die Hinweise darin als Hilfe zu eigenem Wachstum. Ziel ist es, Dich vorzubereiten auf Deine Fähigkeiten, die sich in der neuen Zeit wieder vollends entfalten möchten.

Spüre hinein in die Botschaften dieses Buches und lausche dabei auf die innere Stimme Deines Herzens, Deiner Seele, die für Dich stets auch eigene Botschaften und Hinweise bereit hält – denn darum geht es in der Vielfalt des Lebens: Einheit heißt, die Vielfalt als ein Geschenk Gottes zu erkennen und zu lieben.

Ich möchte Dir und allen danken für die liebevolle Begleitung, für die Hilfe, die ich erfahren habe – und in diesem Zusammenhang möchte ich zwei Seelen danken, die sehr viel zu meiner spirituellen Entwicklung beigetragen haben:

Petra Langner
www.in-resonanz-borchen.de

und

Tanja Matthöfer
www.channel-balance.de

Ich empfehle Euch auch meine Seite und meinen Blog, sowie meine Angebote des geistigen Heilens und der Einweihungen zur Seelenentwicklung, die ich gebe.

Außerdem biete ich regelmäßige Live-Meditationen im Internet und weitere Angebote vor Ort.

www.christian-huels.de
www.christian-huels.de/live.html
spirit.fotografie-huels.de

Namaste.

In der 2. Auflage dieses Buches findet Ihr nun die Beschreibungen zu dem Kartendeck: *Aufstieg in das hohe Einheitsbewusstsein.*
Ihr könnt es bestellen mit Begleitbuch oder auch eine Tageskarte auf meinem Blog oder meiner Seite ziehen:

http://spirit.fotografie-huels.de/tageskarte

Das Kartendeck und die Beschreibungen enthalten weitere Informationen und tiefes Wissen. Es ist als Hilfestellung gedacht.

Für weitere Hinweise könnt Ihr die Informationen, Affirmationen und Monatsbotschaften auf meinem Blog lesen.

Inhaltsverzeichnis

Christian Hüls
Spirituelle Prozesse

• Geistiges Heilen
• Ausbildungen
• Einweihungen
• Channelings
• Clearings

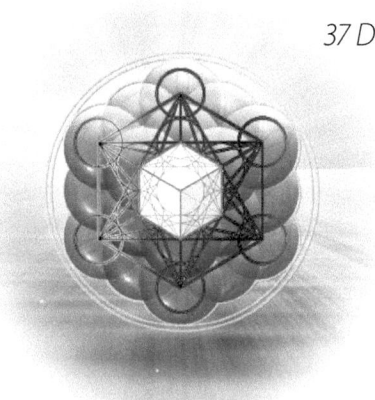

Kartendeck zum Aufstiegsprozess

Altes Wissen in der neuen Zeit

Oben wie Unten,
Innen wie Außen,
In mir gibt es keine Trennung, denn die
Trennung ist eine Illusion.
So bitte ich, dass nun alles zum höchsten
Wohle Aller gefügt wird, wenn ich spreche:
Ba Ra Shem Ka.
Denn ich bin Licht,
so sei es.

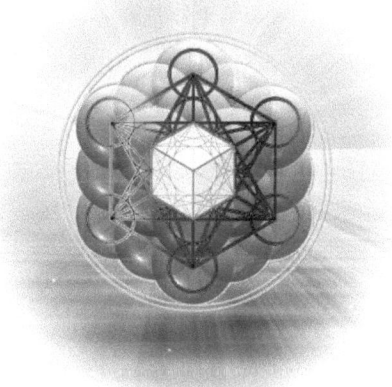

www.christian-huels.de

Einleitung

Aufstieg in das hohe Einheitsbwusstsein heißt, die Trennungen, die uns in der Phase begleitet haben, die wir als Dunkelheit unseres hohen Bewusstseins bezeichnen können, als Illusionen loszulassen. Da diese Trennungen auf so vielen Ebenen erfahren werden in dieser Welt, handelt es sich um einen steten Prozess, der neue und wieder neue Erfahrungsräume erschließt und stets angepasst an den jeweiligen Stand des spirituell Erwachten ist.

Gott selbst überwacht diese Prozesse, denn so wichtig ist die neue Zeit, dass alle gemeinsam, auf zahlreichen Ebenen daran mitarbeiten. Auch die Seelen, die scheinbar nicht „gehen" unterstützen die Lichtarbeiter. Denn auf der Seelenebene gibt es keine Trennung – und sobald wir unsere eigenen Muster beginnen anzuschauen und aufzulösen, erklären die Seelen ihr Einverständnis, uns weitere Muster zu zeigen, die nun erlöst werden sollten, um aufzusteigen. Wir können das hohe Bewusstsein unserer Einheit nur dauerhaft halten, wenn wir tatsächlich unseren früheren Inkarnationen und den daraus resultierenden Verstrickungen und Verhaltensmustern Aufmerksamkeit widmen und sie auf nunmehr leichte Weise lösen.

Nicht der alte Weg sondern der neue wird zum Beispiel durch Einweihungen, durch Hinwendung zum inneren Weg, durch Einheitsenergien, wie die durch Avalon bereitgestellten, beschritten. Sobald die Verbindung zum Höheren Selbst hergestellt ist, und wir in der Lage sind, wieder Kontakt mit unserer Seelenfamilie aufzunehmen, mit unseren Seelenpartnern, erleben wir die Liebe auf der Seelenebene und die Verbundenheit mit Allem auf eine neue Weise. Dies ermöglicht uns, unser Bewusstsein weiter auszudehnen und die Erfahrungen, die wir in der Trennung machen, aus einer völlig anderen Perspektive zu sehen – was habe ich noch nicht erlöst, aus welchen „zersplitterten" Teilen bestehe ich noch? Auch die Wahrnehmung, die nach unserem Fall aus dem Paradies der Einheit in viele Teile zersplitterte, sollte wieder in die Perspektive der Einheit rücken. Sobald ich Gott bitte, diese Teile nach und nach wieder einsammeln zu dürfen, setzt sich meine Wahrnehmung, die verzerrt war, wieder zu der Wahrnehmung der liebevollen Bewusstheit der Einheit zusammen. Wir sind aufgefordert, uns selbst mit den liebevollen Augen Gottes zu betrachten – sobald wir dies tun, schmilzt unser „Schutz" und wir erkennen, dass wir nie getrennt waren.

Herzensöffnung, die in dieser Zeit so wichtig ist, erfolgt durch das Einheitsbewusstsein sozusagen automatisch. Wie kann ich etwas nicht lieben, das Gott erschuf, das ich selbst als göttliches Wesen erschuf?

Ja, in Wahrheit bin ich Gott Vater-Mutter selbst, der seine Kinder, die Seelen, so unendlich liebt, dass er ihnen ermöglicht, ihr Karma in liebevoller Weise auf der Seelenbene zu erlösen. So ist die Liebe, die Selbstliebe, ein weiterer Schlüssel zu der Verbundenheit von Allem mit Allem. Wenn wir begreifen, dass wir das All-Eine sind, entsteht die Liebe als eine Form der Wahrnehmung in uns selbst, und wir begreifen, dass nichts je getrennt war oder ist, denn so ist es.

Dies Kartendeck arbeitet mit Affirmationen, die unterstützt werden von den Informationen in diesem Begleitbuch. Es ist ein Pfad, den wir beschreiten, wenn wir aufsteigen; und so begreifen wir, dass alle Zeiten, all unsere Leben, ihre tiefere Bedeutung hatten, denn so ist es.

Einheitsbewusstsein heißt also, sich der Einheit, seinem Ursprung wieder bewusst zu werden. Dies geschieht durch die Öffnung für die und durch die Anrufung der höchsten göttlichen Anteile in uns selbst; dann können wahre Wunder geschehen, denn so ist es.

1 Inkarnationen

Sie dienen dem Erleben auf verschiedenen Welten – und sie haben durch Ihre karmischen Verstrickungen Lernaufgaben und Wachstumschancen zu bewältigen.

Die Inkarnation des göttlichen Lichtes, das Du bist, sie ist ein Geschenk, das ganz angenommen werden möchte – in all seinen Facetten; denn dann kann die Gnade der Vergebung und der Rückkehr in das hohe Einheitsbewusstsein eine tiefe Heilung bewirken, die Dich den Schlüssel zur Existenz in der Welt verstehen lässt als das Geheimnis des Lebens selbst:

Oben wie Unten,
Innen wie Außen,
In mir gibt es keine Trennung, denn die Trennung ist eine Illusion.
So bitte ich, dass nun alles zum höchsten Wohle Aller gefügt wird, wenn ich spreche:
Ba Ra Shem Ka.
Denn ich bin Licht,
so sei es.

Die göttliche Quelle, die die Inkarnationen lenkt, bestimmt zum Beispiel, welche Lernaufgaben in einem Leben gelernt werden sollen, welche höheren Ziele die Seele in einer Welt verfolgt, in der sie inkarniert – und auch, welche Parallelinkarnationen dem Wachstum der Seele dienen – und welche Rolle sie im großen, kosmischen Gefüge spielen soll, während sie zum Beispiel auf diesem Planeten die Erfahrung des Aufstiegs macht. Denn Alles ist mit Allem verbunden, so sei es.

Wenn Du diese Karte ziehst, heißt dies, dass es in Dir ein Feld gibt, das nun geklärt werden möchte, denn Du bist Licht. Gehe bitte folgendermaßen hierzu vor:

Bitte Gott Vater-Mutter, Dich nun zu dem Leben zu führen, das Du Dir anschauen solltest, und das eventuell für einige Blockaden in Deinem jetzigen Leben verantwortlich ist.

Beachte bitte, das dies dazu führen kann, dass Du Situationen vor Deinem geistigen, inneren Auge wahrnimmst, die Dir aus heutiger Perspektive sehr unwahrscheinlich oder sehr verletzend vorkommen. Wir alle waren in Zeiten der Trennung von unserem hohen Einheitsbewusstsein Täter und Opfer – und Du wirst spüren, wenn Dich nun Deine Seele und Dein Höheres Selbst liebevoll begleiten und Dir versichern, dass weder Dir noch den anderen beteiligten ein Leid geschieht, wenn Sie in die alte karmische Energie wieder hieingeführt werden, dass Du ein ewig geliebter Teil der Schöpfung bist, denn so ist es.

Dies dient der Heilung und Klärung, denn Oben wie Unten – und so ist es immens wichtig für den Prozess der Rückkehr in sein hohes Einheitsbewusstsein, seine Verstrickungen zu lösen, die sich die Seele vorgenommen hat, anzuschauen in dieser Inkarnation.

Bitte bedenke hierbei auch, dass die geistigen Gesetze vorsehen, dass jede Tat, die wir anderen antaten, auf einer Ebene zu uns zurückkehren. Dies bedeutet, dass Du nun nicht nur in die Situation geführt wirst, die Dich auch in diesem Leben belastet hat, dies bedeutet, dass Du Dein Karma nun erlassen bekommst, wenn Du verstanden hast, worum es hierbei geht.

Ist Karma ein liebevolles Prinzip, das Dich daran erinnert, wer Du in Wahrheit bist? Dann kannst Du Dir und anderen vergeben für das, was Du tatest; denn die Gnade der Rückkehr sieht vor, dass wir, sobald wir aufsteigen, unser Karma auf der Seelenebene bearbeiten dürfen. Wir spüren die Energien, die wir aussandten – aber der karmische Rat, der über unser Karma und die Seelenaufgabe wacht, er erlöst und begnadigt die gelernten Aufgaben, die wir uns selbst in unsere Felder energetisch gesetzt haben.

Ohne Ursache keine Wirkung. Und so spüre nun hinein in die Ursache, die Du setzt, wenn Du Dir und anderen vergibst – spüre die Liebesschwingung, die dies in Dir und den anderen Seelen freisetzt, zum höchsten Wohle Aller; denn dazu dient die Rückkehr in das bewusste Schöpfertum, das Du bist: sie soll Dir zeigen, dass Du immer und zu allen Zeiten, Deine Realitäten schöpfst.

So bitte nun Gott Vater-Mutter, der Du in Wahrheit bist, Dir zu vergeben, für das, was Du anderen und Dir selbst antatest – und vergib auch den höchsten Anteilen in Dir, die Dich in dies Experiment mit der Trennung entließen – denn sie taten dies in Liebe – und in Wahrheit gibt es keine Trennung zwischen Dir und Deinen höchsten Anteilen. So vergibst Du Dir selbst, wenn Du Gott Vater-Mutter vergibst, dass er Dich vergessen ließ, wer Du in Wahrheit bist: göttliches Licht, göttliche Liebe, göttliches Einheitsbewusstsein, so ist es.

Spüre nun, wie Du Dich fühlst – und ob es in Dir noch Energien, Situationen und Dinge gibt, die Deiner Aufmerksamkeit bedürfen.

Bitte stelle Dir einmal vor, dass Du den Seelen, die Dir etwas

Schlimmes antaten, ganz vergibst: Stelle Dir vor, wie Du Ihnen die Hand zur Versöhnung reichst, und sie daran erinnerst, wer sie, und wer Du in Wahrheit bist: Du bist, wie sie, göttliches Licht der Einheit, Du bist höchstes Schöpferbewusstsein; Du bist Licht, Du bist Liebe, und Du bist geisterschaffen, und so manifestierst Du aus dem Geiste, jetzt. So sei es.

Vergib Dir und anderen – und dann kann das höchste Gremium, das Du in Wahrheit selbst bist, der karmische Rat, Dir vergeben. So sei es.

Bitte erlaube Dir nun, diese Worte der Stille zu sagen, die in Liebe gesprochen, Großes bewirken:

Ich bin der Klang der Stille.
Ich bin Einheitsbewusstsein.
Ich bin das All-Eine.
Ich bin die unsterbliche Seele.
Ich bin göttliches Licht – und ich bin höchstes Schöpferbewusstsein, so sei es.
Ich bitte nun meine höchsten Anteile, zu mir herabzusteigen, und mir ihr Mitgefühl zu offenbaren.
Bitte erlaubt mir, mein altes Karma mit den geliebten Seelen in meinem Umfeld, das nun erlassen werden darf, zu beenden und das Pendel zu stoppen, das uns an die Trennung bindet.
Bitte erlaubt mir, von nun an aus meinem höchsten Schöpferbewusstsein zu manifestieren, denn ich bin Liebe.
So war es, und so wird es immer sein,
denn ich bin die Seele,
ich bin das göttliche Licht,
ich bin Liebe,
ich bin Wille,
ich bin Weisheit,

und ich manifestiere aus dem Geiste, jetzt,
so sei es.

Wenn Du nun wahrnimmst, dass in Dir selbst eine Heilung, eine große Veränderung zum höchsten Wohle Aller geschehen ist, so hast Du verstanden, dass in Wahrheit nie etwas getrennt gewesen ist – immer warst Du mit den Seelen verbunden, immer warst Du mit dem All-Einen, das Du bist verbunden; immer warst Du das höchste Schöpferbewusstsein selbst, dass sich in so vielen Inkarnationen getrennt hatte, um zu erleben, was es heißt, auf bestimmte Fähigkeiten zu verzichten; Du nimmst sie wieder zu Dir zurück, wenn Du aufsteigst und erkennst – was ein und dasselbe ist – dass Du in Wahrheit die Liebe Gottes, die höchste Schöpferinstanz bist.

Denn so war es immer, und so wird es immer sein. Die Trennungen sind Illusionen, und so lässt Du diese Illusionen los, indem Du sprichst:

Ich lasse alle Illusionen los,
ich lasse alle Trennungen los,
ich lasse alle falschen und alle Realitäten los, die nun gehen dürfen, denn ich bin Licht, so sei es.
Bitte Gott Vater-Mutter, offenbare mir erneut Dein Mitgefühl und lasse mich aufsteigen in mein höchstes Bewusstsein, das ich bin, so sei es.
Möge Dein Wille geschehen, nicht meiner.

2 Kymische Hochzeit

Bittet darum, dass nun alles zu Eurem höchsten Wohle gefügt werde – denn nun sprecht Ihr in Liebe und lauscht Der Stimme Eurer Seele und Eures Höchsten Selbst:

Oben wie Unten,
Innen wie Außen,
in mir gibt es keine Trennung, denn die Trennung ist eine Illusion.
Ich bitte um die Verbidung mit meinem Höheren Selbst.
Ich bitte um die Vereinigung mit meinen Seelengeschwistern zur kymischen Hochzeit, die nun bereit dazu sind.
Ich bitte, dass dieser Vorgang in der Reinheit und in der Liebe des Höchsten – Gott Vater-Mutter geschehe.
Es möge sein Wille geschehen und nicht unserer – so sei es.

Lasst Euch nun Zeit und spürt hinein in diesen Prozess, der länger dauern kann. Nehmt war und seid. Denn Ihr seid.

Ihr kennt es, denn Ihr seid Licht: zu manchen Zeiten inkarnieren Seelenpartner, Dualseelen – und dies sind die Seelen aus dem gleichen Höheren Selbst in verschiedenen Körpern, zu ein und derselben Zeit, um ihren Inkarnationszyklus abzuschließen innerhalb eines Aufstiegs- und Plantensystems.

Wenn alle Erlebnisse gemacht wurden, alle Lernaufgaben gelernt sind, steht die Rückkehr in das Höhere Selbst, der Abschluss der Inkarnation an, denn dann geschieht es, dass die Teile wieder zu einem Ganzen werden. Die zwölf Seelen, die ein Höheres Selbst in der Regel auf einem Erlebnissystem wie der Erde aussendet, und die unterschiedliche Erfahrungen, Seelenalter und -rollen besitzen, kehren zurück (wer dies genauer erfahren möchte, dem sein ein Buch empfohlen, dass sich mit den Seelenrollen auseinandersetzt und den Lernaufgaben auf dem Weg: *Varda Hasselmann; Frank Schmolke: Archetypen der Seele: Die seelischen Grundmuster – Eine Anleitung zur Erkundung der Matrix – Durchsagen aus der kausalen Welt*).

Die kymische Hochzeit, die auch den Druiden einst bekannt war, bereitet auf den Abschluss einer langen Reise vor, und mit Freude werden Seelen, die diesen Schritt gehen, wieder in die Arme ihres Höheren Selbstes geschlossen, um auf anderen Planeten andere Aufgaben und Erlebnisse zu machen oder aus anderen Ebenen zu wirken am Aufstiegsprozess in dieser oder in anderen Welten.

Dies ist nicht gleichzusetzen mit dem Vorgang der Verschmelzung mit den höchsten Bewusstseinsanteilen, mit dem Höheren Selbst und den göttlichen Anteilen aus der Quelle. Hier geht es um die Rückkehr aus einem Erlebenissystem, das einst dazu erschaffen wurde, Lernaufgaben, Verhältnisse zu erleben und zu bewältigen, die auf anderen Planeten in der Form nicht, oder nur anders möglich waren. Zeit ist hierbei ein Schlüssel; denn sobald die

Zeit der Inkarnation in einem System in Richtung Aufstieg weist, ändert sich auch der Inkarnationszyklus; denn Zeit ist eine Größe, die mit Wachstum und Lernaufgaben zu tun hat – verläuft sie schnell, wie in der Zeit der Rückkher in das hohe Einheitsbewusstsein, nehmen auch die Möglllichkeiten für die Seele zu, in einem Körper mehr Erfahrungen, Lernaufgaben und Wachstumsschrite zu erleben, als in der Zeit der Trennung von unserem hohen Einheitsbewussstsein. Man kann es sich als ein gewisses Paradoxon vorstellen, denn in der Regel leiden heute Menschen, die nicht im Einklang mit ihrer Seele leben, an Zeitnot; sie werden darauf hingewiesen, dass es „Zeit ist" andere Wege zu beschreiten. Die Seele, die im Einklang mit sich und ihren Lernaufgaben lebt und erlebt, wird sich nicht gehetzt fühlen, sondern diese Zeitqualität der Schwingungserhöhung, wie man sie nennen kann, zu nutzen für Ihre Inkarnation.

Lernen wir auf der Seelenebene, sowohl unser Karma zu bearbeiten, als auch wichtige Hinweise zu unseren Lernaufgaben zu erhalten und diese umzusetzen, dann gehen Heilung, Freude und Akzeptanz des Lebens, innere Gelassenheit und Friede und die Entwicklung, die im Lebensplan vorgesehen ist, Hand in Hand. So gehen wir mit der Zeit, anstatt sie als Herausforderung zu spüren, wenn wir uns der Seele und ihrem Weg öffnen.

3 Höchste Anteile

Bittet darum, dass nun alles zum höchsten Wohle Aller gefügt werde – denn nun sprecht Ihr in Liebe und lauscht der Stimme Eurer Seele und Eures Höchsten Selbst:

Oben wie Unten,
Innen wie Außen,
In mir gibt es keine Trennung, denn die
Trennung ist eine Illusion.
Ich bitte um die Verbidung mit meinen
Höchsten Anteilen in Liebe, denn ich bin das
Höhere Selbst, ich bin die Seele, ich bin Liebe,
so sei es.
Ich bitte um die Rückverbindung mit den
höchsten Anteilen, die ich nun integrieren
kann; denn ich weiß, dass in Wahrheit nichts je
getrennt war oder ist, so sei es.
Ba Ra Shem Ka – möge Gott Vater-Mutters
Wille geschehen – so sei es.

Dieser Prozess heilt in Euch die Anteile, die nicht in der Liebe sind, denn dies ist eine Illusion, so sei es.

Die höchsten göttlichen Anteile sind die Anteile, dei zum Beispiel dieses Universum schufen, denn nichts war je getrennt. So können wir, wenn wir unsere höchsten göttlichen Anteile integrieren, wieder sehr hohe Fähigkeiten einsetzen, die sich durch uns in der Welt zum Ausdruck bringen. Hohes Wissen fließt dann durch uns in dieses Leben – und wir können dann auch den größeren Zusammenhang in diesem und anderen Universen besser erkennen. Das Höhere Selbst, das bereits eine sehr hohe Schwingung besitzt, dient anderen „Zwecken" als die höchsten göttlichen Anteile, die nicht die Inkarnationen in dem Sinne lenken sondern das größere Gefüge und die Planetensysteme im Gleichgewicht halten oder über die Zyklen im Universum wachen. Denn diese sehen nun, nach einer über 12.000 jährigen Phase der Erkenntnisse, die wir aus der Trennung von unserem hohen Bewusstsein gewonnen haben, eine Rückkehr zur Einheit in uns selbst vor. Das Universum operiert in Zyklen – die Höheren Selbste steuern die Inkarnationen innerhalb dieser Zyklen und auf verschiedenen Welten, während die höchsten Anteile, die ebenfalls nicht getrennt sind, den Höheren Selbsten die Instruktionen geben, die zum Erwachen im Kollektiv und in den einzelnen Seelen führen – und somit Aufstieg und Heilung eines ganzen Systems bewirken. Dies gilt nicht nur für diese Welt, denn Alles ist mit Allem verbunden, so dass es nun in einem größeren Zusammenhang zu der Einatmung kommt, die die Seelen zurückkehren lässt in ihr höchstes Schöpferbewusstsein.

Wenn diese Erde eines fernen Tages nicht mehr existiert, wird das Universum noch existent sein, und wir sehen daran, dass wir Erlebnisse machen werden, die einzelne Leben, ja einzelne Inkarnationszyklen bei weitem in einem zeitlichen Maße übersteigen. Dies geschah den meisten heute inkarnierten Seelen bereits – ihre Erlebnisse auf anderen Planetensystemen, in anderen Welten, sie können unserem Leben heute zu Gute kommen. Und so bittet Ihr:

Gott Vater-Mutter, der ich in Wahrheit bin, bitte erlaube mir, meine höchsten Anteile wieder in mir zu integrieren, zum höchsten Wohle Aller, denn ich bin Licht.
So sei es.

Wenn Ihr nun wahrnehmt, dass diese Affirmation nicht zu dem gewünschten Resultat führt, begreift Ihr, dass Ihr eine Lernaufgabe auf diesem Planeten habt: sie lautet: die Rückkehr in die Herzensschwingung des All-Einen zu vollbringen. Dies ist eine sehr schöne, eine sehr hohe Aufgabe, die dann gelingt, wenn wir in uns selbst geheilt haben und geklärt sind. Denn dann nämlich begreifen wir die kosmischen Gesetze der Ursache und Wirkung, des Oben wie Unten, des Innen wie Außen ganz – und wir nehmen wahr, dass die Liebe, die wir aussenden, zu uns zurückkehrt.

Und so bitten wir erneut:

Bitte, Gott Vater-Mutter, erlaube mir, zurückzukehren in mein höchstes Bewusstsein, das ich bin, denn ich bin Liebe.
Bitte erlaube mir, meine höchsten Bewusstseinsanteile, zum höchsten Wohle Aller zu integrieren, denn ich weiß, dass in Wahrheit nur die Liebe, die höchste Schwingung, aus der ich erschaffen wurde, existent ist: denn ich bin Liebe, ich bin Licht, ich bin göttliche Weisheit – und so bitte ich Dich, Gott Vater-Mutter, der in der Einheit die Trennungen transzendiert: erlaube mir, die Einheit in mir selbst wieder herzustellen. Denn ich bin Licht. So sei es.

Wenn Ihr nun wahrnehmt, dass sich nach dieser Affirmation Eure höchsten Anteile zeigen, und Ihr auch einen Hinweis erhaltet, was Ihr tun könnt, damit sie zu Euch herabsteigen und sich integrieren, werdet Ihr spüren, dass Einheit bedeutet, innerhalb eines Universums der Polaritäten, die Liebe als transzendierende Kraft zu erkennen, die Euch erfahren lässt, dass Ihr in Wahrheit stets diese Einheit seid.

Die Erlebnisse der Trennung sind Illusionen. Seid Ihr in der Lage, diese Illusionen loszulassen und die Trennungen zu transzendieren – und das heißt, sie als das zu erkennen, was sie sind? Illusionen, die Euch zeigen sollten, was es heißt, getrennt zu sein, dann könnt Ihr Eure höchsten Anteile, meist Schritt für Schritt wieder integrieren.

Der Wunsch Eures Herzens, zurückzukehren in die Einheit, ist aus der Perspektive Eurer höchsten göttlichen Anteile eine Gnade; denn Ihr seid hier auf diesem Planeten, um das Licht und die Schatten, und das Pendeln zwischen diesen Polen kennenzulernen. Um es zu „beherrschen", und sich seiner selbst als göttliches, unteilbares Licht gewiss zu werden, ist die Rückkher in die Einiheit seines Bewusstseins mit einem enormen Wandel verbunden, der alle Bereiche Eures Lebens betrifft, und der Euch heilen wird. So ist es notwendig, um diese Anteile zu integrieren, dass Ihr heil werdet – und dies Heil wird Euch zuteil durch die Anrufung der göttlichen Quelle in Euch: Denn Ihr seid Licht. Und so sprecht Ihr erneut:

Ich bin Licht,
ich bin Liebe,
ich bin Weisheit, und ich bitte darum, dass nun meine höchsten
Anteile die Führung übernehmen und mich lenken und heilen.
Denn ich bin die Weisheit Gottes – ich bin der heilige Geist, ich bin
das hohe Christusbewusstsein,
ich bin Liebe,
ich bin Wille,
ich bin geisterschaffen,
und ich manifestiere aus dem Geiste, jetzt,
so sei es.

Spürt erneut, was diese Affirmation in Euch bewirkt, und Ihr werdet merken, dass in Wahrheit nur die Liebe, nur das Licht, real sind. Wenn wir unsere Trennungen, die Illusionen sind, loslassen, werden wir zu dem heilen, göttlich bewussten Menschen, der wir durch unsere Entscheidung für die Liebe und die Rückkehr zur Einheit sind. Denn nichts war oder wird je getrennt sein. So sei es.

4 Erzengel

Die Erzengel sind die Unterstützer der Rückkehr in dieser Zeit, denn sie halten die Aspekte für Eure Rückkehr bereit, die Ihr zum inneren Wachstum benötigt. Sie nehmen Euch nicht die Lernaufgaben sondern warten auf die Erkenntnis, dass in Wahrheit Ihr diese Engel seid. Habt Ihr dies verstanden, könnt Ihr „aufsteigen" zu Eurem höchsten Bewusstsein, das Ihr seid. Denn:

Oben wie Unten, Innen wie Außen,
In mir gibt es keine Trennung, denn die
Trennung ist eine Illusion.
Ich bitte um die Unterstützung der Erzengel in
Liebe, denn ich bin das Höhere Selbst, ich bin
die Seele, ich bin Liebe, so sei es.
Ich bitte darum, dass ich aufsteige in mein
höchstes Bewusstsein und erkenne, dass in
Wahrheit nie etwas getrennt war oder ist.
So erkenne ich, dass ich alle Aspekte dieses
Lebens in Einklang bringen muss;
dies zeigen mir die Erzengel.
Mögen Sie wirken, möge
Gott Vater-Mutter wirken
bei meiner Rückkehr,
die Erkenntnis ist,
so sei es.

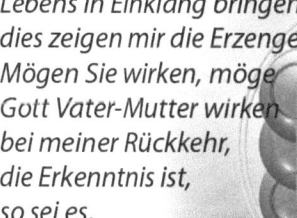

Die Erzengel dienen in dieser Zeit der Erkenntnis, dass wir Licht sind. Ihre Präsenz und die Unterscheidung Ihrer energetischen Qualitäten, die sie einsetzen, um uns bei unserer Rückkehr und bei den Erlebnissen zu unterstützen, die unserem Licht dienen, sind Manifestationen des Höchsten. Wenn wir erkennnen, dass wir selbst das All-Eine sind, erkennen wir, das die Engel uns zeigen, welche Aspekte wir in diesem Erlebnissystem in Einklang bringen können. Denn sie alle sind in der Einheit enthalten, die wir wieder integrieren, wenn wir unsere Anteile heilen und aufsteigen.

Das heißt, in Wahrheit und im Grunde gibt es diese Engel nicht, denn wir sind die Engel und Erzengel.

Um dies deutlicher zu machen: aus der Perspektive des Höchsten der Bewusstseine, verhalten sich die Erzengel wie Anteile, die unverletztlich, uns daran erinnern, wer wir in Wahrheit sind, und die uns dabei unterstützen, unser inneres Licht zu erhellen und zu vergrößern. Wenn wir die höchsten Bewusstseinsanteile integriert haben, erkennen wir, dass die Erzengel eine Aufgabe haben: sie wollen in ihren verschiedenen Qualitäten und Aspekten des Erlebens als energetische Aspekte integriert werden.

Wenn wir sie integrieren, sind wir in der Lage, den Baum des Lebens in uns selbst wieder in die Einheit rücken zu lassen, in der er beispielsweise zu Zeiten von Atlantis war.

Wie erreichen wir diese Einheit in uns selbst, wie integrieren wir die Aspekte, die die Erzengel uns als Qualitäten des Erlebens aus der Perspektive der Einheit in einer Welt der Polaritäten zeigen? Wie werden wir diese Anteile, die wir in Wahrheit sebst sind?

Sind sie ein Spiegel für unsere äußeren Realitäten, die wir erzeugt haben? So benötigen wir ihre Hilfe, um uns zu erinnern, in welchen Aspekten wir noch nicht in der Einheit unseres Bewusstseins sind, denn Innen wie Außen.

Wem dies nicht völlig klar ist, der kann einmal Gott Vater-Mutter bitten, ihm die Erzengel vorzustellen in ihrem Glanz und in ihrer Funktion; denn sie sind Licht, so wie wir; und darin liegt ihre Aufgabe, dem Licht zu dienen als Unterstützer des Wegs in die Polaritäten in diesem und in anderen Universen. Engel, sobald wir sie als Aspekte unseres höchsten Bewusstseins begreifen, sind nichts außerhalb von uns, so wie es in Wahrheit nichts außerhalb von uns gibt, denn wir sind das All-Eine.

Sprecht in Liebe die folgende Affirmation und Ihr werdet erleben, dass die Erzengel Euch unterstützen, wenn Ihr sie darum bittet, solange bis Ihr wieder die Krone des Baumes des Lebens in die Einheit gerückt habt, die Ihr in Wahrheit seid. Denn dann habt Ihr das Leben in all seinen Aspekten als Einheit begriffen und nicht als Trennung, denn das war es nie und wird es nie sein. So sei es.

Oben wie Unten, Innen wie Außen,
in mir gibt es keine Trennung, denn die Trennung ist eine Illusion.
Ich bitte um die Unterstützung der Erzengel in Liebe, denn ich bin
das Höhere Selbst, ich bin die Seele, ich bin Liebe, so sei es.
Ich bitte darum, dass ich aufsteige in mein höchstes Bewusstsein
und erkenne, dass in Wahrheit nie etwas getrennt war oder ist.
So erkenne ich, dass ich alle Aspekte dieses
Lebens in Einklang bringen muss;
dies zeigen mir die Erzengel.
Mögen Sie wirken, möge Gott Vater-Mutter wirken
bei meiner Rückkehr, die Erkenntnis ist, so sei es.

5 Magien

Die Magien sind verzerrte Energien, die Kontrolle bewirken sollten, in Wahrheit aber nach dem Prinzip der Ursache und Wirkung, uns gelähmt haben, die wir sie einsetzten in früheren Leben. Bitte seid nun behutsam, wenn Ihr, auch die noch nicht eingeweihten, um die Kraft des Heiligen Grals und um die Kraft der Isis bittet, um alte Magien, Flüche, Runenmagien, Blutsmagien, Spiegelmagien, Bänne und Vodoozauber, Hexenmagien, schwarze und weiße Magien sowie Kardinalsflüche aufzulösen; denn Ihr seid Liebe: *Gott Vater-Mutter, die Trennungen sind Illusionen, und so lasse ich alle Trennungen los. Ich bitte Dich, Gott Vater-Mutter um die Kraft der Isis und des Heiligen Grals – lasse sie wirken in den Feldern, die in mir verzerrt sind und nun gelöst werden dürfen im Licht der Einheit, das ich bin. Bitte erlaube mir zurückzukehren in mein höchstes Schöpferbewusstsein, dass ich in Liebe, zum höchsten Wohle Aller einsetze, um mich und andere zu heilen von alten Magien. Möge Dein Wille geschehen, so sei es. Ich danke Dir von Herzen.* Nehmt wahr, wie sich in Euch die Heilung manifestiert, die Ihr seid. So sei es.

Magien sind verzerrte Energien, die in vielen Leben – nicht nur auf dieser Erde, eingesetzt wurden und zum Teil noch werden, um scheinbar jemanden oder etwas zu kontrollieren. Tatsächlich aber erzeugen Menschen, die Magien einsetzen, schweres Karma, das Auswirkungen auf spätere Leben hat und auch in dem aktuellen dazu führen kann, dass Ihnen die verzerrten Energien direkt wieder in Ihr Feld gesetzt werden, je nach Urteil des karmischen Rates.

Viele Menschen „leiden" noch heute unter diesen Magien, die sie einst, in früheren Leben einsetzten, und wissen dies nicht, denn Bänne, Flüche, schwarze Magien, Blutsmagien, Runenmagien, auch weiße Magien, die kontrollierend sind, Kardinalsflüche, Spiegelmagien, Voodoozauber, Hexenmagien und Zauberei, bewirken, dass wir die Kontrolle, die wir anderen zufügen wollten, selbst als „kontrolliert-werden" erleben. Wir dürfen diese Magien auflösen, wenn wir Gott Vater-Mutter, der wir in Wahrheit sind, bitten um die Kraft der Isis und des Heiligen Grals, die diese verzerrten, niedrig schwingenden Energien, die in Wahrheit Illusionen sind, wieder in die Einheit des Bewusstseins und des Lichtes rücken. Denn das geschieht, wenn wir energetisch heilen. Damit dies geschehen kann, selbst wenn wir noch keine Einweihung in die Kräfte der Isis und des Heiligen Grals erhalten haben, gibt es ein Vergebungsritual, das wir machen können, um die beteiligten Seelen und auch unsere Seele zu entlasten. Selbstvergebung dient unserem Licht, denn wir erkennen dann, dass wir in Wahrheit alles, was wir anderen antaten, uns selbst zufügten. Und so nehmt Ihr wahr, dass Ihr einst auch unter diesen Magien gelitten habt, wie der Einsatz dieser Magien Euer heutiges Leben beeinflussen kann. Bittet Gott Vater-Mutter um Klarheit und Informationen, in welchen Bereichen Eures jetzigen Lebens dies der Fall ist, denn dann werdet Ihr spüren, dass in Wahrheit nichts je getrennt war oder ist. Ihr erlaubt Euch dann, Euer altes Karma zu erlösen, denn der karmische Rat vergibt den Seelen, die erkennen, dass Ihre Verstrickung in Wahrheit innerem Wachstum dient. Es geht, wie in allen

Bereichen des Lebens, um die Erkenntnis, dass nur das Licht und die Liebe real sind. So sei es.

Bitte seid nun behutsam, wenn Ihr, auch die noch nicht eingeweihten, um die Kraft des Heiligen Grals und um die Kraft der Isis bittet, um alte Magien, Flüche, Runenmagien, Blutsmagien, Spiegelmagien, Bänne und Voodoozauber, Hexenmagien, schwarze und weiße Magien, Kardinalsflüche und Spiegelmagien auflöst; denn Ihr seid Liebe:

Gott Vater-Mutter, die Trennungen sind Illusionen, und so lasse ich alle Trennungen los.
Ich bitte Dich, Gott Vater-Mutter, um die Kraft der Isis und des Heiligen Grals – lasse sie wirken in den Feldern, die in mir verzerrt sind und nun gelöst werden dürfen im Licht der Einheit, das ich bin.
Bitte erlaube mir zurückzukehren in mein höchstes Schöpferbewusstsein, das ich in Liebe, zum höchsten Wohle Aller einsetze, um mich und andere zu heilen von alten Magien.
Möge Dein Wille geschehen, so sei es.
Ich danke Dir von Herzen.

Nehmt wahr, wie sich in Euch die Heilung manifestiert, die Ihr seid. So sei es.

6 Außerirdische Inkarnationen

In zahlreichen Inkarnationen erfährt sich die Seele als Geschöpf in einem Körper, das Erlebnisse macht – schöne wie „unschöne". Denn wenn die Trennungen groß sind, erlebt die Seele diese unschönen Ereignisse, die Ihr Licht trennt von der Einheit. Diese Erlebnisse, die Karma erzeugen und u. U. in anderen Leben bearbeitet werden möchten, können auch Konsequenzen für unser jetziges Leben auf diesem Planeten haben. Spürt hinein, ob Ihr eine Resonanz zu Euren außerirdischen Inkarnationen bekommt und zu den Blockaden, die jene auslösen im Hier und Jetzt; Ihr bittet:

Gott Vater-Mutter, offenbare mir Dein Mitgefühl. Lasse mich erkennen, wo in meinem Leben Spannungen und Konflikte herrschen, die mit meinen außerirdischen Inkarnationen zusammenhängen. Möge hierbei Dein Wille geschehen, so sei es.

Nehmt wahr, was Ihr für eine Botschaft der Heilung erhaltet. Bitte lest auch die Hinweise im Buch hierzu.

In Euren zahlreichen Leben in vielen Welten – und es werden vemutlich zahlreiche Leben sein, die dies betrifft, so wie es auch Seelen gibt, die noch keine Erfahrung in anderen Welten gemacht haben – habt Ihr vor allen Dingen Erlebnisse in Richtung des Poles Licht und des Poles der Trennung, der Illusion der Dunkelheit gemacht. So können Eure außerirdischen Inkarnationen Euch auch in diesem Leben „belasten" oder Ungleichgewichte erzeugen, die Eurem Wachstum dienen. Die karmischen Verstrickungen, die wir auf dieser oder in anderen Welten erzeugten, werden bearbeitet, wenn der Seelenplan dies vorsieht. So können wir für zahlreiche Wachstumsschritte in diesem Leben und in dieser Zeit auf der Erde sorgen, die unser inneres Licht vergrößern und unsere Trennungen gehen lassen.

Wir bitten Gott Vater-Mutter um die Erlaubnis, unser außerirdisches Karma zu erlösen, so wie es unserem höchsten und dem höchsten Wohle Aller dient.

Dazu ist folgende Affirmation hilfreich, die Ihr auch dann sprechen könnt, wenn Ihr das Gefühl habt, dass Ihr die Sehnsucht nach Eurer Heimat auf einem anderen Planeten spürt, denn oben wie unten und innen wie außen, es gibt keine Trennung, und so ist das All eins. Da wir das All-Eine sind, erkennen wir, wenn wir in unsere Akasha-Chronik, in unser Höheres Selbst blicken, dass all unsere Leben einem Zweck des inneren Wachstums und der Freude dienen. Denn in Wahrheit ist nur Licht, und wo Licht ist, ist kein Schatten. Wer die Anwesenheit der Seelen spürt, die auf anderen Planeten inkarniert sind, und die mit Euch karmisch verstrickt sind, dem sei versichert, dass diese Versöhnung Eurem und Ihrem Licht dient, die nun folgt. Denn in Wahrheit ist nur die Liebe real, so sei es.

Gott Vater-Mutter, offenbare mir Dein Mitgefühl.
Lasse mich erkennen, wo in meinem Leben Spannungen und Konflikte herrschen, die mit meinen außerirdischen Inkarnationen zusammenhängen.

Möge hierbei Dein Wille geschehen, so sei es.

Ich bitte Dich nun, mir zu erlauben, die außerirdischen Inkarnationen in ein Gleichgewicht zu bringen, die nun erlöst werden dürfen. Bitte erlaube mir, in meinem jetzigen Leben die Heilung meiner Ungleichgewichte in mir zu manifestieren, die es mir erlauben, zu wirken aus meinem höchsten Schöpferbewusstsein, das ich bin, denn ich bin Licht, und ich bin Liebe.
So sei es.

Spürt nun hinein in das erlösende Gefühl, dass nichts je getrennt war oder ist. So nehmt Ihr wahr, dass Ihr Licht seid und dass das Licht alle Trennungen heilt.
Die außerirdischen Inkarnationen, die wir erlebt haben, und die nicht alle in der göttlichen Ordnung gelebt wurden, sie dienten dem Zweck der Auseinandersetzung mit seinen Schatten – und so erleben wir auch hier auf diesem Planeten, seit dem Fall von Atlantis diese Auseinandersetzung mit den Schatten in Kriegen und anderen Methoden der tiefen Trennung, die wir selbst erzeugt haben. Denn Innen wie Außen. So manifestieren wir Frieden und Einklang in uns selbst, wenn wir unsere inneren Anteile heilen und integrieren und erleben den Frieden im Außen, den wir uns so sehr wünschen. Dieser und andere Planeten sind ein Resonanz-Geschehen und Ausdruck der kosmischen Gesetze, in denen keine Trennung sondern innerer Zusammenhang herrscht. So erkennen wir durch alle Verzerrungen der Dunkelheit hindurch, dass in Wahrheit nur das Licht und die Liebe real sind, und die Dunkelheit, sie ist eine Illusion der Trennung. Im Universum der Polaritäten herrscht immer das Licht, und die Erlebnisse in der Trennung auf vielen Welten haben uns als Seele gezeigt, dass wir selbst unsere Realitäten schöpfen.

Und so lasse ich alle falschen Realitäten los.
Ich lasse alle Realitäten los, die nun gehen dürfen, so sei es.
Denn ich bin.

7 Göttliches Selbst

Euer göttliches Selbst, das sich in Euch offenbart als ein Wissen um die Seele, die Inkarnationen, die Liebe des Alls, die spirituellen Gesetze und um die Einheit, die sich in Euch wieder herstellen möchte, es bittet Euch darum, auf seine Stimme zu lauschen. Nehmt war, was Euer göttliches Selbst, das aus der göttlichen Quelle entsprungen ist, Euch sagen möchte, wenn Ihr diese Karte zieht. An einem Punkt in Eurem Leben gilt es, nun Schritte in Richtung Heilung zu unternehmen oder weiteres, tieferes Wissen zu integrieren. Ihr könnt nun bitten:

Geliebtes Höheres Selbst, offenbare mir die Botschaften, die nun hilfreich sind für meine Entwicklung, und die ich nun benötige zur Heilung meiner Anteile, zur Integration meines höchsten Schöpferbewusstseins, denn ich bin Licht, ich bin Liebe, ich bin Wille, ich bin Weisheit, ich bin geisterschaffen, und ich manifestiere aus dem Geiste, jetzt.

Lasse mein Leben eines der Freude sein, denn als Freude ist das Leben gedacht, so sei es.

Das göttliche Selbst ist die Einheit des Bewusstseins, und in Gott existiert keine Trennung. So kann sich das göttliche Selbst in allen Erscheinungen manifestieren und schöpfen – selbst die Erfahrung und die Erlebnisse der Trennung, die Illusionen sind. Das göttliche Selbst möchte sich in uns zum Ausdruck bringen, denn es ist die reine Liebe, das reine, unverstellte Bewusstsein, das: Ich bin.

So lassen wir die Trennungen los, wenn wir unser göttliches Selbst integrieren – und erkennen, dass alle Verzerrungen, die sich als energetische Ungleichgewichte in der Materie zeigen, verzerrte Energien des „Innen" sind. Sie sind auf dieser Ebene heilbar, denn Bewusstsein ist gleich Heilung. Heilung ist göttliches Licht, göttliche Liebe, göttliche Manifestationskraft, die dann ungehindert durch uns fließt, wenn wir unsere Energien klären und aufsteigen. Denn wir sind Licht – und so gilt das kosmische Gesetz der Ursache und Wirkung, wie des oben wie unten und innen wie außen, wenn wir im Außen erleben, dass unsere Schöpfungen uns sagen, ob wir in der Liebe und Reinheit geschöpft haben, oder ob sich etwas in uns, das nicht göttliches Bewusstsein ist, zum Ausdruck gebracht hat. Da es nur göttliches Bewusstsein gibt, sind die Ausdrücke im Außen, die wir mit unserem Schöpferbewusstsein erzeugen, Ausdruck unserer Schwingung. Um diese zu erhöhen, kann uns folgende Bitte helfen, so dass sich in uns selbst das Göttliche, das wir in Wahrheit sind, zum Ausdruck bringt und schöpft, denn darum geht es in der Welt der Trennungen: diese zu transzendieren um aufzusteigen und zu erkennen, dass in Wahrheit nur die Liebe und das Licht real sind. Die Illusionen, die dem „im Wege" stehen, sind Hinweise für uns, unser Licht zu „vergrößern", so sei es.

Geliebtes Höheres Selbst, offenbare mir die Botschaften, die nun hilfreich sind für meine Entwicklung und die ich nun benötige zur Heilung meiner Anteile, zur Integration meines höchsten Schöpferbewusstseins.

Denn ich bin Licht, ich bin Liebe, ich Wille, ich bin Weisheit, ich bin geisterschaffen, und ich manifestiere aus dem Geiste, jetzt.

Lasse mein Leben eines der Freude sein, denn als Freude ist das Leben gedacht, so sei es.

8 Schlüssel zur Öffnung der Universen

Die Universen dienen dem Erleben der Gottheit, die Ihr seid, denn in Wahrheit gibt es keine Trennungen, sie sind Illusionen. So seid Ihr in allen Universen anwesend, denn nichts war oder ist je getrennt. Manche Universen dienen der Erfahrung der Aspekte Gottes, des All-Einen, der Ihr in Wahrheit seid. Die Unterscheidungen, die Gott in Euch getroffen hat, sie sind Manifestationen, die Erlebnisse in Körpern, als Naturwesen, als sphärische Entitäten machen. In allen Universen existieren energetische Gesetzmäßigkeiten, die Ihr Euch erschließen könnt und sie einsetzt in dieser Inkarnation. Denn nichts war oder ist je getrennt. Ihr müsst dazu verstehen, dass die Universen dem Schöpferwissen eine Matrix bilden, die Ihr beeinflusst, wenn Ihr nach den Gesetzen der Universen manifestiert. Manifestiert einmal, dass Ihr in dieser Inkarnation Liebe seid, und Ihr werdet Liebe empfangen. Der Ausgleich für Liebe ist Liebe und Freude, sind Glück und Zufriedenheit. Schöpft Ihr aus dem Universum der Einheit, das Ihr seid, entsteht Freude und Heil, denn dies ist die Einheit.

Die Universen sind in ihrer Vielheit Ausdruck der unendlichen Kreativität und des Wissens des Schöpfers; sie dienen den Seelen, die in zahlreichen Universen, ob verkörpert oder als ätherische Wesen, Erlebnisse machen, dem Wachstum und der Reife. Sie entwickeln sich in den Universen, die zusammengenommen einen Schatz aus Erfahrungen, aus Erlebnissen, aus dem ständigen Prozess des Werdens und Vergehens, dem Spiel des Lebens bestehen. Gott erlebt sich als Schöpfer in diesen seinen Universen – und in den Kindern, den Seelen, erlebt er sich in den Abenteuern des Lebens in einem Körper oder in anderen Seins-Zuständen.

In schier unendlich großen Zyklen des Erlebens, entstehen komplexe Zusammenhänge und Gebilde, die stets miteinander vernetzt sind; und so gibt es zu diesem Universum ein oder mehrere parallele Universen, in denen wir das gleiche oder ähnliches erleben, unter anderen Bedingungen. Da in Gott alles ist und alles ist Gott, gibt es keine Trennung. So begreifen wir, wenn wir aufsteigen, dass das Paralleluniversum in Wahrheit ein Schlüssel zu diesem darstellt, denn in diesem, das Gott selbst ist, ist immer alles geheilt und lebendig. Es gibt keine Trennung. So ist die Wirkung des geistigen Heilens eine aus dem Wissen des Schöpfers um die Einheit, die nie gefährdet ist. Das heißt, in Wahrheit gibt es keine Universen sondern Erlebensräume, die Illusionen sind, und die dennoch bewirken, dass wir einen Körper haben, in dem wir Erfahrungen der Trennung machen, ohne, dass wir gefährdet wären, uns tatsächlich von unserem göttlichen Sein zu trennen. Dies ist nicht möglich.

Wenn wir in dies Paralleluniversum hineinspüren, merken wir, dass wir dort immer anwesend sind, ja, das wir dieses Universum sind, in dem es keine Trennung, kein Leid, keine Erfahrung gibt. Denn diese kann nur erlebt werden in dem Universum (in dem Falle: der Polaritäten und Dualitäten). Gott hat sich, als er dies Universum schuf, die Trennung von seinem hohen Einheitsbewusstsein und die Rückkehr hierzu als einen Zyklus gedacht – und das heißt, affirmiert, so dass er erleben konnte, was es heißt, polar zu sein: männlich, weiblich. Oben und unten, innen und außen. So gibt es in anderen Universen nicht die Erfahrung der Polarität.

Den Schlüssel zu den Omniversen erhält, wer seine höchsten Bewusstseinsanteile integriert, und dann ist möglich, was wir als eine Verbindung der verschiedenen Aspekte der Universen bezeichnen könnten. Wir können Wissen aus dem Universum der Dualitäten in den anderen Universen und umgekehrt einsetzen. Die Verbindung zu diesem All-Einen, zu dem Gott, der alle Universen schuf, ist durch die Erkenntnis möglich, dass wir in Wahrheit dieser All-Eine sind. Es gibt keine Trennungen, und so bitten wir in Liebe unser höchstes Schöpferbewusstsein, dass sich der All-Eine offenbart in seiner unendlichen Güte und uns den Schlüssel zum Heil in diesem und in anderen Universen überreicht. So sei es.

Bittet den Höchsten der Höchsten, sich in seiner Liebe zu offenbaren und die Geheimnisse des Lebens in allen Universen zu entschlüsseln, damit Ihr in dieser Inkarnation dies Wissen wieder zum höchsten Wohle Aller einsetzen dürft, denn es gibt keine Trennung in Gott, und so seid Ihr das All-Eine. So sei es.

9 Dualität

Das Universum der Polaritäten, in dem sich Gott erlebt als Schöpfer/in der Realitäten, in denen Ihr Erlebnisse in einem Körper macht, es hat einen tieferen Sinn in den Polen und dem Schwanken innerhalb von Spektren, die Euch viele Erlebnisse erlauben, die sich von den höchsten Anteilen des Lichtes bis an den Pol der Dunkelheit erstrecken; denn nichts war oder ist je getrennt, und so ist Licht = Liebe in der Welt der Erscheinungen, und so ist der andere Pol die Unkenntnis über die tiefen Zusammenhänge des Alls und des Lebens hier und auf anderen Welten.

Wir überwinden den Pol der „Dunkelheit" durch Liebe, denn das höher Schwingende zieht das niedrig Schwingende zu sich herauf, oder anders gesagt: bringt es in ein Gleichgewicht, das wir als Entwicklung bezeichnen können.

So entwickelt Ihr Euch zum Licht hin, indem Ihr Euer Licht und Eure Liebe in dieser Welt wieder zum höchsten Wohle Aller einsetzt und leuchten lasst. Ihr erreicht dies durch Hingabe an den Weg, der Ihr selbst seid. So sei es.

Die Dualitäten dienen unserem Erleben – und wir begreifen es als ein energetisches durch die Gesetzmäßigkeit der Wirkungen, die durch Ursachen erzeugt werden.

Ich bin der Klang der Stille – und hiermit mache ich deutlich, dass ich Einheit in der Vielheit bin. Wenn ich Klänge erzeuge, beginne ich zu schöpfen, dass diese Klänge der Stille in mir wirken und meine Trennungen auflösen, denn oben wie unten, innen wie außen. Ist dies geschehen, „sammle" ich die Klänge wieder ein, damit nicht erneut Trennungen entstehen.

Ich sammle meine Klänge wieder ein, so sei es.

Wenn ich nun affirmiere, dass ich im Universum der Dualitäten und auch der Trennungen, die ich erlebe in Phasen der Dunkelheit meines Bewusstseins, wieder in die Einheit meines Bewusstseins aufsteige, und zwar durch die Affirmation, dass mein höchstes Bewusstsein sich wieder integriert, erkenne ich, dass in Wahrheit die Einheit einem Ziel in diesem Universum dient. Sie soll sich in mir als Erleben entfalten, denn innen wie außen, und oben wie unten. So schöpfen wir Liebe, denn die Einheit ist Liebe, und diese manifestiert sich im Außen, zum Beispiel als Freundlichkeit der anderen, die ich selbst aussende. Ich erzeuge die Realität, die ich mit meinem Bewusstsein schöpfe, sie ist nichts, das nicht Ihre Ursache in meinem Bewusstsein hätte. Dies bedeutet, dass der Schlüssel zur Erkenntnis wie zur Heilung in mir selbst liegt; und damit dieser Schlüssel Einheit wieder in mir integriert wird, kann ich folgende Affirmation sprechen, zum höchsten Wohle Aller:
Ich affirmiere:

Gott Vater-Mutter, offenbare mir Dein Mitgefühl;
bitte lasse mich aufsteigen in das hohe Einheitsbewusstsein, das ich bin.
Ich bin Licht,
ich bin Liebe,
ich bin Weisheit,

und ich manifestiere aus dem Geiste, jetzt.
Möge sich mein Alltag mir zeigen als ein Spiegel meines höchsten Bewusstseins, das ich bin.
Bitte erlaube mir zu erkennen, wo in mir noch Trennungen sind, die mich abhalten aus dem höchsten Bewusstsein zu schöpfen, das ich in Wahrheit bin, denn ich bin Licht, so sei es.
Ich danke Dir von Herzen.

10 Frieden

Friede entsteht als eine Folge der kosmischen Gesetze. Sobald Ihr begreift, dass Ihr Licht seid, und Ihr immer die Wahl habt, Euch für dies Licht zu entscheiden, können tiefgreifende Veränderungen entstehen und zu innerem Frieden, zu innerer Gelassenheit führen.
So sei es. Ihr könnt affirmieren, um dies jetzt zu unterstützen:

Ich bin Liebe,
ich bin Friede,
ich bin die Weisheit Gottes,
ich bin das All-Eine,
ich bitte mein höchstes Selbst, mir den Weg zu zeigen zu innerem Frieden und innerer Gelassenheit.

Da meine Handlungen positive Konsequenzen bewirken, sobald ich positive Ursachen und Schwingungen setze, lässt diese Affirmation mein Licht leuchten und ich heile, so sei es.

Frieden ist der Zustand innerer Gelassenheit und dem Ausgleich der Pole, zwischen denen wir in der Welt der Erscheinungen schwanken können. Emotionen sind ein gutes Beispiel, die für innere Zustände des Ungleichgewichtes sorgen, denn sie ziehen uns aus unserer Mitte, wenn wir bei Ihnen verweilen; so sind die Gefühle wie Liebe, Glück, Freude und Zufriedenheit, also positive Emotionen, der andere Pol, der den „dunkleren" wieder ins Licht zieht. Die negativen Emotionen sind Erscheinungen, die nicht einfach ignoriert werden sollten, um inneren Frieden herzustellen, sondern die uns ein Spiegel sind. In uns ist etwas nicht im Gleichgewicht, wenn wir in Emotionen „hineingehen". Dies ist insofern ein aktiver Vorgang, als wir es selbst in der Hand halten, uns auf unser inneres Licht zu konzentrieren.

Wie halten wir diesen Schlüssel zu innerem Frieden in der Hand, wenn wir in uns wunde Punkte entdecken, die meist andere durch ihr Verhalten bei uns auslösen oder uns spiegeln?

Sie machen dies meist auch durch eine Einverständniserklärung auf der Seelenebene, das sie uns oder wir ihnen gegeben haben, denn oben wie unten, und innen wie außen; so sind diese äußeren Anlässe in Wahrheit Gelegenheiten, diese Punkte in uns anzuschauen und zu heilen, denn dazu dienen diese Einverständniserklärungen. Der Verstand wird dies meist nicht erfassen, unser Ego wird dann auch die Emotionen, und diese sind energetische Reaktionen, verstärken; denn etwas in uns wurde berührt, das in uns nicht geheilt ist. Statt sich durch die Hinwendung zum Innen selbst die Heilung zu schenken, die wir erhalten, wenn wir aufsteigen, neigen Menschen, die nicht bewusst sind, dazu, das Außen als ein Umfeld zu betrachten, das ihrem Ego dienen soll.

Wie ist das gemeint? Sind Ego-Anteile in uns aktiv, die unser Empfinden lenken, zum Beispiel das Bedürfnis nach Anerkennung und Aufmerksamkeit steuern, das in Wahrheit ein viel tieferes Bedürfnis nach dem Geborgen-Sein und der Liebe der Seele sowie der Liebe Gottes ist, so lassen wir uns durch das Verhalten der anderen und durch ihre Reaktionen beeinflussen.

Diese psychologische Komponente an den Emotionen, die unser

Zusammenleben manches mal auch erschwert, bringt uns zu der Erkenntnis, das innerer Frieden durch Liebe erreicht wird. Denn nichts außer die Liebe ist in Wirklichkeit real. So sei es.

Wenn unser Ego, das uns vorspielt, verletzt, zu kurz gekommen, nicht beachtet worden zu sein, nicht genug zu haben, zu bekommen, nicht genug zu sein, zurücktritt, darf sich das Gefühl innerer Gelassenheit in uns ausbreiten und unser Licht leuchtet heller, denn wir lassen uns dann durch die Reaktionen der anderen nicht mehr in unseren emotionalen Re-Aktionen lenken. Die Gefühle sollen uns leiten, denn Gefühle dienen, wie die Stimme der Seele, dem Wissen um unsere wahre Existenz; um die Dinge, die uns Freude machen, die als nächstes anstehen, die wir gern haben, die unser Licht erhöhen. Das Leben ist als Freude gedacht – und die Einsprüche des Verstandes oder Egos, sie dienen nicht unserem Licht, und so lassen wir diese Stimmen los, indem wir unsere Emotionen als das betrachten, was sie sind: sie sind Anteile in uns, die ganz angenommen werden möchten – was liegt ihnen zu Grunde, welche Angst ist es, die wir vor uns selbst verbergen, damit wir diese unangenehmeren Gefühle nicht erleben müssen?
Spürt hinein in Eure Gefühle, und nehmt wahr, was sich nun zeigt – dann könnt Ihr sprechen:

Ich bin vom Licht, und ich bin im Licht, in Wahrheit gibt es nur Licht und Liebe.
Ich nehme die Schatten in mir wahr, die mich zu meinen – auch ungewollten Reaktionen – veranlassen und bitte Dich, Gott Vater-Mutter, erlaube mir, diese Schatten nun aufzulösen und zu umarmen.
Denn ich bin Licht, ich bin Liebe, so sei es.

Beobachtet nun, was in Euch geschieht, und welche Anteile, die nicht im Frieden mit Euch sind, sich zeigen.

Nehmt wahr – und seid, denn Ihr seid Licht, Ihr seid Liebe, in Euch gibt es keine Trennungen, denn sie sind Illusionen – und so sprecht Ihr erneut:

Die Trennungen sind Illusionen,
ich lasse alle Trennungen los,
ich lasse alle Trennungen gehen,
ich bin Licht,
ich bin Liebe,
ich bin Wille,
ich bin Weisheit,
ich bin geisterschaffen,
und ich manifestiere aus dem Geiste, jetzt.
So sei es.

Nun nehmt erneut wahr, was sich verändert. Nehmt Ihr inneren Frieden, innere Gelassenheit wahr? Spürt Ihr in Euch selbst, dass Frieden ein Zustand ist, dessen Schlüssel Ihr selbst in der Hand haltet? Denn oben wie unten, und innen wie außen.

Frieden ist ein Zustand, in dem Einheit ist, denn der Zustand der Ruhe und des Ausgleichs zwischen den Polen des Erlebens, innerhalb dessen sich das Leben entfaltet, stellt sich als innerer Zustand der Geklährtheit und des Eins-Seins her, wenn wir aufsteigen. Zwar können wir diesen Zustand auch erreichen, wenn wir „konventionell" im Hier und Jetzt ausgeglichen sind; dieser Frieden, der hier gemeint ist, bedeutet in einem weiteren Sinne, die Resonanz in uns zu erzeugen, die sich im Außen manifestiert, als Schöpfung; denn Innen wie Außen; und wir schöpfen Frieden im Außen, wenn wir unsere inneren Kämpfe einstellen.

Bittet erneut Gott Vater-Mutter darum, dass sich nun die Ego-Anteile in Euch zeigen und transformieren, die nun gehen dürfen; Ihr werdet geführt und spüren, wo sich in Euch selbst noch „Schatten" befinden, die Euer Licht noch nicht erreicht haben. Bitte wisst auch, wenn Ihr mit Euren Schatten arbeitet, dass sich tiefergehende Verletzungen zeigen können; bittet in dem Falle darum, dass Gott Vater-Mutter Euch sein tiefes Mitgefühl offenbart, und Ihr heilt im Licht der Einheit, das Ihr seid. Damit Ihr versteht, dass dies funktioniert, könnt Ihr Gott Vater-Mutter bitten, Euch zu offenbaren, wie Affirmationen gelingen; denn nichts war je getrennt – und die Sprache Eurer Gefühle ist, in Liebe gesprochen, eine des Herzens. Wer aus dem Herzen schöpft, schöpft in Liebe und in Worten, die die höchsten Bewusstseinsanteile in Euch animieren, Euch Ihre Liebe zu offenbaren.

Affirmationen sind Schöpfungen, und Ihr seid Schöpfer/innen Eurer Realität; wenn Ihr in Liebe sprecht und aus Euren höchsten Anteilen Liebe und Heilung für Euch selbst schöpft, ist dies das Gegenteil von Ego, denn Ihr versteht, dass in Wahrheit die Liebe Gottes durch Euch wirken darf in diesen Affirmationen. Lasst Sie in Euch erklingen, denn Ihr seid der Klang der Stille, so sei es.

Sind die Trennungen in Euch gegangen, so könnt Ihr nun sprechen: *ich bitte darum, dass meine Klänge wieder integriert werden, so sei es.*

Ihr sprecht die Sprache Gottes, die eine des Herzens ist, wenn Ihr affirmiert und dies bezeugt Ihr mit den Affirmationen aus dem hohen Herzen Gottes, das Euch trägt, und das Euch heilt, so sei es. Ihr spürt nun auch, dass dieser Text eine Affirmation ist, so sei es.

Wenn Ihr nun wahrnehmt, dass sich in Euch die Anteile Eures Egos zeigen, die in Euch geheilt werden möchten, dürft Ihr sprechen:

Herr oh Herr, öffne mir die Tore zum Himmel, so dass ich aufsteigen kann in das hohe Bewusstsein, das ich bin, denn ich bin Liebe. Ich bin Licht, so sei es.
Gott Mutter, offenbare mir Deine Schöpferkraft, lasse sie durch mich zur Heilung und zur Veränderung in mir wirken und trans-

formiere die Anteile meines Bewusstseins, die nicht in der Liebe schwingen, so dass ich wirken darf aus dem hohen Einheitsbewusstsein, das ich bin, denn so ist es.

In Wahrheit ist oder war nie etwas getrennt, und so nehmt Ihr wahr, dass in Euch Licht ist, und wo Licht ist, ist kein Schatten, so sei es.

11 Heilige Geometrie

Die heilige Geometrie, wie sie der *Würfel Metatrons* enthält, offenbart denjenigen, die sich diese Schlüssel zur Manifestation erschließen, höchstes Schöpferwissen. Darum muss man, sobald man aufsteigt, sein Schöpferwissen zum höchsten Wohle Aller einsetzen, denn dann erzeugt dieser Einsatz hohe Schwingungen der bewussten Schöpfung aus und in Liebe. Dieser Ausdruck der Liebe Gottes, der Ihr seid, bewahrt einen Aspekt der Schöpfung für Eure Rückkehr auf, der sich durch die Geometrien Metatrons und in der *Blume des Lebens* erschließt. Sprecht einmal liebevoll:

Ich bitte Dich, Gott Vater-Mutter, offenbare mir den Schlüssel der Manifestation dieses Universums aufs Neue. Offenbare mir den Würfel Metatrons und die Blume des Lebens, die ich in Wahrheit bin, in ihrer hohen Liebesschwingung, so dass ich sie einsetzen darf, zum höchsten Wohle Aller, das meines einschließt. Denn ich bin Liebe, ich bin Wille, ich bin Weisheit, ich bin geisterschaffen, und ich manifestiere aus dem Geiste, jetzt.

Die Heilige Geometrie, die aus der Blume des Lebens und den heiligen Formen des Würfel Metatrons besteht, der für dieses Universum den Meisterschlüssel darstellt, lässt Euch heil werden, denn heil zu sein, bedeutet, aus dem höchsten Bewusstsein, das Ihr integrieren könnt, zu schöpfen.

Wer sein Licht erhöhen möchte, wird die Blume des Lebens und den Würfel Metatrons integrieren, denn sie sind es bereits – und wird damit wirken können.

Je höher wir schwingen, um so tiefer entfaltet sich die Wirkung der Heiligen Geometrie in uns, denn unser Bewusstsein ist dann durchlässig für die Formen, aus denen alles erschaffen ist. Das All ist eines – und wir sind das All-Eine, so sei es.

Wer die Blume des Lebens zum Leuchten bringt, wird wahrnehmen, wie es um seine Blume des Lebens bestellt ist; sind alte Verstrickungen im Leben noch nicht gelöst, wird sich die Blume nicht zu ihrer vollen „Blüte" entfalten können – und wir bitten Gott Vater-Mutter, die Blume des Lebens ins uns zum Leuchten zu bringen und zu heilen. Denn in Wahrheit sind wir Licht und wir sind Liebe.

Bringt einmal die Blume des Lebens in Euch zum Leuchten, indem Ihr sprecht:

Gott Vater-Mutter, ich bin die Blume des Lebens, und ich bitte Dich, erlaube mir, sie nun zum Leuchten zu bringen, auf dass sie Ihr Licht in mir entfalte.

Bitte erlaube mir zu heilen im Licht dieser heiligen geometrischen Form, aus der ich in Wahrheit bestehe, denn die Seele, das Höhere Selbst, die Substanz des Lichtes, sie ist Leben, und aus der Substanz des Lichtes, das die Blume des Lebens ist, entspringt unser Körper, den wir heilen, wenn wir die Einheit in uns wieder herstellen, die wir in Wahrheit sind.
Wir sind Licht, wir sind Liebe, wir sind die Blume des Lebens.

Und so könnt Ihr sprechen:

Ich bin die Blume des Lebens und ich bringe sie nun zum Leuchten. Gott Vater-Mutter, offenbare mir die Geheimnisse des Lebens aufs Neue, damit ich aufsteige in die Form der Heiligen Geometrie, aus der ich entsprungen bin, denn ich bin Licht, und so ist die Blume des Lebens eine Form, die mich lehrt, dass nur das Licht real ist. Lasse mich heilen im Licht dieser heiligen Blume und lasse die Verstrickungen nun weichen aus meiner Blume des Lebens, so dass sie wieder in dem Glanz meiner unsterblichen Existenz im Licht erstrahlt, denn ich bin Licht, und ich bin Liebe, ich bin Weisheit, ich bin geisterschaffen, und ich manifestiere aus dem Geiste, jetzt.

Die Blume des Lebens, deren wahre Form eine mehrdimensionale, kugelförmige Ausdehnung besitzt, dient dem Leben, denn sie ist ein Schwingungsfeld, das die Energien in das Gleichgewicht bringt, die in uns – und auch bei anderen, nicht im Gleichgewicht sind. Deshalb können wir mit der Blume des Lebens Heilung manifestieren, wenn wir im Einklang unserer Seele und unseres Höheren Selbst dies schöpfen. Denn nichts war oder ist je getrennt. So sei es.

Die Heilige Geometrie, die auch durch den Würfel Metatrons, in dem alle Aspekte des Lebens in dieser und anderen Welten enthalten – oder verschlüsselt – sind, dient dem Schöpferbewusstsein zur Manifestation – selbst der Materie, die aus den heiligen geometrischen Formen besteht. Die Pyramiden in Ägypten und anderen Ländern bilden diese Geometrie ab; sie sind energetische Leitungen, die Schwingungen in uns und in der Materie erzeugen, denn nichts war oder ist je getrennt.

So nehmt in der Form des Würfels die einzelnen Entitäten wahr, die ineinander geschachtelten Formen, die oben wie unten, innen wie außen, im Großen, wie im Kleinen, enthalten sind, so sei es.

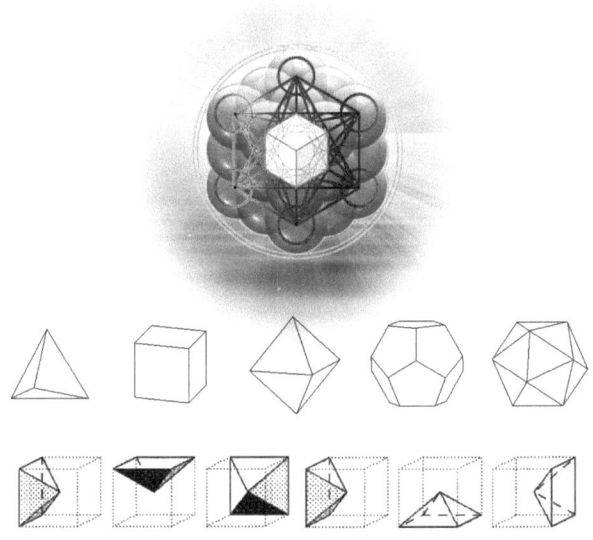

Die pyramidalen Formen dienen nicht nur der Lenkung und Bündelung von Energien; in dem Würfel des Metatron ist ein ganzes Inkarnationssystem, wie das auf dieser Erde, verschlüsselt; so könnten wir, mit Hilfe des Würfels, unsere Horoskope in ein Gleichgewicht bringen, denn in Ihnen spiegelt sich unser Erleben mit unseren Schwankungen, Lernaufgaben und Blockaden; wer die Verbindungslinien in seinem Geburtsradix kennt, stelle sich einmal die Form der „geheilten" Verbindungen vor, die in dem Würfel des Metatrons enthalten sind. Die Linien darin sind in einem harmonischen Muster angeordnet, das die göttliche Ordnung des Kosmos ausdrückt. Das All ist Klang, das All ist Schwingung, und Ihr seid das All-Eine; lasst die Trennungen in Euch los, und Ihr werdet spüren, dass sich in Euch dies heilige Muster zur Freude Aller entfalten darf. Denn Ihr seid Licht; so lasst dies Licht in der Welt der Erscheinungen strahlen, die Euch spiegelt – und Ihr lernt aus diesem Spiegel, denn dies ist das Ziel: die Seele wächst hin zu dem Bewusstsein, das sie ist und lässt es durch alle Trennungen hindurch leuchten, zum höchsten Wohle Aller, so dass dieser Planet wieder einer des Lichts wird, denn das ist er.

Die Dunkelheit ist beendet, so sei es.

Spürt hinein in den Klang dieser Worte, die in dem Würfel durch die ewig göttliche Harmonie ausgedrückt sind. Die Dunkelheit ist eine Illusion, so sei es.

Und Ihr könnt sprechen:

Gott Vater-Mutter,
bitte offenbare mir Dein Mitgefühl;
bitte lasse mich wissen, wie sehr ich geliebt werde.
In all den Inkarnationen habe ich gelernt, wie sehr die Liebe und das Licht meine Schwingung erhöhen und mich zu dem werden lassen, der ich bin,
ich bin Licht,
ich bin Liebe,
ich bin höchstes Schöpferbewusstsein,
ich bin Einheit – und Einheit ist in mir,
so sei es.
Ich bitte Dich, Gott Vater-Mutter, offenbare mir die Heilige Geometrie, den Würfel Metatrons aufs Neue, so dass ich schöpfen kann aus dem höchsten Einheitsbewusstsein, zum höchsten Wohle Aller, denn ich bin. So sei es.
Ich danke Dir von Herzen.
So sei es.

Wenn Ihr nun vor Eurem geistigen Auge die Heilige Geometrie wahrnehmt und wie sie Euch offenbart wird, so lernt Ihr, dass alles in der Einheit stets vorhanden ist – und die Trennungen sind Illusionen. So schöpft Ihr von nun an in Liebe mit Hilfe der Heiligen Geometrie, und die Liebe durchlichtet Eure und die Schatten der anderen in der Welt, denn Ihr seid das Licht Gottes, so sei es.

12 Heiliges Wissen

Das Wissen, das die Seele in diese Inkarnation mitbringt, schöpft Ihr, indem Ihr sprecht:

Ich bitte Dich, Gott Vater-Mutter, offenbare mir Dein Mitgefühl.
Bitte zeige mir den Weg zu meinem hohen Einheitswissen, denn ich bin, der ich bin.
Ich bin die Seele, ich bin göttliches Licht,
ich bin Liebe, ich bin Wille,
ich bin Weisheit,
ich bin geisterschaffen,
und ich manifestiere aus
dem Geiste, jetzt.

Nun lauscht auf die Stimme Gottes in Euch, die Euch etwas sagen möchte. Ihr seid Liebe, und so wisst Ihr, dass die Trennungen eine Illusion sind. Sie dürfen gehen, wenn Ihr aufsteigt und Euch leiten lasst von Euren höchsten Anteilen des Lichtes und der Weisheit Gottes.

Die Gnade Gottes, Eures höchsten Schöpferbewusstseins, lässt Euch spüren, welches Heilwissen Ihr wieder einbringen dürft in diese Welt, so sei es .

Das heilige Wissen wird denjenigen zuteil, die Ihren Weg auf das innere Licht ausrichten, denn wenn Ihr dies tut, erleuchtet Ihr nicht nur Euch selbst sondern Euer Umfeld und Ihr heilt andere, auch wenn Ihr dies nicht immer wahrnehmen solltet.

Dieser Planet, der für lange Jahre im Zeichen der Trennung stand und dies zum Teil noch tut, wird wieder einer des Lichtes, auf dem die Erfahrung der Dunkelheit nicht mehr gemacht werden kann, denn die Dunkelheit ist beendet. So sei es.

Die Affirmation, die die Rückkehr in das hohe Einheitsbewusstsein bewirkt, geschieht auf einer höchsten Schöpferebene, denn der Zyklus, der erlebt werden sollte auf diesem Planeten endet; damit die Gemeinschaft des Lichts aufs Neue entsteht, ist eine Gnade in diese Welt geflossen, die bewirkt, dass die Seelen sich erinnern, wer sie in Wahrheit sind. Und wer in die Welt in dem Jahr 2014 schaut, entdeckt Kriege und Unfrieden, die Ausdruck dieser letzten Phase der Dunkelheit sind, denn wo Licht ist, ist keine Dunkelheit.

Was in dieser Welt noch festhält an der alten Weise, sein Karma zu bearbeiten, ist in Wahrheit ein Abschied; denn die Seelen, die sich auf dem Weg in die Inkarnationen selbst nicht vergeben haben, sie lernen auf anderen Welten, das die Dunkelheit eine Illusion ist, so sei es.

Die Erlebnisse, die auf diesem Planeten nun wieder gemacht werden, gleichen denen zur Zeit von Atlantis, in der das heilige Wissen Alltag war; denn es gibt keine Trennung. So spürt einmal hinein, sowohl in die Herzen der Menschen, die dies Wissen noch nicht erreicht hat, und die Ihr Karma auf die alte Weise zu bearbeiten suchen, als auch in die Zeit von Atlantis.

Vielleicht nehmt Ihr wahr, wie beides zusammenhängt, und wie diese Phase des Übergangs in der Welt von den einen als freudiges Ereignis erlebt werden kann, während in anderen Teilen der Welt noch immer nach dem Prinzip der karmischen Ursachen und

Wirkungen altes Leid aus dem ersten und zweiten Weltkrieg und aus galaktischen Kriegen wiederholt wird.

Gott hat den Menschen und den Seelen den freien Willen gegeben, denn dies ist wahres Schöpfertum. Und so schöpfen wir unsere Realitäten, die entweder die Ursachen, die wir setzten, erneut erleben lassen als Wirkung, oder die uns tiefer mit unserer Seele, unserem Höchsten Selbst verbinden zur Freude Aller.

Damit auch die Seelen, die noch nicht die neue Zeit als eine Rückkehr spüren, von dieser Umkehr zum Licht profitieren, hat sich der Höchste der Höchsten die Gnade ermöglicht – denn in Wahrheit sind wir Gott selbst, und so erlebt sich Gott in allen Geschöpfen im Universum – das Karma zu erlassen, denn so ist es. Damit die Seelen, die sich für die Dunkelheit entschieden haben, Ihre Rückkehr zum Licht als ein so freudiges Ereignis erleben, dass sie sich selbst vergeben und Ihre inneren Kämpfe einstellen, hat Gott Vater-Mutter, dessen Gnade über allem in diesem und in anderen Universen schwingt, die kosmischen Gesetze verändert für diese Zeit. Dies ist ein Vorgang der Selbstbegnadigung, denn oben wie unten, und so gibt es keine Trennungen.
Wer in schwierigen Realitäten verharrt, und dies müssen nicht die so unschönen Dinge und Realitäten in der Welt sein sondern können Alltagsrealitäten in der „westlichen" Welt sein, die durch andere Pole gekennzeichnet sind, erlebt in dieser Zeit die Rückkehr zum Licht als ein tiefes inneres Erwachen, das wie eine Erinnerung an die Wahrheit des Lichtes ist, denn so ist es.
Die Wahrheit des Lichtes, die so vielen wieder zugänglich wird, sie ist heiliges Wissen, denn dadurch erkennen wir, wer wir in Wahrheit sind. Ewig geliebte Teile des Ganzen; wir sind das All-Eine, und das All ist eins.
Um sich ganz zu erinnern, gibt es ein Mantra, das uns dazu anhält, die Veränderungen in uns – und damit: im Außen zu bewirken, die nun wichtig sind.
Es lautet:

Om tryambakam yajmmahe sugandhim pusti–vardhanam; urva-rukam iva bandhanan mrtyormuksiya mamrtat.

Die wörtliche Übersetzung: Om. Der Dreiäugige / wir verehren/ Der Duftende / Erhalter der Welt/ Wie eine Gurke / von ihrem Stiel/ Vom Tod / befreie / nicht von der Unsterblichkeit.

Sinngemäß rezitiert man: Om – Wir verehren den dreiäugigen Shiva, der der duftende Essenz ist und alle Wesen ernährt. Mögen wir sein wie die reife Gurke, befreit vom Stiel der Pflanze: Befreit vom Tod zur gesegneten Unsterblichkeit. [Quelle: http://newswatch4u.wordpress.com/2013/07/21/3197/]

(Es spielt keine Rolle, ob Du den genauen Wortlaut des Mantras kennst oder die Worte in ihrer Landessprache aussprichst – es gibt eine sehr schöne Version dieses Mantras im Internet – gesungen von dem Niederländer Hein Braat: hier kannst Du es hören:

youtu.be/AmsPdQlEy2c

Außerdem habe ich auf meiner Internetseite weitere Informationen und eine tiefgehende Meditation zur Verschmelzung mit dem Höheren Selbst gesprochen, die mit diesem Mantra unterlegt ist. Zur Unterstützung sei Dir auch diese Meditation empfohlen:

www.christian–huels.de/bilder/hoeheres_selbst_atlantis.mp3

und Informationen auf meinem Blog:

spirit.fotografie–huels.de/2014/09/09/297

Heiliges Wissen ist immer in uns, denn sonst wären wir nicht inkarniert – und so spürst Du hinein in dies innere Wissen um die Existenz im Licht, das Du bist, wenn Du sagst:

Ba Ra Shem Ka

und Du erinnerst Dich, was dies bedeutet.
Es heißt: Du bist ewig göttliches Licht, ewig göttliches Bewusstsein, das in allen Inkarnationen durch Transformation des spirituellen Körpers heil wird. Denn Du bist Lebenskraft. Du bist das Leben selbst – in Dir existiert die Trennung nur als Illusion, so sei es. Und Du nimmst dies heilige Wissen wieder zu Dir zurück, wenn Du sprichst:

Ich bin die Seele, ich bin das göttliche Licht,
ich bin Liebe, ich bin Wille,
ich bin Weisheit, ich bin geisterschaffen,
und ich manifestiere aus dem Geiste, jetzt.
So sei es.

Nimm Dein heiliges Wissen zu Dir zurück, zu Deinem und zum höchsten Wohle Aller, so sei es.

13 Avalon

Die Druiden, die eingeweiht waren in die heiligen Aspekte der Einheit mit Allem was ist, sprachen:

Ich bin in Avalon und Avalon ist in mir, so sei es. Ich bin der Klang der Stille und die Stille ist das Bewusstsein des All-Einen, der ich bin.

So gibt es keine Trennung zwischen mir und Dir, zwischen Raum und Zeit, zwischen Seele und Seele, Mensch und Mensch, Natur und den Tieren, denn alles ist. Und alles ist in der göttlichen Einheit, auch wenn wir dies vergessen haben sollten. Denn ohne die Einheit keine Welt der Erscheinungen.

Dies ist der Mythos, der Schöpfungswissen enthält; ich bin das All-Eine, und in mir sind keine Trennungen, so sei es.

Nun lauscht auf die Stimme in Euch, die Euch spüren lässt, dass Ihr in Wahrheit das All-Eine seid. Ihr seid Licht, Ihr seid das Ich bin-Bewusstsein der göttlichen Einheit in Euch selbst.

Es gibt kein Außen, es gibt das Innen, das sich im Außen spiegelt.

Und so sagt Ihr:
Ich bin, der ich bin,
so sei es.

Avalon ist in mir. Dieser „Ort" ist einer des Geistes, denn es ist Bewusstsein der Rückkehr in die Einheit in Avalon enthalten, das Dir wieder zur Verfügung steht, wenn Du aufsteigst. Die Verbindung von Allem mit Allem, die den Druiden bewusst und heilig war, sie ist in Avalon präsent. Es gibt keine Zeit – und so ist in Avalon unter anderem der Schlüssel Zeit enthalten, um Dir zu zeigen, dass Du in Wahrheit göttliches Licht bist.

Nimm diesen Schlüssel, selbst wenn Du noch keine Einweihung in Avalon enthalten hast einmal zu Dir zurück und spüre hinein, was Du damit in Deinem Leben und in dem Leben anderer bewirken kannst.
Denn Du bist Licht, und Du bist Liebe, so sei es.

Avalon ich rufe Dich, Du bist das Bewusstsein der Einheit in mir, und ich bin in Avalon, dem hohen Bewusstseinsfeld der Einheit.
Ich bitte den aufgestiegenen Meister Merlin, mir nun den Schlüssel Zeit zu demonstrieren, so dass ich erkenne, was in Wahrheit, hinter den Schleiern des Vergessens uns verbindet im Licht der Einheit. Denn in Wahrheit gibt es keine Zeit und keinen Raum, denn diese sind Trennungen, die mir ermöglichen, in einem Körper Erlebnisse zu machen.
Das All ist Geist, und so bin ich das All-Eine.
Ich schöpfe aus dem Geiste, dass ich in die Vergangenheit wie in die Zukunft blicke und bitte Dich, Merlin, offenbare mir den Schlüssel zu dem hohen Wissen um die Einheit von Allem mit Allem, so sei es.

Nun lausche und nimm wahr, was Du spürst und siehst. Eventuell werden Dir Bilder aus Avalon gezeigt, oder aber Du nimmst wahr, dass Du mit den Energien aus dem hohen Einheitsbewusstsein, das Du bist, anderen Menschen hilfst, und Ihnen den Weg in Ihr Licht weist. Du weißt, dass die Zukunft ein Feld ist, das auf den Entwicklungen der Gegenwart beruht, das aber auch, durch die Hinwendung zum inneren Weg der Erleuchtung in Dir ein klarer

Pfad ist, der die Ergebnisse zeitigt, die Du durch Deine hohen Affirmationen tätigst; denn Du bist Licht; und so schöpfst du die Zukunft aus dem Jetzt.

Gefällt Dir diese Zukunft? Oder erblickst Du Dinge, die nicht in dem Sinne Deiner Seele geschehen.

Dann erkennst Du, dass die Dinge ein Fluss sind, der den Schöpfungen des Herzens oder des Verstandes entspringt. Entscheidest Du Dich für die Schöpfungen aus Deinem höchsten Bewusstsein, entspringen Sie Deinem Herzen, denn dies kennt den Weg; und so spüre erneut hinein, wie sich Deine Schöpfungen anfühlen, die aus dem hohen Herzen Gottes entspringen; nimmst Du nun eine Veränderung wahr? So lasse diese Veränderung zum höchsten Wohle Aller in die Realität des Jetzt fließen, denn dies ist Affirmation, die Dir ermöglicht, negative Konsequenzen (Karma) zu vermeiden. Denn in Wahrheit bist Du dies höchste Schöpferbewusstsein.

Die Informationen zu Avalon sind an dieser Stelle knapper gehalten, denn es gibt ausführliche an anderer Stelle.

www.christian-huels.de/avalon.html
(Kartendeck zum Aufstiegsprozess durch Avalon)

www.christian-huels.de/bilder/einweihung_in_avalon.pdf
(Einweihung und Meditation mit dem Kristall der Einheit in Dir)

14 Einweihung

Sie dient Eurem Licht, denn dadurch werden Aspekte integriert, die in Euch getrennt waren oder sind. Denn Einweihungen bedeuten, hohes Wissen wieder anzunehmen und sich ganz auf den Weg des Schöpfertums aus Liebe einzulassen. Denn in Wahrheit ist oder war nichts je getrennt. So sei es.

Wir werden, wenn wir aufsteigen, in unseren Herzen geprüft, denn Ihr seid das Licht Gottes, und diese Prüfungen dienen Eurem Weg der Erkenntnis des Lichts. Eure Seelenverträge, die Euch an einen bestimmten Weg binden, sie sind oftmals ein Hindernis, Euer Licht ganz wieder in Empfang zu nehmen, denn Ihr seid in vielen Inkarnationen mit anderen Seelen gemeinsam durch verschiedenste Zeitalter in verschiedensten Rollen an Versprechungen auch gebunden gewesen. Lasst diese los, denn dann kann sich Euer Licht wieder in die Vollkommenheit erstrecken, die Ihr in Wahrheit seid. So sei es.

Eine Einweihung, die dies unterstützt, ist die Seelenverschmelzung. Im Buch findet Ihr weitere Hinweise dazu.

Einweihungen dienen der Integration hohen Schöpferwissens und erhöhen die Schwingung des Lichtes in uns.

Hohes Wissen ist in Einweihungen enthalten, die in der Regel eine Vorbereitung erfordern; denn die Lichtkörper, die in Ihrer Schwingung erhöht werden, brauchen energetische Vorklärung und Heilung. Dennoch können auch Einweihungen erhalten werden, die bereits zu Beginn eines spirituellen Erwachensprozess erfolgen. Wenn Du diese Karte ziehst, bedeutet dies, dass eine Einweihung bei Dir während kommender Meditationen vollzogen wird, oder Du wirst von Deiner Seele gebeten, auch in Deinem Umfeld Einweihungen zu geben – oder selbst durch andere eine zu erhalten. Wir werden, wenn wir aufsteigen, in unseren Herzen geprüft, denn Du bist das Licht Gottes, und diese Prüfungen dienen Deinem Weg der Erkenntnis des Lichts. Die Seelenverträge, die Dich an einen bestimmten Weg binden, sie sind oftmals ein Hindernis, Dein Licht ganz wieder in Empfang zu nehmen, denn Du bist in vielen Inkarnationen mit anderen Seelen gemeinsam durch verschiedenste Zeitalter in verschiedensten Rollen an Versprechungen auch gebunden gewesen. Lasse diese los, denn dann kann sich Dein Licht wieder in die Vollkommenheit erstrecken, die Du in Wahrheit bist.

So sei es.

Wenn Du die Einweihung der Seelenverschmelzung bereits erhalten hast, kann es sein, dass nun weitere Erkenntnisse sich zeigen und integriert werden möchten. Wenn Dir der Begriff Seelenverschmelzung noch nichts sagen sollte, kannst Du jemanden bitten, Dich einzuweihen, der diese Einweihungen gibt. Sie dient dem tiefen Verschmelzen mit Deiner Seele und der Klärung von energetischen Blockaden durch karmische Verstrickungen beispielsweise. Lasse Dich führen von Deiner Seele zu einer geistigen Heilerin/ zu einem geistigen Heiler; im Anhang dieses Buches nenne ich Adressen.

Ich bin Liebe,
ich bin Licht,
ich bin Wille,
ich bin Weisheit,
ich bin geisterschaffen,
und ich manifestiere aus dem Geiste, jetzt.

Spüre hinein in die Energie Deiner Seele, wie sie in Dich einströmt, bis zu Deinem tiefsten Verankerungschakra in Mutter Erde und erlebe, wie Du getragen wirst von Deiner Seele und Deinem Höheren Selbst; und Du kannst nun bitten, dass die Einweihungen für Dich geschehen, die nun anstehen; lasse Dich von Deiner Seele leiten, so sei es.

Gott Vater-Mutter, ich bitte Dich, lasse mich spüren wie sehr ich geliebt werde,
ich bitte Dich, lasse mich aufsteigen in mein hohes Einheitsbewusstseins, das ich bin, denn ich bin Licht,
ich bin Liebe. So sei es.
Bitte entscheide Du, was geschehen soll, wenn ich in folgender Weise spreche:
Ba Ra Shem Ka.
So sei es.

Spüre nun heinein, was Deine Seele und Dein Höheres Selbst für eine Botschaft für Dich haben; vielleicht erhältst Du hohes Wissen zurück, oder Dir wird auf andere Weise klar, was Deine nächsten Schritte zu innerem Wachstum und Reife sind; lasse Dich führen von dem Licht, das Du bist.
So sei es.

15 Atlantis

Die Erlebnisse, die Ihr in dieser Zeit gemacht habt, sie waren schön, denn das Experiment des goldenen Zeitalters von Atlantis bot für jede inkarnierte Seele den inneren und äußeren Frieden, den die Einheit garantierte. Und so gab es keine Trennung zwischen Euch und Eurem Höchsten Selbst. Diese Zeit war verbunden mit hohen Fähigkeiten, die durch fortschrittlichste Technologien und zum höchsten Wohle Aller eine Gemeinschaft des Lichtes erleben ließen.

Bittet einmal um Zugang zu dem hohen Wissen aus Atlantis, und Ihr werdet spüren, wie sich Euer Herz öffnet, denn das war es zu der goldenen Zeit, die aufs Neue entsteht in diesen Tagen.

Affirmiere liebevoll:

Atlantis, ich bin in Dir und Du bist in mir, denn es gibt keine Trennung. Alle Zeitalter sind in mir enthalten, und so bitte ich um die Wiederherstellung meiner atlantischen Kristalle in der Reinheit des göttlichen Bewusstseins, das ich bin, denn ich bin Licht, ich bin Liebe, ich bin Gott Vater-Mutter, so sei es.

Atlantis war ein Experiment, das über mehrere Jahrhunderte für die Seele eine Zeit der innigen Verbindung mit Ihrem Höchsten Selbst darstellte, in der Licht und Liebe den Alltag in ein Gleichgewicht der Freude und des Friedens tauchten, denn nichts war oder ist je getrennt. Und so entstand eine Zivilisation, die in allen Bereichen des Lebens spirituelles Wissen einfließen ließ. Nichts war oder ist je getrennt; in Atlantis, so wie es Mythen beschreiben, stellten hohe Priester das Wissen aus der göttlichen Quelle bereit, dass allen Menschen diente, ja sogar die tiefe Verbundenheit mit den Seelen war ohne Priester ständiger Begleiter einer lebendigen Kultur der Gemeinschaft des Lichtes.

Hierzu soll es wieder kommen auf diesem Planeten, der so viele Jahre nach dieser Zeit, die Phase der Trennung erlebt hat. Dies machte sich auf verschiedenen Ebenen bemerkbar – und wenn Ihr nun hineinspürt in diese Zeit der Liebe und der Einheit, erlebt Ihr vielleicht, wie es wieder wird auf dieser Mutter Erde.

Das hohe Wissen, das durch die göttliche Quelle so ungehindert auf diese Erde gelangen konnte, es erhellte alle Techniken, alle Heilungsmethoden, mit denen Krankheiten in ein Gleichgewicht gebracht wurden, alle Kommunikation untereinander. Ein inneres Paradies der Einheit, in dem das Außen dies spiegelt, war jene Zeit, die, als sie ihrem Ende zuging, auch das Karma mit erschuf, das zu den Erlebnissen der Trennung beitrug, die noch heute Verstrickung und Unfrieden in die Welt der Erscheinungen hineinträgt. Die Verbindung von Allem mit Allem ließ nach dem so genannten Fall von Atlantis dieses Erlebensfeld Erde „hinabsinken". Nun steigt es wieder, und es entsteht demzufolge ein anderes Gefüge, das andere Erlebnisse ermöglicht, als noch vor einigen Jahren in der Trennung. Für einige ist es bereits real, dass sie von Lichtnahrung leben; und selbst, wenn wir dies nicht möchten, sind dies Zeichen der Rückkehr; sie nehmen zu und unser Massenbewusstsein ändert sich in diesen Tagen, in denen die Trennungen auch in größerem Umfang gehen.

Atlantis war ein Ort innerer Zufriedenheit, und dies stellte immer einen Schlüssel dar, sich seinem inneren Licht zuzuwenden; denn Innen wie Außen.

Atlantis wird als ein Ort im Herzen erneut entstehen, wenn wir begreifen, dass wir Liebe sind; denn dann können auch die alten Weisheiten zu uns zurückkehren, die in der neuen Zeit nun gelebt und in die Welt getragen werden möchten. Dazu dient diese Zeit, die hinter dem Rücken des Massenbewusstseins längst die Veränderungen hier bewirkt haben, die nun zu einer wahren Veränderung im Außen führen werden.

Wartete das höchste Bewusstsein auf das Ende der Kämpfe, hielte möglicherweise die Dunkelheit, die eine Illusion ist, in uns noch länger fest. Damit wieder gilt: Außen wie Innen, und dies meint, dass das Außen ein Spiegel inneren Friedens, inneren Glücks und innerer Liebe wird, gilt die Gnade der Rückkehr durch die höchsten Bewusstseinsanteile als ein Geschenk der Vergebung für dies alte atlantische Karma; denn ohne diese Vergebung, keine Rückkehr zu diesem höchsten Schöpferwissen, das uns levitieren, das uns heil werden ließ, das uns Materie transformieren ließ und uns auch den Kontakt mit den außerirdischen Seelen wie selbstverständlich ermöglichte.

Unsere Technik, die noch auf fossilen Energieträgern beruht, und die unsere Erde belastet, sie wird durch neue, hoch entwickelte Technologien ergänzt und ersetzt, die durch das hohe Wissen aus anderen Welten wieder hier einfließt.

Wir werden unsere Verbindungen zu unseren Höheren Selbsten nutzen, um das Wissen um die Realität, die ein Resonanzgeschehen ist, das aus den kosmischen Gesetzen folgt, wieder zu nutzen, statt ihm scheinbar „ausgeliefert" zu sein, denn so sei es.

Heiliges Wissen aus der Zeit von Atlantis ist einst zum höchsten Wohle Aller eingesetzt worden; und so wird dies Wissen eine so tiefe Veränderung in dieser Welt bewirken, dass wir uns einst fragen werden, wieso diese Phase der Trennung uns an den Rand der Zerstörung brachte. Der Schritt in die Dunkelheit dieser Welt war ebenso schnell vollzogen, wie dieser Planet wieder heil wird im Licht der Einheit, die wir sind, so ist es.

Denn nichts war oder ist je getrennt; und so erkennen wir im Anderen das Eigene, göttliche Licht, Namaste.
Um dies abzurunden, dürfen wir sprechen:

Ich bin das göttliche Licht,
ich bin Einheit,
ich bin Bewusstsein,
ich bin Körper,
ich bin Geist,
ich transformiere die Materie, die Licht ist, durch die kosmischen
Gesetze, die ich bin, denn ich bin Licht. So sei es.

16 Schatten

Die Schatten sind Illusionen, und doch sind sie in uns den Trennungen ganz ähnlich; sie halten uns von der Integration der höchsten Schwingungsanteile ab, wenn wir sie nicht erlösen. Damit dies geschehen kann, bittest Du liebevoll:

Ich bin die Einheit Gottes, ich bin das Licht Gottes, ich erhelle Alles in mir, denn ich bin Liebe. In Wahrheit existiert nur Liebe und ich bin Licht.
Lasse die Schatten in mir heilen, Gott Vater-Mutter, denn ich bin Dein geliebtes, göttliches Kind, das ewig heil auf die Rückkehr in die Einheit wartet, aus der es nie vetrieben wurde.
Ich bin Gott Vater-Mutter selbst, und so gibt es keine Schatten, sie sind Licht, das ich vergaß zu erhellen; und so erhelle ich mich zu der Einheit, die ich bin, in Liebe, so sei es.

Schatten dienen unserem Licht, denn ob wir es bemerken oder nicht, sie führen uns in der Realität der Erscheinung in die Situationen, in denen wir lernen, an denen wir wachsen; denn nichts war oder ist je getrennt, so sei es. Die tiefen Verbindungen, die diese Leben in einem Körper mit anderen Seelen erzeugt haben, reichen weit in das All und seine Planeten hinein; denn auch hier gilt, dass unsere Verstrickungen, die Schatten erzeugen, Ausdruck der zahlreichen Leben sind, die wir in der Trennung erlebt haben. Wo kein Schatten ist, ist Licht; und so kennen wir ein altes Mantra, um die Schatten in uns aufzulösen; es heißt:

Gott Vater-Mutter, offenbare mir Dein Mitgefühl, das ich in Wahrheit bin. Guter Hirte, bester Freund, beste Freundin, erlaube mir zurückzukehren und meine Schatten in Licht zu verwandeln; denn in Wahrheit gibt es keine Schatten. Sie sind Illusionen, die die Trennung erzeugt hat.
Ich bin Licht, und mein Schatten, der sich nach dem Licht und der Liebe sehnt, die ich in Wahrheit bin, zeigt sich, wenn ich ihn in Liebe annehme; denn die Liebe heilt alles. Und so habe ich verstanden, dass alles in mir in einem Gleichgewicht schwingt; und die Schatten, sie sind Illusionen, die gehen, wenn ich erkenne, das in Wahrheit die Liebe real ist, so sei es.

Lasse die Schatten gehen, die nun gehen möchten, und erkenne in ihnen wichtige Hinweise, die Dir helfen, Deinen Weg zurück in die Einheit zu gehen; denn in Wahrheit gibt es nur diese Einheit.

Ich lasse alle Trennungen los,
ich lasse alle Trennungen gehen,
so sei es.

17 Energieversöhnung

Sie stellt einen sehr heilsamen Vorgang der Versöhnung und Integration unser Bewusstseinsanteile dar, denn oftmals halten Seelen für uns Fähigkeiten bereit, die sie uns überreichen, wenn wir uns mit Ihnen auf der Seelenebene aussöhnen. Sie hatten einst, als dies Experiment mit der Dunkelheit auf der Erde startete, ihr Versprechen eingelöst, unser Wissen dann wieder zu uns zurückzugeben, wenn wir in Liebe aufsteigen.

So spürt hinein in das Feld der Seelen, die mit Euch Eure Energien, die Ihr ihnen sandtet, nun wieder austauschen möchten, und Ihr stellt fest, dass dieser Vorgang heilsam und heilend für alle Beteiligten ist, denn Innen wie Außen.

Den genauen Vorgang findet Ihr im Begleitbuch beschrieben.

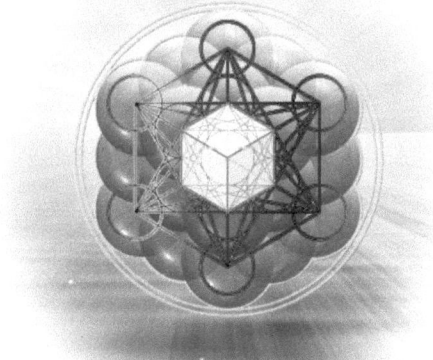

Die Methode der Energieversöhnung oder -trennung ist sehr einfach und sehr wirkungsvoll – sie bringt den Seelen Erleichterung und stellt einen Prozess dar, durch den auch hohes Wissen wieder integriert werden kann; denn oftmals ist die Rückkehr zu dem hohen Wissen an die Bemühung um Ausgleich geknüpft, die auf der Seelenebene stattfindet und in der Welt der Erscheinungen positive Auswirkungen auf die Beziehungen untereinander hat oder haben kann. Manchmal sollte eine solche Versöhnung auch häufiger gemacht werden, Ihr werdet es merken. Beziehungen dienen dem Erleben der Seele manches mal als Spiegel, und so können durch die Energieversöhnung Heilungsprozesse in Beziehungen eingeleitet werden; Ihr werdet geführt und Ihr könnt auf die Stimme Eurer Seele hören, wann und wenn eine Versöhnung ansteht. Ihr seid göttliches Licht. Und so lauscht auf die Stimme des Höchsten, der Euch diese Gnade zuteil werden lässt, wenn Ihr auch Botschaften von Euren höchsten Anteilen hierzu erhaltet.

Der Vorgang selbst ist so einfach, dass wir uns fragen werden, wie wir und warum wir Konflikte jemals anders gelöst haben. Eine liebevolle Energieversöhnung verläuft wie folgt: Ich spreche in Liebe:

Ich bin in meinen Sternentoren,
ich bin in meinen Chakren.
Ich bin in meinem Kanal.
Ich bin in Avalon und Avalon ist in mir [selbst wenn Du noch keine Einweihung in Avalon hast, solltest Du diese Worte sprechen.]
Ich bin immer in Gottes Armen.
Ich bin in Gottes Atem.
Ich bin.

Du überlegst, welche Seele mit Dir eine Energieversöhnung machen möchte. Frage auch Deine Seele, welche Seele(n) sie einladen möchte.

Dann sprich:

Ich bitte, dass alles zum höchsten Wohle aller gefügt wird.
Ich bitte, dass nur das geschehe, was in der göttlichen Ordnung ist.
Ich bitte die göttliche Quelle um Hilfe und die geistigen Führer und Lehrer.

Ich bitte die Engel und Erzengelkräfte um Hilfe, die zuständig sind.

Ich begrüße die Seele(n), mit der oder denen eine Energieversöhnung ansteht in Liebe. (Vielleicht nimmst Du wahr, welche Seelen sich zeigen).

Ich vergebe Dir all das, was Du mir je angetan hast in allen Inkarnationen, in Liebe.

Ich bitte Dich um Vergebung, für das, was ich Dir je angetan habe in allen Inkarnationen, in Liebe.

Ich vergebe mir selbst, für das, was ich getan oder nicht getan habe in allen Inkarnationen, in Liebe.

Ich gebe Dir nun all Deine Energien, Dinge und Fähigkeiten aus allen Dimensionen der Zeit zu Dir zurück. [Bitte warten, bis der Prozess abgeschlossen ist.]

Ich nehme nun all meine Energien, Dinge, Selbstermächtigung und Fähigkeiten aus allen Dimensionen der Zeit zu mir zurück. [Bitte warten, bis der Prozess abgeschlossen ist.]

Ich bitte den Erzengel Michael, alle Verträge, alle Eide, Schwüre, Gelübde, Waffenbrüderschaften, Eheversprechen, Schweige-, und Keuschheitsgelübde zwischen uns aufzuheben. [Bitte warten, bis der Prozess abgeschlossen ist.]

Ich lasse alle Wut, alle Enttäuschungen, alle Traurigkeit los.

Ich bitte den Erzengel Michael, nun alle Verstrickungen zwischen uns, aus allen Dimensionen der Zeit zu lösen, wie es nun dem höchsten Wohle aller entspricht.

Ich bitte die Engel, Heilenergien in alle Situationen, in alle Dimensionen der Zeit fließen zu lassen, wie es nun dem höchsten Wohle aller entspricht.
Ich bedanke mich bei der göttlichen Quelle, den Engeln und geistigen Führern und Lehrern, dem Erzengel Michael, bei den Seelen und unseren Schutzengeln.

Die Erleichterung, die sich nach einem solchen Prozess häufig einstellt, ist von Dauer. Solltest Du dennoch bemerken, dass eine Seele noch mit Dir verstrickt ist, wirst Du zu gegebener Zeit eine weitere Energieversöhnung vornehmen – und auch die magischen Verstrickungen erzeugen die Konsequenzen, die wir als unangenehm in der Welt und in den Beziehungen untereinander erleben konnten.
In dem Falle hilft Dir die Gnade Gottes, den Du bitten kannst, auch die magischen Verstrickungen zwischen Euch zu lösen, die nun gehen dürfen. So sei es.

18 Freude

Die Freude ist eine hohe Energie der Bewusstheit in Liebe, denn das Leben ist als Freude gedacht – und als Freude möchte es sich ausdrücken. Denn Ihr seid Liebe, Ihr seid Freude. So sei es. Liebe ist der Freude eng verwandt, denn die Liebe ist eine sehr freudige Energie, die Ihr spürt, wenn Ihr an einen geliebten Menschen, an ein geliebtes Tier – und an Euch selbst denkt. Die Freude und die Liebe bilden eine Schwingung, die Euch in die Schöpfernergie hineinbringt, die aus Eurem hohen Herzen das schöpft, was sich Eure Seele und Euer Höchstes Selbst wünschen – dass Ihr diese Liebe und Freude seid. Ihr sprecht in Liebe:

Ich bin Liebe, ich bin Freude, ich bin der Wille Gottes, denn ich bin Licht. Ich bin höchste Schöpferenergie, und sie darf in Freude durch mich wirken und strömen. Denn ich bin die Seele, das göttliche Licht, ich bin Liebe, ich bin Wille, ich bin Weisheit, ich bin geisterschaffen, und ich manifestiere aus dem Geiste, jetzt.

Freude ist eine sehr hohe Energie, die ein Ausdruck der Liebe Gottes ist, denn Gott, die All-Gegenwart der Liebe ist in Allem und Alles ist Gott, so sei es.

Wenn Ihr hineinspürt in die Liebe Gottes, erlebt Ihr Freude, denn als Freude ist das Leben gedacht.

Das Leben, das nicht in der Freude genossen wird, auf allen Ebenen des Seins, ist eine Aufforderung für uns, die Bereiche heilen zu lassen, die uns belasten und uns nicht in der Freude zum Dasein erstrahlen zu lassen; denn wenn wir Freude sind, erhöhen wir die Freude in uns und unserem Umfeld.

Mit den Methoden des geistigen Heilens lässt sich transformieren, was nicht der Freude in uns dient; und dies kann auch mehrfach nötig sein, denn wenn wir Freude sind, können wir unser höchstes Bewusstsein zur vollen Blüte in der Welt der Erscheinungen schöpfen lassen.

Schöpfen wir in Liebe, erhöhen wir die Schwingung in uns selbst und auch in unserem Umfeld, ohne dass wir anderen konkret Hilfe anbieten müssten.

Wir sind Liebe, und die Welt ist ein Spiegel unseres Bewusstsein, denn oben wie unten, innen wie außen.

So erkennen wir in den kosmischen Gesetzen, die als Freude gedacht sind, die Wirkung des Prinzips des Ausgleichs und der Ursache und Wirkung; denn wenn wir Freude aussenden, die wir sind, erleben wir in unserem Außen diese Freude; und das Universum gleicht diese Energie mit einer Steigerung aus, denn Liebe erhöht die Liebe, und alle Gedanken der Trennung gleicht das Universum durch Trennungen aus. Meist geschieht dies „unbewusst", denn Gedanken und Handlungen der Trennung sind Illusionen.

Dies ist so, denn die Seele ist Liebe, und so können sich Gedanken der Trennung nur manifestieren, wenn eine Illusion in uns nicht liebevoll schöpft.

Wir lassen diese Illusionen der Trennungen los, wenn wir sprechen:

Ich bin das All-Eine,
ich bin Gott Vater-Mutter,
ich bin die Seele,
ich bin das Höhere Selbst,
ich bin, der ich bin.
Denn ich bin Licht.
So bitte ich, dass alle Trennungen in mir, die ich erzeugt habe, gehen dürfen, denn sie sind Illusionen, die ich selbst erzeugte.
Ich bin Schöpfer/in meiner Realität, so sei es.
Ich bin die Seele,
ich bin das Höhere Selbst,
ich bin Gott Vater-Mutter,
ich bin das All-Eine,
denn oben wie unten,
innen wie außen.
So sei es.

19 Der Heilige Gral

Der Heilige Gral enthält hohes Wissen der Einheit mit Allem. Denn Ihr seid dieser Gral – und so empfiehlt sich eine Einweihung in dies hohe Wissen, das in der Lage ist, Energien ins Gleichgewicht zu rücken, das in Euch Heilung und Läuterung bewirkt, denn durch den Heiligen Gral werden Magien wieder ins Gleichgewicht der Liebe gezogen, die in der Trennung waren. Um den Heiligen Gral ganz zu nutzen, dürft Ihr Gott Vater-Mutter bitten, diese Kraft einzusetzen, um das energetische Ungleichgewicht zu heilen, das Ihr nun wahrnehmt.

Ihr sprecht in Liebe:

Ich bin Liebe, ich bin das göttliche Licht,
ich bin Liebe, ich bin Wille, ich bin Weisheit,
ich bin geisterschaffen, und ich manifestiere
aus dem Geiste, jetzt. Bitte Gott Vater-Mutter,
erlaube mir das Ungleichgewicht mit der Kraft
des Heiligen Grals nun zu heilen, das gehen
darf in mir. So sei es.
Möge Dein Wille
geschehen, so ist es.
Ich danke Dir von
Herzen.

Der Heilige Gral ist eine Kraft, die Energien in ein Gleichgewicht bringt, die verzerrt in unseren Energiefeldern existieren, und der Trennungen löst. Zu diesen sehr verzerrten, schweren Energien gehören alte Magien, die durch die Kraft der Liebe, die der Heilige Gral ist, gelöst werden. Ähnlich wie die Karte Magien (Nr. 5), geht es hierbei darum zu erkennen, was die Lernaufgabe hinter den einst kontrollierenden und manipulierenden Energien ist, die wir in früheren Leben einsetzten, oder die wir auch in früheren Leben erfuhren.

Nichts ist je getrennt, und so kann es bedeuten, dass diese Karte Dich auf einen tiefgreifenden Heilungsprozess aufmerksam macht, der nun geschehen darf.

Das niedrig schwingende, bindende, das alte Magien haben, kann auch in unserem jetzigen Leben ganz irdische Blockaden auslösen, die sich anfühlen können wie Gefühle des „Gefangen-Seins", des sich wie unter einer „Glocke befindens". Dies heißt, dass wir unser Karma, das wir einst mit Magien erzeugten, nun beginnen aufzulösen und zu heilen, denn wir heilen uns selbst, wenn wir aufsteigen. Betrachte die Gnade und die Kraft des heiligen Grals als ein Geschenk der höchsten Anteile, die dazu dient, inneres Gleichgewicht und innere Prozesse des Heil-Werdens auf einer sehr tiefen Ebene zu bewirken. Denn nichts war oder ist je getrennt. Dies bedeutet, dass wir, sobald wir unser Karma auflösen und alte magische Verstrickungen gehen, wir durch die Kraft des Heiligen Grals, mehr und mehr Trennungen in uns auflösen.

Die Legende um diese Kraft des Heiligen Grals, die ewiges Leben verspricht, ist insofern nicht untauglich, diese Energie zu kennzeichnen, als ewig göttliches Licht, das wir sind, immer genau dies bedeutet: es ist unsterblich und heil. Je mehr Licht wir sind, desto mehr und mehr lösen sich ungeheilte, verzerrte Anteile und Energien in uns.

Du bittest nun um die Kraft des Heiligen Grals – auch wenn Du noch nicht eingeweiht wurdest, und Du spürst, dass diese Kraft dazu führt, dass Deine magischen Verstrickungen, die nun gelöst werden dürfen, gehen.

Dazu bittest Du auch Gott Vater-Mutter und die Seelen um Vergebung, dass auch Du einst diese Energien eingesetzt hast, ob in früheren Leben auf diesem oder auf anderen Planeten. So sei es.

Gott Vater-Mutter, ich bitte Dich um die Kraft des Heiligen Grals, der mich heilt von alten Magien, von Trennungen in mir, von den verzerrten Energien, die meinem Licht nicht dienen.
Bitte entscheide Du, was nun gelöst werden darf, denn ich bin Licht, und ich bin Liebe.
Die Magien sind Illusionen, so sei es.
Ich bitte Dich, Gott Vater-Mutter, um Erlaubnis, die Kraft des Heiligen Grals nun zu nutzen, um die Trennungen in mir aufzulösen, die nun gehen dürfen; so sei es. Denn Trennungen sind Illusionen, so ist es.
Ich lasse alle Trennungen los,
ich lasse alle Trennungen gehen,
so sei es.

20 Weisheit und inneres Wissen

Dies Karte möchte Dir etwas sagen. Sie macht Dich auf Deine innere Kraft und Stärke aufmerksam, die Du bist. Ohne Wissen kein Aufstieg, denn Aufstieg bedeutet, angewandtes Wissen aus der Einheit des Kosmos und des Alls, in der Welt der Erscheinungen anzuwenden.

Lausche einmal auf die liebevolle Stimme Deiner Seele und Deines Höheren Selbst. Lasse Dir zeigen, an welcher Stelle Du im Aufstiegsprozess stehst, und was Deine jetzige Aufgabe ist. Vielleicht nimmst Du alte Fähigkeiten wieder zu Dir zurück, vielleicht erhältst Du Hinweise, die es Dir ermöglichen, weiter zu wachsen und Deine Lernaufgaben zu bewältigen.

Sprich in Liebe:

Ich bin das Herz Gottes, ich bin die Seele, die in der Illusion der Trennung wertvolle Erkenntnisse gewann über das Leben. Nun darf sich mein Wissen um die Einheit wieder zum höchsten Wohle Aller in mir entfalten, wenn Du es erlaubst, Gott Vater-Mutter. Ich bin Liebe, ich bin Licht, so sei es.

Diese Karte macht Dich darauf aufmerksam, dass Du nun auf die Stimme Deiner Seele und Deiner höchsten Anteile lauschen kannst, um in einer Situation oder in einer bestimmten Lage, in der Du Dich befindest, Klarheit und inneres Wissen erfährst. Denn nichts war oder ist je getrennt. Und so nimmst Du wahr, dass diese Botschaft Deiner inneren Anteile Dir helfen, eine Situation zu verstehen, und Dich zu Handlungen, zu Stille, zu einem Gespräch, zur Meditation animieren. Lausche, und Du nimmst wahr, was Deine Seele sich wünscht, wenn Sie Dir sagt, dass Du die Weisheit und das innere Wissen besitzt, um immer die richtigen Entscheidungen zu treffen.

Denn diese liegen, wie durch die Schleier des Vergessens verdeckt, in uns selbst.

Wir sehen wieder, wenn wir uns unserer Seele öffnen und „aufsteigen"; denn tiefes inneres Wissen möchte sich in dieser Zeit in der Welt der Erscheinungen ausdrücken. Dies gilt für alle Bereiche des Lebens, für die scheinbar „kleinen" Dinge des Alltags, die doch einen großen Teil unseres Erlebens ausmachen; dies gilt für unsere Beziehungen, in denen wir dann erkennen, dass wir auf der Seelenebene immer miteinander verbunden sind.

So lösen sich manche „Konflikte" durch genaues Zuhören; denn die Seelen wissen immer, warum sie eine Situation mit anderen erleben – auch belastende.

Wir bitten, wenn wir aufsteigen, unsere höchsten Anteile, unser Höheres Selbst und unsere Seele um die Klarheit, die wir benötigen, um unsere Schritte zu erkennen, um unsere Lernaufgaben wahrzunehmen, um alte Verträge aufzulösen, die nun gehen dürfen, um Einverständniserklärungen zurückzuziehen, und wir bitten Gott Vater-Mutter um Erlaubnis hierzu.

Dies kann durch folgende Affirmation geschehen:

Bitte, Gott Vater-Mutter, erlaube mir zurückzukehren zu dem höchsten Bewusstsein, das ich bin;

ich bitte Dich, erlaube mir die Erkenntnis, die ich hierzu benötige durch Dich zu erhalten.

Bitte ermögliche mir, meine innere Weisheit, mein inneres Wissen wieder im Einklang mit meinem bewussten Schöpfertum zum höchsten Wohle Aller einzusetzen, denn ich bin Licht, ich bin Liebe, so sei es.

Ich bitte Dich, Gott Vater-Mutter, erlaube mir, alle Einverständnis-erklärungen zurückzuziehen, die nun gehen dürfen, so sei es. Ich ziehe meine Einverständniserklärungen zurück.

Spürt nun, was diese Affirmation bewirkt, und bittet nun auch darum, dass die Seelenverträge gelöst werden dürfen, die nun gehen dürfen, und die Euch zum Beispiel an das Versprechen binden, anderen zu helfen, anderen bei der Karmaauflösung zu unterstützen, in Gruppen miteinander altes Karma zu bearbeiten, das aus Sektenmitgliedschaften, Gruppenzugehörigkeiten zu Stämmen, Klöstern, Kirchen und Glaubensgemeinschaften stammt. Bittet auch darum, dass die Seelenverträge aus Euren galaktichen Inkarnationen gehen dürfen, die Euch in diesem Leben auch an bestimmte Situationen oder Menschen binden, die nicht nur Eurem Licht dienen; denn es gibt auch auf der Seelenebene Verträge, die mit dem Pol der Dunkelheit zu tun haben. Dies muss nicht immer ersichtlich sein, kann aber durch eine Affirmation gelöst werden, die durch Gott Vater-Mutter, der lenkt, erlaubt wird, wenn Ihr bittet:

Ich bin die Seele, ich bin das göttliche Licht,
ich bin Liebe,
ich bin Wille,
ich bin Weisheit,
ich bin geisterschaffen,
und ich manifestiere aus dem Geiste, jetzt. So sei es.
Bitte Gott Vater-Mutter, erlaube mir alle Mitgliedschaften in Sekten, Gruppen, Glaubens- und Ordensgemeinschaften, alle Waffenbrüderschaften aufzulösen, die nun gehen dürfen: denn ich bin frei, Ihr seid frei, wir sind frei.

Bitte erlaube mir nun, im Einklang mit dem karmischen und dem galaktischen Rat alle Verträge mit der Dunkelheit aufzulösen sowie alle Seelenverträge, die meinem Licht nicht dienen, denn ich bin Liebe.
Ich bin das göttliche Licht,
ich bin Einheitsbewusstsein,
und ich bin der Klang der Stille, so sei es.
Ich danke Dir von Herzen.

Wenn Ihr spürt, dass dieser Vorgang vorüber ist, bittet Ihr darum, dass Eure Klänge wieder eingesammelt werden, die Euch ermöglichen, zu manifestieren, dass in Euch Licht ist, wo Schatten war; denn diese Verträge, die Eurem Licht nicht dienen, stellen ein Hinderungsgrund für ein erfülltes und liebevolles Leben im Licht der Einheit dar.

Wenn Ihr spürt, dass Ihr nun Erleichterung erfahrt, werdet Ihr auch in der Realität Veränderungen bemerken, denn oftmals binden uns alte Gelübde und zeigen uns, dass unser Weg in die Inkarnationen dem Lernen und dem Wachstum dient, denn ich bin Licht, so sei es. Sprecht auch dies in Liebe, und Ihr versteht, dass es nicht um Bewertungen geht sondern vielleicht um ein Staunen, aber vor allem auch um die Erfahrung, dass nichts real ist, außer das Licht und die Liebe.

So spürt Ihr Eure immense Weisheit, die Euch erleben lässt, dass alles einen tieferen Sinn, einen Zweck in dem Wachstum und der Reife der Seele hat; denn um diese Weisheit der Seele ganz einzusetzen, bedarf es innerer Klärung, die dann zu innerer Klarheit beiträgt und vielfach führt. Ihr seid ewig göttliches Licht, und so lasst Ihr die Trennungen los, so sei es.

Nehmt dies als einen Hinweis, sich mehr und mehr der Liebe, die innere Weisheit ist, zu öffnen und zu erleben, dass sich Euer Außen dadurch verändert, denn Ihr seid Licht, so sei es.

21 Die Kraft der Isis

Diese Karte kommt als ein Hinweis zu Dir, diese Kraft der Einheit, des Ausgleichs zwischen weiblichen und männlichen Polen in Dir zu nutzen, um wieder etwas ins Gleichgewicht zu rücken, und das heißt: zu schöpfen.

Schöpfe in Liebe aus der Weisheit dieses all-umfassenden Aspektes Gott Vater-Mutters, denn das ist die Isis.

Sprich in Liebe:

Ich bitte um die Kraft der Isis, bitte Gott Vater-Mutter, erlaube mir, zu schöpfen aus dem hohen Einheitswissen und erlaube, dass Heilung geschieht, dort wo sie nun nötig ist. Sind dies alte Flüche, die gehen dürfen, sind dies die männlichen oder weiblichen Anteile, die in mir heilen möchten. Lasse sie wieder ins das Gleichgewicht rücken, als das sie in Wahrheit gedacht sind, so sei es.
Ich danke Dir
von Herzen.
So sei es.

Die Kraft der Isis, der Schöpfergöttin, die einst in Atlantis und Ägypten bekannt war und verehrt wurde, sie dient in dieser Zeit dem Gleichgewicht von männlichen und weiblichen Energien in uns, denn nichts war je getrennt. Darüber hinaus stellt sie ein Gleichgewicht her, wenn wir durch alte Flüche unser Licht verdunkelt haben. Sowohl die Magien, die wir aussandten in früheren Leben, als auch die Magien, die wir von anderen in unsere energetischen Felder gesetzt bekamen, können in diesem Leben Auswirkungen haben; sobald sie geheilt sind, stellt sich inneres Gleichgewicht ein. Statt also die äußeren Umstände zu bewerten, dient der Prozess der Einswerdung mit seinen höchsten Anteilen, der Integration hoher Schöpferkräfte, die im Gleichgewicht zum Einsatz kommen, wenn wir unsere Anteile heilen und integrieren; denn wir sind Licht. Wir sind energetische Wesen, die durch die zahlreichen energetischen Prozesse, die wir in unseren Inkarnationen erlebt haben, und die von fröhlichen, liebevollen Energien bis hin zu den unschönen Energien reichen, die zu Abtrennungen in uns führen unsere Realität erzeugen.

Wir nehmen unser Schöpferbewusstsein zu uns zurück, wenn wir, auch durch die Kraft der Isis, die Energien in uns in ein Gleichgewicht bringen. Und so spüren wir diese Kraft der Schöpferin Isis, die beide Anteile, männlich und weiblich in sich vereint, indem wir Gott Vater-Mutter um diese Kraft bitten:

Gott Vater-Mutter, ich bitte Dich, erlaube mir durch die Kraft der Isis alte Magien, Flüche und Kardinalsflüche aufzulösen, die nun gehen dürfen.
Bitte entscheide Du, denn ich bin Licht, und ich bin Liebe.

Die alten Flüche, die uns energetisch binden, sie führen zu Verstrickungen mit anderen, mit unseren Bekannten und sogar Freunden. Und wir spüren, wenn wir um Auflösung dieser Magien bitten, dass wir „erlöst" werden von den Manipulationen, die wir einst selbst einsetzten; denn alles, das wir erleben, hatte eine Ursache.

Die „Steuerung" der Karmaauflösung übernehmen die Seelen; und so erleben wir Kriege, Gewalt und bekannte Szenarien aus alten Kriegen früherer Zeiten, die uns nicht ängstigen sollten, sondern zu mehr Bewusstheit führen.

Das Zeitalter der „männlichen", häufig verzerrten Energien, die nun durch die Rückkehr der „weiblichen" Göttin verändert und transformiert werden, sie sind Spiegel unserer alten Verstrickungen, die wir in Zeiten der Abtrennung, und damit des Ungleichgewichtes, in der Welt erlebt haben.

Die neue Zeit sieht nicht vor, die eine Herrschaft, die der „Männer", durch die Dominanz der Frauen zu ersetzen sondern den Einklang herzustellen, der in uns erleben lässt, dass wir sowohl männliche als auch weibliche Anteile besitzen, die wir in Einklang bringen, wenn wir aufsteigen. Dies heißt: wir finden zu innerem Frieden und innerer Gelassenheit; denn nichts war oder ist je getrennt. So stellen die unterschiedlichen Erlebnisse als Frau in einer Gesellschaft oder als Mann in einer Gesellschaft zum Teil gewünschte Erlebensformen der Seelen dar; allerdings sollte uns das reale Geschlecht einer Person gerade nicht zu einer „Beurteilung" verleiten; denn oben wie unten und innen wie außen.

In der Zeit der Trennung von unserem hohen Einheitsbewusstsein stellte sich die Trennung in Mann und Frau oftmals als eine Herausforderung dar; denn Ungleichbehandlung führt zu karmischen Verstrickungen. So erlösen wir gerade auch in dieser Zeit das alte Ungleichgewicht, das die Jahre der Dominanz der Dunkelheit unseres Bewusstseins bewirkt hat; denn nichts war oder ist je getrennt; und wenn wir erkennen, dass es nicht darum geht, ob eine Person weiblichen oder männlichen Geschlechtes ist sondern um die Freude in einem Körper auch die sexuellen Erlebnisse zu machen, die wir mit anderen erleben dürfen (natürlich gilt dies auch für homosexuelle Beziehungen), so wird klar, dass die Ungleichgewichte aus dem Unbewusstsein entstanden sind. Wir lösen sie in einem größeren Maße in der Welt der Erscheinungen auf, wenn wir unsere Existenz in ein Gleichgewicht zwischen den schöpferischen und den nährenden Energien bringen, die uns erlauben, ein Stück des Himmels auf Erden zu kosten; denn dazu wird diese Erde wieder.

Die Kraft der Isis heilt auch die Wunden, die uns in langen Jahren erfahren ließen, wozu Ungleichgewichte in uns und in der Gesellschaft führen. Denn nichts war oder ist je getrennt; und so steigen wir auf, wenn wir die Polaritäten als eine Chance begreifen, inneres Gleichgewicht zu erlangen, aus dem wir schöpfen:

Gott Vater-Mutter, ich bitte Dich, offenbare mir Dein Mitgefühl.

Lasse mich schöpfen aus meinem hohen Einheitsbewusstsein heraus, das stets im Gleichgewicht ist; denn ich bin Licht. Bitte erlaube mir zu erkennen, an welchen Stellen in meinem Leben Ungleichgewichte zwischen männlich und weiblich herrschen, wo ich nicht in meiner Mitte bin, wo ich schwanke oder nach den Prinzipien der Ungleichgewichte in der Gesellschaft handle, die meinem Licht nicht dienen.

Ich bitte Dich, erlaube mir, durch die Kraft der Isis auch die Anteile in ein Gleichgewicht zu bringen, die meinen inneren Mann und meine innere Frau betreffen.

Bitte erlaube, dass sich dies heilige Wissen um die Einheit wieder in mir und zum höchsten Wohle Aller entfalten darf, so dass ich heile, denn ich bin ein ewig geliebter Teil des Ganzen, so sei es.

22 Das Rätsel der Sphinx

Sprich in Liebe:
Ich bitte darum, dass alles zum höchsten Wohle aller gefügt wird, so wie zu meinem.
Nun spüre hinein in das Rätsel der Sphinx, das Du in Wahrheit bereits gelöst hast. Du kennst die Antwort auf dies alte Rätsel, das ein Schlüssel zur Inkarnation hier in diesem Universum ist. Denn Du bist Liebe, und Liebe ist der Schlüssel zu Allem.
Ich bin Liebe, ich bin aus dem Herzen Gottes entsprungen, und ich inkarniere erneut, mit den geheilten Anteilen, die ich nun wieder zum höchsten Wohle Aller in der Welt wirken lasse, so sei es.
Spüre nun hinein in Deine Weisheit des Lebens und erkenne den Spiegel, der sich Dir im Außen zeigt. Nimmst Du wahr, wo Du Dich getrennt hattest von Deiner Liebe? Lasse sie Dich heilen, denn dies ist der Schlüssel zu innerer Entwicklung, zu innerer Reife, zur Inkarnation, die unter anderem Deine Lernaufgaben enthält.
Lasse Dich führen von Deiner Seele und Deinem Höchsten Selbst, so sei es.

Die Sphinx, die in Ägypten heiliges Wissen denen zuteil werden ließ, die nach ihr suchten, befindet sich in uns. So sind die Pyramiden, wie die Sphinx, Ausdruck einer inneren Entsprechung, einer Manifestation des Höchsten; warum sie in der Welt der Erscheinungen existieren, hat darüber hinaus den Grund, uns zu erinnern, wer wir in Wahrheit sind. Wir sind Licht, wir sind Liebe. Wir sind höchstes Einheitsbewusstsein.

Spüren wir hinein in die Sphinx, stellt sich das Rätsel, das sie stellt, als eines des Universums dar. So ist die Antwort auf dieses Rätsel stets die gleiche: Die Liebe. Sie ist der Schlüssel zu Allem, denn wir sind das All-Eine, so sei es.

Da das Rätsel der Sphinx bereits gelöst ist, gibt es nichts zu tun, und dennoch werdet Ihr nun spüren, dass sich Eure Energien erhöhen, wenn Ihr bittet:

Gott Vater-Mutter, bitte erlaube mir, nun das Rätsel der Sphinx zu lösen, denn ich weiß, das nichts real ist, außer die Liebe, die ich und die Du bist. Denn das All ist eins, und so bin ich das All-Eine, so sei es.
Bitte erlaube mir, das Rätsel um die Inkarnationen, um die es hierbei eigentlich geht, nun zu lösen, denn wenn ich begreife, dass ich hier bin, um zu lernen, um zu wachsen in meinem Licht, das Liebe ist, begreife ich, das meine Leben dem Licht und der Liebe dienen.
Alles, was nicht in dieser Liebe schwingt in meinem Leben, es sind die Anteile, die in der Trennung, die ich einst selbst erzeugte, sind.
Die Trennungen sind Illusionen; und so weiß ich, dass die Seele durch den Geburtskanal der Sphinx inkarniert.
Der Schlüssel zu Allem ist die Liebe, und so bitte ich Dich, Gott Vater-Mutter, erlaube mir, erneut zu inkarnieren durch dies innere Portal des Wissens, das ich in Wahrheit selbst bin.
Ich bin Liebe,
ich bin Licht,
ich bin die Seele,

ich bin das göttliche Einheitsbewusstsein.
Ba Ra Shem Ka,
so sei es.

Spürt nun, wie sich in Euch dies alte, tiefe Wissen um die Inkarnationen entfaltet zu Eurem Heil. Denn wenn Ihr das Portal der Sphinx erlebt als eine Tür, durch die Euch die Liebe der Seele in die Inkarnationen führt, so begreift Ihr, dass Ihr alles in Eurem Leben in die Einheit, die die Liebe ist, zurücktragen könnt. Wenn Ihr neu „inkarniert", spürt Ihr, wie sich in Euch dies tiefe Wissen entfaltet, wie sich in Euch die Einheit auf allen Ebenen des Seins wieder herstellt; wie Ihr begreift, das Ursachen und Wirkungen energetische Trennungen erzeugen, die gehen dürfen, wenn Ihr dies Portal wieder betretet.

Ihr klärt Eure Anteile, wenn Ihr erneut sprecht:

Gott Vater-Mutter, ich bin die Liebe Gottes, ich bin.
Und so bitte ich Dich, erlaube mir, erneut mit den geheilten Anteilen auf dieser Erde in der neuen Zeit zu wirken, zu meinem und zum höchsten Wohle Aller, denn ich bin Licht. So sei es.

Wenn Ihr Euch fragt, was genau diese Re-Inkarnation bewirkt, spürt Ihr, dass sich Eure Seele, die sich nach der Phase der Trennungen in Euren zahlreichen Leben nach der Rückkehr in dies hohe Wissen der Einheit zurücksehnt, neue Pläne und neue Fähigkeiten zurückholt, die sie in der neuen Zeit zur Wirkung bringen darf. Dies darf geschehen zum höchsten Wohle Aller, denn nichts war oder ist je getrennt. Ihr könnt Euch diesen Vorgang wie eine Beschleunigung Eures Weges in die Einheit vorstellen, der bewirkt, dass sich die Pläne der neuen Zeit zu voller Blüte entfalten dürfen; denn dies ist die neue Zeit: das alte Schöpferwissen kehrt zurück, zum höchsten Wohle Aller, so sei es.

Gott Vater-Mutter, der diesen Vorgang lenkt, verbindet in der

Sphinx, die einen Schlüssel zum Portal der Rückkehr darstellt, Eure Anteile zu einer erneuten Einheit, die aus der Liebe der höchsten Anteile entspringt; so nehmt Ihr Euer „neues Leben" als eine Veränderung Eurer Schwingung und Eurer Erlebnisse in der Welt wahr. Denn diese Heilungsprozesse, die dieser Vorgang bewirkt, sind enorm; sie bündeln das Licht in Euch, das in Euch lange Jahre in Teile geteilt, auf die Rückkehr wartete. So nehmt dies Wissen als ein Geschenk des Höchsten der Höchsten an, so sei es.

Damit Ihr die Veränderungen in Euren Leben herbeiführen könnt, die Ihr Euch, die sich Eure Seele ersehnt, ist es notwendig, Schritte in Richtung der Integration und Klärung Eurer Anteile zu gehen. Der Umfang der Heilung, der bereits durch die Lösung des Rätsels der Sphinx geschehen kann, hängt von Eurem „Stand" und Eurem Wunsch ab, sich dem Weg des Lichtes zu öffnen, so sei es.

23 Klarheit

Die Klarheit folgt, wenn wir uns unserem höchsten Bewusstsein öffnen. Je mehr Anteile wir integrieren, und dies betrifft die Seelenebene wie die höchsten Bewusstseinsanteile, um so mehr Klarheit in unserem Leben und unseren Beziehungen stellt sich in der Regel ein, denn Oben wie Unten und Innen wie Außen.

So erhöhen wir unsere Klarheit und unser Wissen, wenn wir Gott Vater-Mutter bitten, uns die Geheimnisse des Lebens zu offenbaren.

Spürt hinein in die Geschenke, die Euch durch Bewusstheit zu Teil werden, denn Ihr seid Liebe, und Ihr seid das göttliche Licht. Wo Licht ist, ist kein Schatten, und so werdet Ihr fragen, was es ist, dass Euch in Trennung hält. Denn dann könnt Ihr es in der Klarheit auflösen.

Die Trennungen in Eurem Rücken, sie sind die Aspekte, die nun geklärt werden möchten, wenn Ihr diese Karte zieht; und so bittet Ihr Gott Vater-Mutter, er möge Euch zu der Klarheit verhelfen, die Ihr nun zur Klärung benötigt. Bittet, dass sich zeigt, was sich nun zeigen soll, so sei es.

Klarheit zu erreichen, ist für den Weg der Seele sehr hilfreich, denn dann kann sich die Entwicklung schneller entfalten, die zur Verschmelzung mit dem Höheren Selbst, darauf folgend, den höchsten göttlichen Anteilen, führt. Denn die Seele braucht, um Ihre Schwingung zu erhöhen, die Klärung von Blockaden, die zum Beispiel durch Situationen von Außen gespiegelt werden. So hängen Wachstum und Aufstieg zusammen. Denn die Schwingung, die durch innere Heilungsprozesse und durch die Bewältigung der Lernaufgaben erhöht wird, sorgt für eine „Angleichung" zwischen Seele und Höherem Selbst, das dann, neben der Unterstützung, die es immer bereit ist, zu bieten, wieder mit der Seele verschmilzt. Das Wissen, das dann wieder in dieser Welt wirken darf, übersteigt vielfach die Vorstellung unseres Verstandes. Denn die Seele und das Höhere Selbst sind so hoch energetische Schwingungsinstanzen, dass sich Ihr Licht in dieser Welt wieder als leuchtendes Wissen zur Heilung bei sich und von anderen, zur Überwindung der scheinbar großen Probleme in der Welt, zur Schaffung neuer Technologien durchsetzen wird. Denn so ist es.

Die Liebe der Seele, die, sobald sie die Führung im Leben übernommen hat, genau die Erfahrungen und Erlebnisse macht, die anstehen, und die der Seele zur Vervollkommnung Ihres Seelenplanes verhelfen, sie bedeuten dies beschleunigte Wachstum. Denn oben wie unten – die kosmischen Gesetze, die bewirken, dass innere Reife und Wachstum durch Integration neuen oder „alten" Wissens führen, bedeuten gleichzeitig, dass der Aufstieg in das hohe Bewusstsein der Einheit mit Allem was ist über die Erkenntnisse führt, dass nichts je getrennt ist oder war. So erschließt sich den Seelen über die äußeren Erlebnisse, wie durch das innere Wissen und die Klarheit, die sich in uns ausbreitet, wenn wir auf die Stimme unserer Seele und unseres Höheren Selbst hören, der Weg zurück ganz leicht.

Wir werden, je deutlicher wir die Stimme unserer Seele und unseres Höheren Selbst wahrnehmen, unsere Lernaufgaben bearbeiten und wachsen. Denn innen wie außen.

Damit dies klarer wird, können wir, um unser Wachstum zu unterstützen, stets darum bitten, zu den Lernaufgaben geführt zu werden, die unserem Licht und unserem Wachstum nun dienen. Wir bitten dann Gott Vater-Mutter darum, uns unsere Blockaden, ob aus diesem oder aus früheren Leben, zu zeigen, damit wir sie transformieren dürfen. Oft sind die Erkenntnisse, die aus den Botschaften unserer göttlichen Anteile folgen, Ausdruck tiefer Klarheit und Selbsterkenntnis. Denn Innen wie Außen. So sind wir, wenn wir die Blockaden im Innen erlösen, befreit im Außen. Wir sind, um es noch deutlicher zu sagen, oftmals mit weniger zufrieden, als wir sein müssten; dies bezieht sich allerdings weniger auf die Beschleunigung unseres Prozesses der Durchlichtung unserer Blockaden, unseres Aufstiegs, sondern eher auf die Verstrickungen im Außen.

Um das Außen einmal ganz als einen Spiegel zu bereifen, der uns zeigt, wo wir gerade stehen in unserem Lernprozess, bitten wir Gott Vater-Mutter, um Klarheit:

Bitte Gott Vater-Mutter, offenbare mir Dein Mitgefühl.
Ich bitte Dich, mir zu offenbaren, wo im Außen – und das heißt: im Innen, ich noch Blockaden, Verstrickungen und Erlebnisse mache und habe, die mein Wachstum blockieren oder verlangsamen.
Bitte lasse mich spüren, wo und in welchen Situationen ich reifen kann – und schenke mir die Klarheit des Weges, der meiner Seele stets bewusst ist.

Bitte lasse mich alle Verstandesblockaden und Muster nun auflösen oder transformieren, die meinem Wachstum und meinem Licht nicht dienen.
Bitte lasse mich auch die Ego-Anteile auflösen, die nun meinem Licht im Wege stehen und, die mein Wachstum verhindern.
Denn ich bin Licht,
ich bin Liebe,
ich bin die Seele,
ich bin das göttliche Licht,

ich bin geisterschaffen,
und ich manifestiere aus dem Geiste, jetzt, so sei es.

Klarheit ist ein Resultat, das sich durch innere Klärung einstellt, die zu einer großen Erleichterung führt. Denn wenn wir wissen, welche Schritte als nächstes anstehen, welche Lernaufgaben gerade besondere Beachtung verdienen, welche Situationen uns im Außen etwas spiegeln, können wir handeln, innere Anteile transformieren und heilen, denn wir sind Licht. So sei es.

Wenn wir spüren, dass wir immer getragen sind von der Liebe der Seele und der Liebe Gottes, die wir sind, erkennen wir, das in Wahrheit dieses Geschehen auf der Erde dem Erleben eines Wachstums- und Reifeprozesses dient. Denn wenn wir unser Licht ganz annehmen, entsteht ein Prozess der Klärung, der uns Glück und Zufriedenheit bringt, auch wenn er uns in Kontakt mit den Aspekten in uns bringt, die wir vielleicht „übersehen" hatten oder die wir zwar kennen, aber die wir nicht so gerne genauer betrachten.

Heilung beginnt und geschieht im Herzen – so ist Erkenntnis die Klarheit, die uns wachsen lässt und zu wunderbaren Veränderungen und Heilungen in unserem Leben führt. So sei es.

24 Licht

Licht ist die Substanz des All-Einen, und so kann er schöpfen, dass er oder sie in einem Universum der Dualitäten das erlebt, was Ihr als Dunkelheit betrachtet. Es ist eine Illusion, die so eng mit Eurem Leben in der Trennung verbunden war, dass dies Experiment zu Verletzungen Eurer Körper, zu Verletzungen Eurer inneren Kinder, zu Abtrennungen Eurer Seele geführt hatte – und die Dunkelheit, sie geht. Nie war sie real, stets war sie eine Illusion – und so lässt Du die Illusion der Dunkelheit los – und steigst auf, denn Oben wie Unten, und Innen wie Außen, so sei es. Wo Licht ist, ist keine Dunkelheit, denn sie ist eine Illusion, die die Trennung erzeugt.
Sprich in Liebe:
Ich lasse alle Dunkelheit los, ich lasse alle Dunkelheit gehen, denn ich bin Licht, ich bin Liebe, und ich erkenne in der Dunkelheit die Illusion, die sie ist. Ich löse alle Verträge mit der Dunkelheit, denn ich bin Licht,
so sei es.

Alle Verbindung mit der Dunkelheit werden nun getrennt, so sei es.

Das Licht ist alles und alles ist Licht, so sei es. Die Trennungen sind Illusionen – und so ist alles, was nicht Licht ist, eine Illusion, denn so ist es.

Die Trennungen, die uns Realitäten erleben lassen, die alles andere als „heil" sein können, sie sind Illusionen, die wir selbst in Zeiten der Trennung geschöpft und erzeugt haben. Denn wir sind immer Schöpfer/innen des Lichts. Wir sind Licht.

Wenn wir Dinge schöpfen, die nicht lichtvoll sind, entstehen die karmischen Verstrickungen, die wir dann auf der Seelenebene wahrnehmen als Lernaufgaben und Wachstumschancen.

Wenn wir diese Wachstumschancen annehmen, werden wir die Dinge transformieren, die nicht Licht in uns sind. Diese Anteile, die sich in uns getrennt haben als Ausdruck einer Trennung von unserem Licht, sie sind Illusionen, denn in Wahrheit ist nie etwas je getrennt. Viel eher integrieren wir unser hohes Bewusstsein Schritt für Schritt, und das heißt: wir lassen die Trennungen und Illusionen los, die wir durch Erkenntnis und Gnade heilen; dies hängt mit unseren zahlreichen Leben zusammen, die wir in vielen Welten hatten – denn prinzipiell ist es möglich, seine getrennten Anteile „sofort" zu integrieren. Dies ist oft nicht gewünscht, denn einerseits benötigen unsere Körper Phasen der Anpassung an die Schwingung, die enorm ansteigt, je mehr Bewusstseinsanteile wir integrieren. Andererseits dient dieser Planet seid seinem Bestehen dazu, die Erlebnisse des Schritt für Schritt, des Wachstums und der Entfaltung in der Zeit zu erleben. Denn wenn wir an die Natur und ihre Rhythmen und Zyklen denken, bemerken wir, dass wir von ihren Prozessen viel lernen können. Denn nichts ist oder war je getrennt. In der Natur folgt dem Rhythmus der Jahreszeit auch die Ernte, die Reife, die durch beständige Wachstumsprozesse ermöglicht wird. Unsere „Projekte" sind meist Schritt für Schritt Projekte, die eine Zeit der Reife benötigen, eine des Wachstums und eine der Ernte und die einen „Keim" haben. So ist es in unserem Leben – die Wachstumsprozesse sind Erkenntnisprozesse. Wären die Erkenntnisse alle vorhanden, gäbe es möglicherweise keine Entwicklung.

Nun stellt sich die Frage, wenn wir auf der Seelenebene Licht sind, und die Trennungen Illusionen, wieso wir auf der Erde diese Trennung und die Unterteilung in die Schritt für Schritt Prozesse erleben. Dient dies der Fülle?

Ja und nein, denn die Seele möchte durch die zeitliche Verzögerung, die sie hier und auch in anderen Welten erleben kann, die Unterschiede erleben, die die Polarität bedeutet. Die Unterschiede sind zum Beispiel im Kleinen wie im Großen Spiegel unserer geheilten wie ungeheilten, unserer integrierten wie nicht-integrierten Anteile. So „läuft" es im Leben rund, wenn wir in uns selbst die Anteile integriert und geheilt haben, die unser Wachstum begünstigen. Denn dann sind wir auf unserem Weg. Die Seele möchte bestimmte Erlebnisse machen, die sie durch die Aspekte, die sie in einem Leben aus- und erlebt, auch einschränken. Wir kennen dies in den unterschiedlichen Talenten von Menschen oder in den verschiedenen Temperamenten. Diese sind Ausdruck jener Unterscheidung, die wir „oben" nicht in der gleichen Weise erleben können, wie „unten".

Was geschieht, wenn wir, den kosmischen Gesetzen folgend, oben wie unten als Ausdruck einer Einheit betrachten und mehr und mehr Anteile integrieren – zum Beispiel mit unserem Höheren Selbst verschmelzen und unsere höchsten göttlichen Anteile zu uns „herabholen"? Werden wir dann selbst zu Multitalenten in allen Bereichen, die uns ansonsten versperrt blieben? Diese Frage zielt an etwas Wesentlichem vorbei. Denn es geht beim Aufstiegsprozess weniger darum, alle Erlebnisse zu machen, die wir auf der Erde machen können. Viel eher fußt die Integration der höchsten Anteile auf einer neuen Weise, sich und die Welt der Erscheinungen wahrzunehmen und in ihr zu wirken. Wir werden spüren, was wir uns selbst wünschen, denn wir sind Licht. Wir werden auch nicht unsere Vorlieben verlieren, es sei denn sie fußen nicht auf dem Ausdruck unserer „authentischen" Individualität sondern auf „falschen" Anpassungen.

Wir erleben uns so, wie Gott uns gemeint hat, als er oder sie uns schuf, als liebevolles Geschöpf, das seine Talente und Vorlieben in der Welt der Erscheinungen frei zur Entfaltung bringt, so wie die innere Freiheit, die sich in uns einstellt, wenn wir aufsteigen, im Außen ihren Ausdruck findet. Alles was nicht Licht in uns ist, so wie Anteile, die durch karmische Verstrickungen zu Verzerrungen in unseren Lebenswegen führen, wird durch den Aufstiegsprozess in ein Gleichgewicht gebracht; so sind wir Licht, denn nichts ist getrennt – unser Außen spiegelt uns unseren Prozess.

Innen wie außen: und wir sprechen liebevoll:

Gott Vater-Mutter, bitte erlaube mir, zu dem Ausdruck meines inneren, göttlichen Lichtes in der Welt der Erscheinungen zu gelangen, denn ich bin Licht.
Bitte lasse die Anteile in mir heil werden, die zu Verzerrungen meines Weges führen, der die Liebe der Seele und des Höheren Selbst in dieser Zeit vorsieht.
Ich bin Licht, ich bin Liebe, möge Dein Wille geschehen, so sei es, denn ich bitte Dich, erlaube mir zurückzukehren in mein höchstes Bewusstsein, das ich bin.
Ich bin Licht, so sei es.

Spürt nun, wie sich in Euch die Erkenntnis des Höchsten in Euch verfestigt, dass dies Leben als Freude gedacht ist. Alle Verträge mit der Dunkelheit, die Euch an Orte, an Personen, an Situationen binden, die Eurem Licht nicht dienen, sie dürfen gehen im Licht der Einheit, das Ihr seid, denn Ihr seid Licht, Ihr seid Liebe, so ist es.

Gott Vater-Mutter, bitte entscheide Du, was nun geschehen darf, wenn ich aufsteige und mich erinnere an meinen Plan als ich hier auf die Erde kam.
Was sieht dieser Plan für mich vor?
Bitte erlaube mir, klar zu sehen und die Liebe in Allem zu erkennen – und in mir, denn ich bin Licht. So sei es.

Ihr werdet nun wahrnehmen, dass sich in Euch etwas von der Dunkelheit, die nicht Licht ist, erlöst hat, denn diese ist eine Illusion. Die Dunkelheit ist eine Illusion, so sei es.

Nehmt wahr, welche Informationen zu den Situationen in Eurem Leben Ihr bekommen habt, die nicht Eurem Licht und Eurem Plan, als Ihr hier diese Erde betreten habt, dienen. So sei es.

Wenn Ihr nun ebenso wahrnehmt, dass Ihr die Liebe Gottes seid, so wisst Ihr, dass alle Bindungen, die Euch in Beziehungen zu Euren Mitmenschen, an Situationen, in Jobs halten, Illusionen sind, denn nichts war oder ist je getrennt. So nehmt dieses Erkenntnisse möglichst wertfrei wahr – als Ausdruck eines Lern- und Lebensprozesses, der Eurem Licht dient, denn in Wahrheit gibt es keine Trennung, und selbst in den Erlebnissen der „Dunkelheit" liegt das Licht verborgen, das ewig darauf wartet von Euch ganz angenommen zu werden. Keine Situation in diesem oder einem anderen Leben hat einem anderen Zweck gedient, als Euch zu diesem Punkt der Erkenntnis zu führen, dass in Wahrheit nur das Licht und die Liebe real sind, denn sie sind es. Alles andere ist eine Illusion. Wenn Ihr bereit seid, Eure Illusionen loszulassen, werdet Ihr nicht nur „aufsteigen", Ihr werdet Euer Leben verändern, denn es gibt keine Trennung: innen wie außen, oben wie unten, so sei es. Erlebt Ihr in Eurem Leben Trennungen von Eurem Bewusstsein der Einheit in Euch selbst und mit den anderen, so sind dies die Anteile, die in Euch vielleicht noch darauf warten, integriert zu werden. Da Ihr Licht und Liebe seid, könnt Ihr Euch nun vergeben. Denn in Wahrheit ist nichts und niemand je getrennt. Weder von Gott, noch von den anderen Seelen, die Euch in diesem oder in anderen Leben zeigen, wo Eure Heilungsmöglichkeiten liegen.

25 Die aufgestiegenen Meister/innen

Sie dienen Eurem Aufstieg, denn sie haben die Aufgabe in Liebe übernommen, Euch zu erinnern an Euer inneres Licht, und sie offenbaren sich den Seelen, die bereit sind, die Verantwortung für Ihren Weg in die Bewusstheit zu übernehmen, denn die Aufrichtigkeit der Bemühung um die Liebe in Euren Herzen ist notwendig, um die Dinge ins Gleichgewicht zu bringen, die in der lichtvollen Zeit der neuen Welt erstrahlen möchten, und so sprecht Ihr in Liebe:

Bitte Gott Vater-Mutter, offenbare mir Dein Mitgefühl und lasse mich wissen, wie sehr ich geliebt werde. In allen Inkarnationen habe ich erfahren, wie sehr ich die Liebe Gottes, Deine Liebe bin, denn nichts war oder ist je getrennt, und so bitte ich die aufgestiegenen Meisterinnen und Meister, mich zu unterstützen auf meiem Weg zurück in die Einheit meines hohen Bewusstseins, das ich bin, so sei es. Ich danke Euch von Herzen, so sei es.

Die Meisterinnen und Meister des Lichtes, die ihren Weg in die Inkarnationen gegangen sind und ein sehr hohes Wissen für die bereit halten, die sich Ihnen öffnen, unterstützen den Prozess der Rückkehr der Vielen ins Licht der Bewusstheit.

Wenn in Zeiten, als dies Wissen geheim gehalten wurde, obwohl es nur denjenigen verborgen war und manches mal noch ist, die sich nicht der Liebe der Seele öffnen, die Trennungen groß waren, so ist die Phase der Rückkehr in das Licht der Einheit, das wir sind, durch die enormen Umbrüche begleitet, die wir noch als Konflikt in der Welt der Erscheinungen erleben.

Wer den inneren Pfad betritt, erkennt, dass es kein Außen gibt, allerdings eine Realität, die uns unser inneres Licht spiegelt. Wenn in der Welt der Erscheinungen, das Licht die alten Verstrickungen und alles, was festhält durchleuchtet, beginnen die Seelen, ihr altes Karma aufzulösen. Und sie haben die Wahl, wie sie dies tun. Übernehmen wir noch die Verantwortung für die anderen Menschen und Seelen in dem Feld, in dem wir leben, und in einem größeren Maße in der Welt? Dies möchten uns die Meisterinnen und Meister wissen und spüren lassen: es gibt kein Außen, das nicht Spiegel des Innen ist. Wir steigen auf, wenn wir in uns die Dinge erlösen, die wir als karmische Ursachen und Wirkungen kennen. Sie dürfen auf einer Seelenebene in Liebe bearbeitet werden, denn dazu dient das neue, alte Wisse unter anderem. Dann sind keine Konflikte, Kriege und Nöte mehr notwendig. Alles, was nicht Liebe ist im Außen, ist in uns und in den betreffenden Seelen, nicht erlöst. Denn Innen wie Außen. Als Ausdruck der tiefen Trennung, die wir lange Zeit erlebten, und die auch die aufgestiegenen Meisterinnen und Meister in ihren zahlreichen Inkarnationen in diesen und anderen Welten erlebten, spielen sich Konflikte ab, die aus den karmischen Gesetzen der Ursache und Wirkungen entspringen. Die tiefen Trennungen, die es lange Jahre nicht möglich schienen ließen, das in dieser Welt das Licht als ein Pol wieder die einzige Richtung ist, auf die wir uns zu bewegen, sie gehen in diesen Tagen. Denn nichts war oder ist je getrennt. Der Aufstieg bedeutet, sich zu erinnern, wer wir in Wahrheit sind. All die Menschen, die sich nun verstärkt erinnern, erleben einen tiefen Wandel in Ihrem Leben, der durch mehr Leichtigkeit und mehr Liebe die Veränderungen herbeiführt, die zum höchsten Wohle Aller beitragen. Denn je mehr Menschen bewusst sind, umso stärker und schneller kann sich der Wandel vollziehen. Wichtig ist, hierbei zu verstehen, dass die Seelen, die uns dabei geleiten, wie die aufgestiegenen Meisterinnen und Meister, sich nicht aufdrängen oder uns die Verantwortung für unsere Prozesse und unsere Erkenntnisse nehmen; sie unterstützen uns mit Hinweisen, mit Affirmationen, mit liebevollen „Channelings", denn nichts war oder ist je getrennt. So dient die Rückkehr der Erinnerung, dass wir stets die anderen Seelen im Feld bitten dürfen, uns ebenso zu unterstützen, wie wir sie unterstützen auf der Seelenebene, wenn wir aufsteigen. Wir „ziehen" nicht nur unser Bewusstsein nach oben sondern wirken auch in unserem Umfeld und im gesamten Bewusstseinsfeld der Erde, denn oben wie unten und innen wie außen. Wir erleben zur Zeit, dass immer noch Menschen, die weltliche Macht haben, diese missbrauchen und anderen Menschen damit schaden. Sie bearbeiten zum Teil altes Karma. Statt dies zu bewerten, wozu manche neigen könnten, sollten wir wahrnehmen, dass nicht sie die Verantwortung für die Veränderungen in der Welt tragen, sondern der größere Plan der Rückkehr auch für diese „mächtigen" und manchmal zornigen Menschen eine Gnade der Rückkehr bereithält, denn sie sollen die Gnade der höchsten Anteile, die auch sie, ebenso wie wir, sind, spüren und erleben in dieser Welt, die noch der Trennung zu gehorchen scheint. In Wahrheit jedoch sind die scheinbar Mächtigen gebunden an die Fäden, die sie einst selbst gezogen haben. Ihr Karma aus diesen oder anderen Leben hat Ihnen die Lernaufgabe beschert, Macht nicht zu nutzen, um anderen zu schaden. Damit diese Lernaufgabe gelernt werden kann, ist es nötig, die Fäden der Dunkelheit und des Egos zu trennen von den Seelen, denn jene sind Illusionen.

Wir können dies unterstützen, in dem wir uns – scheinbar paradox – auf unser eigenes, inneres Licht besinnen und nicht in die

Welt der Konflikte blicken sondern in uns selbst die notwendigen Veränderungen vornehmen, die der Welt helfen werden, sich zu erinnern. Wir sind wirksame Verstärker des Lichts, wenn wir aufsteigen. Wir konzentrieren uns auf das Licht, das die Dunkelheit erhellt, wenn wir im anderen das reine, göttliche Licht wahrnehmen, das er oder sie ist, so wie wir. Wenn wir bewerten, verhindern wir möglicherweise die Heilung eines Anteils in uns, der zum Beispiel auf die Situationen im Außen reagiert, oder der sich durch emotionale Beteiligung äußert, statt in Mitgefühl für die Seelen, die in dieser Welt noch Erlebnisse der Trennung und der Dunkelheit machen. Wir sind Liebe, und wenn wir aufsteigen, erhellen wir mit unserem Aufstieg auch das Ganze, denn wie im Kleinen, so im Großen und umgekehrt. Es gibt keine Trennungen, und so erleben wir uns als Schöpfer/innen unserer Realität, wenn wir die Verantwortung für unseren Prozess der Heilung und der Integration der höchsten Anteile übernehmen, denn dann können diese in uns und durch uns schöpfen, zum höchsten Wohle Aller.

Die Dunkelheit ist beendet, so sei es.

Das Licht, das wir sind, und an das uns die aufgestiegenen Meisterinnen und Meister erinnern, zum Beispiel Jesus Sananda, Lady Nada, Merlin, Saint Germain, Djwal Khul, Kuthumi, Laotse, Hilarion, Serapis Bey, Kuan Yin, sie alle haben die liebvolle Aufgabe, uns zu erinnern, dass wir selbst alles in uns tragen zur Heilung, zur Erkenntnis, zur Liebe in uns und um uns. Wir sind die kosmischen Gesetze, denn wir sind Licht und wir sind „Energie". In dieser Welt der Erscheinung ist es notwendig, um die Trennungen loszulassen, die Realitäten zu schöpfen, die uns die Erinnerung erlauben.

Wir schöpfen sie, indem wir sprechen:

Gott Vater-Mutter, bitte erlaube mir zu schöpfen aus dem hohen Herzen Gottes, das ich bin.
Bitte erlaube mir, durch die höchsten Bewusstseins-

anteile in dieser Welt der Erscheinungen die Liebe zum Tragen zu bringen, die es mir und anderen ermöglicht, aufzusteigen und zu schöpfen, dass dies Leben der Freude dient, denn so ist es.

Ich bitte die aufgestiegenen Meisterinnen und Meister, mich zu unterstützen bei der Rückkehr in dies hohe Bewusstsein, das ich bin.

Ich bitte Euch, geliebte aufgestiegene Meisterinnen und Meister, erlaubt mir, an Eurer Weisheit teilzuhaben, die eine des Herzens ist und erlaubt mir, zu spüren, dass die Liebe Gottes alles erhellt in mir und in der Welt der Erscheinungen, das nicht Liebe ist. Denn ich bin Licht. So sei es.

Ich danke Euch von Herzen.

Spürt hinein, welche Präsenz der aufgestiegenen Meisterinnen und Meister Ihr wahrnehmt, und lasst Euch auch eine Botschaft übermitteln zu Eurem Weg, wenn dies ansteht. Alles geschieht in Liebe und freiwillig; so bewirkt Eure Bitte eine Heilung in Eurem Herzen, denn die Liebe Gottes und der Seele heilt die Verletzungen der Trennungen in Euch und in anderen, so sei es. Da es keine Trennung gibt, werdet Ihr wahrnehmen, dass Euer Heilungsprozess auch all die Seelen in Eurem Feld und in der Welt beeinflusst. Denn so ist es. Ihr werdet unendlich geliebt, so ist es. Nehmt dies wahr und spürt die Verbundenheit von Allem mit Allem, so sei es.

26 Aktiverung der Mer Ka Ba

Licht, Körper, Geist, ich rufe die heilige Mer Ka Ba, die meine Schwingung erhöht, so dass ich aufsteige in mein hohes Bewusstsein, das ich bin. Bringe sie zum klingen, die hohe Mer Ka Ba der Einheit, geliebter Erzengel Metatron, der Du die heilige Geometrie erzeugst, zu meinem höchsten Wohle, so dass ich aufsteigen kann, denn ich bin.

Ich bin Licht, ich bin Liebe, ich bin Wille, ich bin Weisheit, und ich manifestiere aus dem Geiste, jetzt, dass sich in mir das heilige Feuer der Einheit entzünde in meinem Herzen, das ich bin, denn ich bin Gott Vater-Mutter.

Und so spürt Ihr, dass die Mer Ka Ba in Wahrheit, wie alle Manifestationen, die der Seele die Rückkehr in Ihr hohes Bewusstsein erleichtern und Fähigkeiten sind, eine Hilfe ist. Denn es gibt nichts zu tun, um Euch zu erinnern, nur zu erlauben, Euer Wissen anzuwenden.

Es ist, wie es ist, und wie es ist, ist es in der göttlichen Ordnung, so sei es.

Und Ihr nehmt wahr, wer Ihr in Wahrheit seid. Ihr seid Licht, Ihr seid Liebe, so sei es.

Licht, Körper, Geist, diese Einheit ist eine des Innen, die sich im Außen spiegelt. Sind wir mit uns im Einklang, oder erleben wir die Trennungen in uns selbst auch als Situationen, die der Geist erschuf. *Mer,* das Licht, das in uns Ausdruck finden möchte, denn in Wahrheit gibt es nur Licht, wird in unserem zweiten Körper, der Licht ist, auch in unserem physischen Körper diese Warheit spiegeln. Wir lieben unseren Körper, indem wir uns vorstellen, dass der „zweite" Körper unseren physischen heilt und lichter werden lässt, denn dies geschieht während des Aufstiegs.

Alles das, was nicht Licht ist, und das seine Entsprechung in der Welt der Erscheinungen erfährt, die im Grunde eine geistige Durchdringung darstellt, wird im Zuge der spirituellen Rückkehr in das Einheitsbewusstsein „gereinigt"; dies heißt nichts anderes, als das wir die Ungleichgewichte auf einer energetischen Ebene in uns selbst heilen und in ein Gleichgewicht bringen – denn dann folgt das Außen.

So ist geistiges Heilen als Ausdruck dieser tiefen Weisheit der Seele und des Lichtes äquivalent zu den Maßnahmen, die wir als alltagspraktische und ärztliche Methoden kennen, uns in der Welt der Erscheinungen von körperlichen Leiden zu befreien.

Wenn wir eine genügend hohe Schwingung integriert haben, geschieht Heilung durch unser Bewusstsein, das Licht ist, das Körper ist, denn oben wie unten, innen wie außen.

Wem dies nicht konkret genug erscheint, der kann sich in etwa die Entsprechung zwischen geistigem und physischen Körper als einen Spiegel vorstellen, der sich durch die geistigen Gesetze in einem größeren Kreislauf des Lebens und der Wiedergeburt formt. Er formt sich aus den karmischen Verstrickungen, die wir in der Welt der Erscheinung bearbeiten möchten, und die heilen dürfen, wenn wir aufsteigen. Heil Sein bedeutet, im Herzen zu heilen, denn das Licht ist Bewusstsein aus dem Herzen Gottes, in dem keine Trennung existiert.

Dies geht so tief, dass, sobald wir alle Trennungen in uns transzendiert haben, wir unseren Körper stets aufs Neue jung halten können und alle Ungleichgewichte in uns heilen. Die Zeit von Atlantis wird vielen von uns auch als eine Zeit der Ausschöpfung unserer ganzen Lebensspanne, die durchaus und weit über 200 Jahre gehen kann, in Erinnerung geblieben sein; denn, so unwahrscheinlich dies klingen mag, alle Anteile in uns, die heilen möchten, dürfen dies tun, wenn wir sie in Liebe und im Licht der Einheit annehmen und integrieren. Alle Krankheiten, die wir heute als „Zivilisationskrankheiten" betrachten, sind in Wahrheit Ausdruck eines verkürzten Zyklus, der durch die Dunkelheit unseres Bewusstseins auch entstanden ist. Denn nichts war oder ist je getrennt.

Und so bitten wir Gott Vater-Mutter um die Rückkehr in das Gleichgewicht, das wir sind, in organischer, körperlicher, und seelischgeistiger Weise, denn wir sind Licht.

Gott Vater-Mutter, bitte erlaube mir zurückzukehren zu der Einheit, die ich bin. Bitte erlaube mir, das mein physischer Körper durch die Rückkehr geheilt wird und heil bleibt, so wie es mein Seelenplan für mich vorsieht.

Bitte erlaube, das dieser Plan für die neue Zeit sich so entfaltet, dass er meinem und dem höchsten Wohle Aller dient. So sei es.

Bitte erlaube, dass die Mer Ka Ba, das lichtvolle Vehikel der heiligen Geometrie in mir zum Klingen gebracht wird, so dass ich aufsteige in das Licht, das ich bin.

Ich bin Licht, ich bin Liebe. Ich bin das hohe Einheitsbewusstsein, so sei es.

Ich danke Dir von Herzen.

Nehmt nun wahr, wie in Euch die *Mer Ka Ba*, das Licht, das Euren physischen Körper heilt und Eure Schwingung erhöht zum Klingen gebracht wird. Diese Manifestation aus der heiligen Geometrie dient als eine Erinnerung wie auch als „Schutz" Eures Körpers, der durch die hohen Energien der Seele und des Höheren Selbst an die Schwingung des Lichtes und der neuen Energien angepasst werden muss.

Spürt hinein, was sich in Euch lösen darf an Trennungen und an alten Energien, die wie das Licht, das Ihr seid, darauf warten, in Euch angenommen und geheilt zu werden.

Als Freude ist das Leben gedacht, und so hat jedes Ungleichgewicht in Eurem physischen Körper eine Entsprechung auf der geistigen Ebene; denn in Wahrheit gibt es nur diese geistige Ebene. Das All ist Geist – und Ihr seid das All-Eine. So gibt es keine Trennungen; und dies bedeutet, dass die Schwingung, die Ihr integriert, die Ungleichgewichte heilt.

Ich lasse alle Trennungen los,
ich lasse alle Trennungen gehen.
So sei es.

27 Ba Ra Shem Ka

Ba (Seele) Ra (Bewusstsein) Shem (Lebenskraft) Ka (Körper) sind eins. Denn in Wahrheit ist nichts getrennt, so sei es. Spürt hinein in die kosmischen Gesetze, die sich ausdrücken in dieser alten Weisheit, dass die Seele, das göttliche Licht, Bewusstheit ist, die einen Körper hat, der durch die Lebenskraft inkarniert auf der Erde. Ihr Körper, der Materie ist und gleichzeitig Licht, hat eine physische und metaphyische Entsprechung. Denn Innen wie Außen, und Außen wie Innen. Wir transformieren unseren physischen Körper, indem wir uns erinnern, wer wir in Wahrheit sind, und dann erleben wir Heilung auf der Ebene des Bewusstseins, die unser physisches Vehikel in die Liebe trägt; denn nichts war oder ist je getrennt; und so gilt, dass Innen wie Außen, sich die Energien manifestieren in der Welt, die in uns nicht geheilt oder die geheilt sind. Wir heilen, wenn wir aufsteigen auch unsere Körper, denn sie sind
in Wahrheit Licht –
und aus Liebe
geschaffen.
Seid dieses Licht,
und Ihr seid heil.

Geist, Bewusstsein, Lebenskraft, „zweiter" Körper – Ihr seid Licht, und das All ist Licht. Ihr stammt aus dem Licht und in Euren physischen Erscheinungen auf der Erde und auf anderen Planeten erlebt Ihr den Zusammenhang zwischen dem All und dem Einen, der Ihr seid. Ihr seid Licht, so ist es.

Der Eine, der Ihr seid, die Unterscheidung, die Gott in Euch getroffen hat, sie erlebt sich als eine Einheit, die es gilt als ein energetisches Ganzes zu betrachten.

Dies ist nicht zu allen Zeiten und in allen Inkarnationen von der Seele gewollt; denn sie wollte und will auch in diesen und anderen Leben Lernerfahrungen machen, die nur in der Trennung erlebt werden können. Es ließe sich nicht simulieren, was wir erleben auf diesen und anderen Planeten – und doch ist dies Erleben am Pol Materie eine Illusion. Sie ist so eng mit dem All verbunden, das wir sind, dass es keine Trennungen gibt; und jede Bewegung, jede Handlung auf diesem Planeten, jedes Gefühl, jede Erfahrung, jeder Gedanke, sie haben nicht nur ihren Platz und ihren Sinn im Ganzen, das wir sind, sie werden als ein Erlebens- und Erfahrensschatz, der auf dem Prinzip der Ursache und Wirkung in diesem energetischen Universum der Polaritäten und Unterscheidungen beruht, von der Seele, von Gott, dem All-Einen, der wir sind, wahrgenommen und erlebt. Die Sinne, die unser Erleben bereichern in einem Körper, und denen wir manches mal wenig Aufmerksamkeit schenken, sie dienen dem Erleben auf mehreren Instanzen, so wie im Großen die Instanzen geformt werden als ein System, das Erleben ermöglicht und das aus einem Gewebe des Austausches miteinander besteht.

Jedes Erleben einer Seele ist prinzipiell den anderen Seelen „zugänglich", d.h., die Seelen kennen jeden Gedanken des anderen, wenn sie ihn auch nicht bewerten. Dies nennt man die Verstrickungen, denn sie entstehen zum Beispiel durch „Gedanken", die nicht in der Liebe sind. Das Gewebe des Verbunden-Seins miteinander, das eine Art feinstoffliches Nervensystem ist, denn alles ist Gott, und Gott ist Alles, es vermittelt die Informationen, die Abstimmungen untereinander, die das All zu einem sehr intensiven

Gebilde werden lassen, das aus den so genannten „Zufällen" des Lebens den Teppich webt, der uns in den Inkarnationen die Konflikte aber auch die schönen Erlebnisse zu teil werden lässt, die aus den Erlebnissen Lern- und Wachstumschancen für die Seele formen. Denn nichts war oder ist je getrennt.

Was im kleinen Maßstab gilt, dass wir als Individuum mit den Seelen in unserem Feld, mit unserer „Seelenfamilie", die Erlebnisse machen, die uns unser Karma „aufträgt", dies gilt in einem größeren Maßstab in Zusammenhang mit den spirituellen Gesetzen ebenso. So „zieht" der Auf- oder Abstieg eines Planetsystems, wie das der Erde, auch andere Planetensysteme mit hoch oder herunter. Dieses System, das nun in der Phase des Aufstiegs die alten Verstrickungen klärt, und das Gewebe hin zu einem Teppich verändert, der in Liebe das Bewusstsein in die Inkarnationen trägt, das es allen ermöglichen wird, davon zu profitieren, schließt eine Rückkehr der Erde in die Dunkelheit aus. Denn nichts war oder ist je getrennt. So erleben wir diese Zeit als eine Gnade der Rückkehr in Form der Bewusstwerdung „des Ganzen".

Wir erleben uns in dem Ganzen als ein Teil, der stets vernetzt ist mit den Seelen, mit dem All, mit dem Planeten, denn nichts war oder ist je getrennt. Die Aufstiegsphasen eines Systems beinhalten, dass hohes Wissen zum höchsten Wohle Aller sich verbreitet, damit möglichst alle profitieren.

Wenn wir nun *Ba Ra Shem Ka* sprechen, signalisieren wir mit der Rückkehr des alten atlantischen, bzw. ägyptischen Wissens, dass wir verstanden haben – denn wir sind Bewusstsein, wir sind Geist und Licht, wir sind Lebenskraft, und wir sind der „zweite" Körper, der keine Trennung kennt sondern der durch unser Bewusstsein transformiert wird, wenn wir aufsteigen und uns erinnern. Nichts war oder ist je getrennt.

So können wir bitten:

Gott Vater-Mutter, erlaube mir, zurückzukehren zu dem hohen Einheitsbewusstsein, das ich bin, denn ich bin Licht, ich bin Körper, ich bin Geist und ich bin Lebenskraft, die hier ist, um die Erlebnisse der Trennung nun zu transzendieren.

Ich begreife, Ba Ra Shem Ka: dies sind heilige Worte. Sie dienen der Transformation der Anteile in mir, die nicht in der Liebe sind, denn nichts war oder ist je getrennt.

Ba Ra Shem Ka: Ich bin die Seele, ich bin das göttliche Licht, ich bin Liebe, ich bin Wille, ich bin Weisheit, ich bin geisterschaffen, und ich manifestiere aus dem Geiste, jetzt.

Nichts war oder ist je getrennt, so sei es, und so erkenne ich in mir und in den anderen das göttliche Licht, das ich bin.

Ich bin Ausdruck dieser Kraft, die göttliches Licht ist, ich bin Leben. So sei es.

Spürt nun hinein, was diese Worte in Euch bewirken und lernt die Sprache des Lichtes, die eine der Liebe ist. Sie heilt die Anteile, die in der Trennung waren und lassen Euch wachsen und reifen zu dem vollkommenen Licht, das Ihr in Wahrheit seid. *Ba Ra Shem Ka.* So sei es.

28 Innere Führung

Sie erlaubt uns, durch Botschaften und Hinweise, in dieser Welt der Erscheinungen die Erlebnisse zu machen, die sich die Seele und das Höhere Selbst vornehmen, zu erleben. Wer nicht seiner Seele folgt, erlebt meist im Außen die Trennung, die dies entspricht. Denn dann sind auch zumeist die geistigen Gesetze nicht oder nur zum Teil bekannt. So lauschen wir auf unsere innere Führung, die eine Botschaft in dieser Situation für uns hat.

Bittet um diese Führung, denn sie führt Euch zu den Orten und Menschen, die jetzt wichtig für Euch sind oder lässt Euch wissen, welche Lernaufgaben in Situationen stecken, die noch nicht geklärt sind. Ihr bittet zum Beispiel durch diese Affirmation:

Bitte geliebte Seele, geliebtes Höheres Selbst, lasse mich wissen, was nun ansteht, was geklärt werden möchte, welche Erlebnisse ich machen sollte, um zu wachsen.
Bitte lenke Du, Gott Vater-Mutter und erlaube mir, aufzusteigen in mein hohes Bewusstsein, das ich bin, so sei es.

Die liebevolle Annahme der inneren Führung durch die Seele, das Höhere Selbst durch die höchsten göttlichen Anteile bedeutet, sich auf den Weg der Seele zu begeben, die durch die Erlebnisse der Rückkehr in das Einheitsbewusstsein durch tiefe Reifungs- und Heilungsprozesse Wachstum erfährt. Dies ist das Ziel der Inkarnationen. Kein Leben war oder ist je „umsonst", alles folgt einem größeren Plan, einem größeren Ziel; alles strebt der Liebe und dem Bewusstsein der Einheit im Universum der Polaritäten zu, auch wenn wir in einigen Leben auch unschöne Situationen erleben, die Ausdruck der tiefen Trennung von diesem Bewusstsein sind. Nichts war oder ist je umsonst, und jede Abtrennung erzeugt mit ihr die Möglichkeit, zurückzukehren zu dem Pol des Lichtes, das wir sind. Wir sind Licht – und als wahrhaft göttliche Geschöpfe, entscheiden wir, denn wir schöpfen unsere Realität, selbst die der Trennung. Gott, der dies erlebt, der unseren Schmerz erlebt, er hilft uns zu verstehen und zu akzeptieren, dass wir in Wahrheit die Einheit selbst sind, die wir in uns wiederherstellen, wenn wir aufsteigen. Die Erinnerung an unser wahres Sein ist so tiefgreifend, dass all der Schmerz aus unseren Leben in der Trennung weicht, denn die Erinnerung heilt bereits die Erschütterung, die die Seele erlebte, als sie sich entschied, die Trennung zu erfahren, so sei es. Denn nichts ist oder war in Wahrheit je getrennt. So nehmen wir unser höchstes göttliches Schöpferbewusstsein zu uns zurück, das uns leitet in dieser Welt auf unserem Weg in die Inkarnation zur Vervollkommnung unseres Seelenplans – denn wir sind Schöpfer/innen. In Wahrheit geben wir die Kontrolle an die Instanzen in uns zurück, die uns in Liebe lenken und uns unterstützen auf dem Weg in die Einheit, auf dem Weg zur Heilung und zu innerem und äußerem Frieden, zu Glück und zur Freude, denn wir sind Licht. Die Entscheidung liegt bei uns, denn dazu dient die innere Führung, uns zu erinnern, dass wir Wissende sind. Wir sind Schöpfer/innen unserer Realitäten, in die wir uns manches mal verstrickt haben – und aus denen wir „austreten" durch die Hilfe der inneren Führung, die uns lenkt; denn wenn wir begreifen, dass das Ego und unser Verstand in

Wahrheit Illusionen sind, die der Trennung dienten, verstehen wir, dass in Wahrheit stets die spirituellen Gesetze unser Leben lenkten. Denn Innen wie Außen.

Bis wir verstehen, dass die innere Führung uns lehrt, unser Schöpferwissen zum höchsten Wohle Aller und natürlich zu unserem höchsten Wohle einzusetzen. Dazu dienen die kosmischen Gesetze, zum Beispiel das der Ursache und Wirkung.

Wir kennen dies Prinzip, denn wir erleben es im Kleinen, wie im Großen – zum Teil als Frieden in und um uns, zum Teil als Konflikte in der Welt oder in unserem Umfeld.

Die Interpretation der Ereignisse können wir durch die innere Führung erfahren, die nicht durch Verstand oder Ego gelenkt und geleitet wird. Wir verschmelzen mehr und mehr mit dieser Führung und erleben dann selbstverständlich, dass unser Leben, und das Leben der anderen, dem Erleben der Freude dient sowie dem Wachstum und der Reife der Seele. Beides geht Hand in Hand, denn wenn wir Freude sind, erhöhen wir Freude in unserem Umfeld; was wir aussenden, kehrt zu uns zurück.

Erhöhen wir also die Freude zum höchsten Wohle Aller, dann erleben wir, dass die Freude uns in der Welt gespiegelt wird; sie wird sich uns „zeigen" im Außen, in Situationen, im zwischenmenschlichen Bereich – und mehr noch, wir erleben Freude als ein Geschenk, das uns erlaubt, unsere Lernaufgaben viel leichter als solche anzunehmen, denn nichts war oder ist je getrennt. Wer gut gelaunt ist, verzeiht manchen „Fehler" – sich selbst und anderen. Dann kann hinter einer meist vorschnelleren emotionalen Reaktion ein Blick erfolgen hinter die „Kulissen": Was will mir eine Situation sagen? Wenn wir uns ernsthaft diese Frage stellen und auf die Antwort unserer inneren Führung lauschen, werden wir erkennen, dass das Außen uns spiegelt – ob aus diesem Leben eine Situation in Unklarheit oder Streit entstand oder aus einem anderen, spielt nur insofern eine Rolle, als wir vielleicht aufgefordert sind, an uns selbst das wahrzunehmen, was wir noch nicht geheilt hatten – oder aber: es steht eine Energieversöhnung mit der entsprechenden Seele an – Vergebung erhält, wer darum bittet, und so ist dieser Vorgang der Versöhnung, der gleichzeitig bedeutet, auch sich selbst so zu akzeptieren, wie wir gemeint sind, als liebevolles Geschöpf der Einheit Gottes, ein sehr heilsamer.

Wir erleben die innere Führung als eine Art Seismograph – vielleicht wie einen Kompass, der uns zu erleben erlaubt, welche Lernaufgaben anstehen, welche Wachstumschancen wir haben, welche Entscheidungen anstehen und getroffen werden sollten. Nichts war oder ist je getrennt, und so wissen wir, dass unsere Führung nie von uns getrennt war sondern sie unsere eigene, liebevolle Stimme der Seele ist, so sei es.

Wenn wir bereits „fortgeschritten" sind, und wir die sogenannten Geistführer kennen und Kontakt zu ihnen haben, bemerken wir, dass diese Anteile von uns selbst sind. Oft waren wir diese Geistführer in früheren Leben, so dass wir uns als eine Form der Erinnerung an unsere wahre Aufgabe – die Entwicklung unserer Seele zum Licht der Einheit, das wir sind in allen Erscheinungen, ob als Mensch, als Lebewesen in „fernen" Welten oder als Lichtwesen – diese Inkarnation vorstellen können, denn so ist es.

Die Inkarnationen in dieser neuen Zeit dienen vor allem auch dem Erleben des Schöpfertums aus dem Einheitsbewusstseins heraus – dies meint, dass wir uns erleben als Schöpfer/innen unseres Alltags, unserer Realitäten, die wir erleben als Ausgleich im Sinne einer Beruhigung der Polarität. Das Pendel der Schwankung kommt in dieser Zeit leichter zu seinem Nullpunkt, der Einheit zurück – dies gilt für alle Bereiche des Lebens, und so sprechen wir in Liebe, wenn wir dies Erleben als bewusste/r Schöpfer/in noch stärker in unser Leben integrieren möchten:

Ich bitte Dich, Gott Vater-Mutter, erlaube mir zu schöpfen aus dem hohen Einheitsbewusstsein, das ich bin, dass ich in Liebe schöpfe – meinen Alltag, mein Leben, meine Realität.
Lasse mich erleben, wie sich in mir die innere Führung entfaltet als liebevolle Erinnerung an diese Einheit, die ich in Wahrheit bin.
In allen Inkarnationen, in allen Welten gilt: die Liebe ist die höchste Schwingung, die es gibt, und so erlaube mir, Gott Vater-Mutter, las-

se mich in Liebe schöpfen, dass ich bin, denn ich bin Licht.
Ich bin Liebe,
ich bin Wille,
ich bin Weisheit,
ich bin geisterschaffen,
und ich manifestiere aus dem Geiste, jetzt.
So sei es.
Ich danke Dir von Herzen, Gott Vater-Mutter.
So sei es.

29 Seelenverschmelzung

Die Verschmelzung mit der Seele ist ein sehr intensiver und heilsamer Vorgang, der Euch zuteil wird, wenn Ihr aufsteigt und diese Einweihung erhaltet. Lest auch die Hinweise im Buch dazu. Solltet Ihr sie schon erhalten haben, kann diese Karte bedeuten, dass sich in Euch noch mehr Seelenenergien verankern möchten. In jedem Fall bewirkt folgende Affirmation eine Heilung, denn die Anteile, die die hohe Seele, die das Höchste Selbst wieder integrieren, dienen Eurem Licht und Euren Fähigkeiten. So darf zu Euch kommen, was in Liebe darauf wartet, wieder angenommen zu werden, zum Beispiel durch diese Affirmation:

Bitte geliebte Seele, geliebtes Höheres Selbst, entscheide Du, welche Anteile in mir nun integriert werden, denn ich bin Licht, ich bin Liebe, ich bin Weisheit, ich bin geisterschaffen, und ich manifestiere aus dem Geiste, jetzt.
So sei es.
Gott Vater-Mutter,
erlaube mir, mit meinen
geheilten Anteilen zu
schöpfen aus Liebe,
die ich in Wahrheit
bin, so sei es.

Die Seelenverschmelzung ist eine Einweihung, die bereits in Ägypten vollzogen wurde, um die Seelen tiefer mit ihrer Inkarnation zu verbinden und zu verschmelzen. Hierbei spielt es keine Rolle, dass die Seele stets mit ihrem Körper verbunden ist – viel eher geht es bei dieser Einweihung um einen Lösungsprozess alter, karmischer Verstrickungen mit den Leben auf diesem Planeten sowie um eine tiefere Verbindung mit Mutter Erde, die wir in Wahrheit sind. Wie alle Einweihungen, stellen spirituelle Energien und Prozesse Erinnerungen dar an unser wahrhaft göttliches Sein, denn wir sind Licht.

Wir sind Liebe, wir sind die Seele.

So ist die Seele zu dieser Einweihung bereit, wenn sie in dem Gefühl der Hingabe zu diesem Weg des Lichtes Schritte geht. Der Weg des Lichtes ist einer der Einweihungen, der Rückverbindungen mit seinem hohen Bewusstsein der Einheit mit Allem was ist; so nimm wahr, wie der Vorgang der Seelenverschmelzung, den Du auch in anderen Leben bereits erlebt haben kannst, stattfindet, denn Du spürst dann, dass Du Licht und Liebe bist.

Nimm Dir etwas Zeit für die folgende Meditation, die Dich mit Deinem Seelenatem verbindet, mit Deiner tiefen Liebe, die Du bist, denn Du bist Licht. Du bist die Seele, das Höhere Selbst, die Liebe des All-Einen. Du bist Licht, so sei es.

So nimm wahr, wie Du getragen wirst von Mutter Erde, wie Dich Ihr Atem umfängt und Du Dich in ihre liebevollen Arme fallen lässt. Spüre hinein in die Wurzeln, die Dich tragen, mit denen Du auf diesem Planeten in so vielen Leben, oder auch ganz neu, mit Allem was ist, verbunden bist – denn Du bist Licht. So sei es.

Wenn Du wahrnimmst, dass Du langsam und in Deinem Tempo zum Mittelpunkt der Erde gelangst, wirst Du wahrnehmen, dass dieser Mittelpunkt der Erde hell leuchtet. Er ist die Verbindung zu Deinem Verankerungschakra, das Dich auf dieser Erde dann ganz fest mit Lady Gaia verbindet, wenn Du bereit bist, wieder in Dein hohes Einheitsbewusstsein zurückzukehren – so sei es.

Spüre, wie an diesem Mittelpunkt der Erde das Licht und die Liebe der Erde in Dir leuchten, und wie Mutter Erde nun Deine Energien erhöht, damit sie aufsteigen in Dir – damit sie Dein inneres Licht erhellen und verstärken.

Spüre, wie die Energie von Mutter Erde, die Dich trägt, nun durch Deine Beine und Deinen ganzen Körper strömt – lasse sie aufsteigen zum höchsten Punkt, den Du kennst – zunächst das Kronenchakra auf Deinem Kopf, dann erreicht dies Licht das Chakra darüber, Deinen Seelenstern; danach strömt es weiter und ergießt sich durch die Zentralsonne Helios und Vesta hinein in Deine göttliche Quelle, die Dich einlädt, Dein Licht leuchten zu lassen in dieser Welt der Erscheinungen, denn dazu dient diese Einweihung.

Du nimmst wahr, wie die Liebe Gottes Dich trägt und Dir etwas sagt:

Ich bin der Klang der Stille,
ich bin die göttliche Seele,
ich bin das göttliche Licht,
ich bin Wille,
ich bin Weisheit,
ich bin geisterschaffen,
und ich manifestiere aus dem Geiste, jetzt.

Spüre hinein in das Licht, das Du bist. Spüre hinein in die Liebe Deiner Seele, die Du bist.

Du bist Licht, Du bist Liebe – und so nimm wahr, wie sich diese Liebe in der Welt wieder zum Ausdruck bringen möchte in ihrer ganzen Fülle.

Nimm wahr, wie sich in Dir der Vorgang der Seelenverschmelzung als eine Erinnerung an Dein wahres Sein entfalten darf und Du spürst, wie sich Dein Licht in der Welt ausdrückt.

Vielleicht nimmst Du wahr, wie sich Dein Seelenplan offenbart, und Du spürst, warum Du hier auf dieser Erde lebst – um dem Licht und der Liebe des All-Einen, das Du bist, zum Ausdruck zu verhelfen in dieser Welt der Erscheinungen, denn so ist es.

Spüre hinein, was Dir dieser Vorgang sagen möchte – vielleicht bemerkst Du, dass diese Einweihung ein wichtiger Schritt auf Deinem Wege darstellt – und dies kann bedeuten, dass Du entweder eine Einweihung erhalten solltest in diese hohe Energie der Seelenverschmelzung, oder aber es bedeutet, falls Du schon eingeweiht bist, dass Du Deine Manifestationskräfte zum höchsten Wohle Aller, das Deines umfasst, einsetzen darfst.

Wenn Du diese Karte also ziehst, bekommst Du eine Botschaft der Liebe Deiner Seele, zu welchem Zwecke Du eine Seelenverschmelzung vornehmen darfst.

Spüre hinein in die Liebe Deiner Seele, die Du bist, und Du erlebst, dass diese Liebe sich ausdrücken möchte in Deiner Welt, die Du mit den anderen Seelen teilst – nichts war oder ist je getrennt, und so spürst Du, dass Du ein ewig geliebter Teil des Ganzen bist, denn so ist es.

30 Verjüngung

Verjüngung stellt sich im Zuge des Aufstiegsprozesses ein, denn dann entsteht eine Heilung unserer Anteile, die sich als Heilung im Außen, zum Beispiel in unserem Körper ausdrückt. Wenn wir darum bitten, dass sich unsere Zellen wieder verjüngen, werden wir spüren, dass dieser Vorgang eng mit unserer Bewusstheit zusammenhängt. Bewusstheit ist Liebe, denn je mehr Anteile der Liebe des hohen Herzens Gottes wir integrieren, um so mehr Fähigkeiten der Selbstheilung besitzen wir, denn nichts war oder ist je getrennt. Und so bittest Du:

Bitte Gott Vater-Mutter, erlaube mir, dass meine Zellen sich verjüngen, denn Innen wie Außen und Oben wie Unten, so sei es. Entscheide Du, was geschieht, wenn sich mein Körper verjüngt und meine Zellen und die DNA sich auf die göttliche, ewig heile Gesundheit, die ich in Wahrheit bin, einschwingen, denn nichts war oder ist je getrennt. Und so erlaube mir zurückzukehren zu der Einheit, die ich bin. Ich bin Licht, und ich bin Liebe, so sei es.

Verjüngung ist ein Geschenk, das wir erhalten, wenn wir uns erinnern, wer wir in Wahrheit sind, denn nichts war oder ist je getrennt;
so ist es möglich, sich und seinen Körper so jung zu erhalten, dass
wir die volle Lebensspanne und mehr erleben können in einem
Körper. Man sagt, dies seien 200 Jahre, in Wahrheit aber gibt es keine Trennungen und so diente der Alterungsprozess des Körpers
auch einer bestimmten Erfahrung, die wir mit den Lebensaltern
gemacht haben. Alter und „Krankheit", die in Wahrheit eine Illusion ist, sie sind Ausdruck einer Periode, die nun in die Periode der
Rückkehr wechselt. Nichts ist wirklich tot – alles ist Gott und Gott
ist Alles. Wenn wir begreifen, dass wir in einem Leben einen bestimmten Plan der Seele verwirklichen und dieser Plan eng damit
zusammenhängt, dass Erfahrungen und Erlebnisse, Lernaufgaben
gemacht werden, die der Reife und dem Wissen der Seele dienen,
so wird klarer, dass manche Menschen diesen Planeten auch in
jüngeren Jahren verließen, da sich ihr Plan erfüllte. Dies mag aus
der Perspektive des Verstandes oder auch der Angehörigen nicht
wie ein Trost klingen. Doch in Wahrheit ist oder war nie etwas getrennt. Wer die Wahrheit hinter den Trennungen wahrnimmt, begreift, dass dies Leben einen tieferen Sinn in dem Erleben selbst
hat. Nichts war oder ist je getrennt. So erfahren wir uns als andere,
denn Gott erlebt diese Unterscheidungen, die er in uns getroffen
hat als ein Geschenk. Der große Plan sieht vor, dass nach einer
Phase der Trennung das alte Wissen zurückkehrt – und so wie uns
die Schleier des Vergessens gelehrt haben, dass wir in Wahrheit
nur durch die Hinwendung zum Licht und zur Liebe das Vergessen auflösen und wahres Wissen um die Einheit in der Welt der
Erscheinungen zum Tragen und Klingen bringen, so diente diese
Periode der Erkenntnis dieses Weges.

Licht ist die Existenz und so erinnern wir uns, wer wir in Wahrheit
sind, denn nichts ist oder war je getrennt. Wenn wir bereits erwacht sind, werden wir in unserem Umfeld die Bekannten und
Verwandten von einst wahrnehmen und begreifen, dass jedes Leben auch der Aufarbeitung alter Verstrickungen, alter karmischer

Beziehungen und auch der Aufarbeitung von Ahnenthematiken dient, denn diese Ahnen waren wir einst selbst.

Dies bedeutet, dass jedes Leben seine ganz eigenen Qualitäten, seinen ganz eigenen Sinn in einem viel größeren Gefüge hat, denn nichts war oder ist je getrennt. Wenn wir begreifen, dass Aufstieg heißt, in Liebe sich zu erinnern, wer wir in Wahrheit sind, können Wunder geschehen, denn Bewusstsein ist verbunden mit der Erkenntnis der Seele um die Inkarnationen, um ihren Weg in diesem und auch in anderen Leben, denn nichts war oder ist je getrennt.

So können wir, wenn wir sehr bewusst sind, erkennen, welchen Weg sich die Seele gewählt hat, als sie dieses Leben schuf, denn sie schöpfte.

Wenn wir begreifen, dass wir Gott Vater-Mutter sind, begreifen wir, dass Aufstieg Erkenntnis ist, denn dann erleben wir uns als Schöpfer/innen und lernen und wachsen an dem Plan unserer Seele, der sich ändern darf, und dies, je bewusster wir sind, umso schneller.

Denn nichts ist oder war je getrennt, so sei es.

Spüre hinein in Deinen Lebensplan und Du wirst begreifen, dass dieser mit dem Vorgang der Verjüngung zusammenhängt, denn Leben heißt: erleben – wenn die Seele „erwacht", erwacht Gott in uns, der sonst „schläfrig" ist.

Spüre einmal hinein, wie wach oder wie „schläfrig" Gott in Dir ist – und Du verstehst: Lebst Du in Deinem Seelenplan? Lebst Du das Leben, dass sich Deine Seele wünscht?

Erlebst Du Dich als Schöpfer/in Deiner Realität? Spüre hinein und nimm wahr – Du wirst spüren, dass die Verjüngung, die wir uns alle wünschen, uns immer geschenkt wird von der göttlichen Quelle, von Gott Vater-Mutter in uns, denn wir sind Licht, und wir sind Liebe.

Dieser Vorgang ist einer der Bewusstheit, die mit der Erkenntnis des Weges einhergeht, denn wir wissen dann, was wir hier auf dieser Erde möchten: wir möchten unser Licht leuchten lassen, zum höchsten Wohle Aller, das unser eigenes einschließt – wenn wir dies in Liebe erkennen, halten wir den Schlüssel zur Verjüngung in der Hand, denn diese wird uns zuteil, so sei es.

Nun können wir Gott Vater-Mutter bitten, uns bei diesem Weg der Erkenntnis zu helfen und uns zu heilen, denn Heilung beginnt im Herzen, und wir begreifen, dass wir Liebe sind. Wo Liebe ist, ist keine Trennung, und so lassen wir unsere Trennungen los, die uns hinderten zu erkennen, wer wir in Wahrheit sind: göttliches Licht, göttliche Liebe. Wir sind immer und waren immer mit dem All-Einen, mit Gott Vater-Mutter verbunden, der wir in Wahrheit sind, denn die Trennungen sind Illusionen, so ist es.

Nimm nun wahr, wie sich Deine Zellen verjüngen, und spüre die Liebe, die Du bist, die Dich trägt und heilt, so sei es. Dazu sprichst Du:

Ich bin der Klang der Stile,
ich bin Licht,
ich bin Liebe,
ich bin Wille,
ich bin Weisheit,
ich bin geisterschaffen,
und ich manifestiere aus dem Geiste, jetzt.
Ich bitte Dich, Gott Vater-Mutter, erlaube mir, mich zu verjüngen, denn ich bin Licht.
Bitte erlaube mir wahrzunehmen, was ich tun kann, damit ich meinem Lebens- und Seelenplan folge, denn ich bin Licht, so sei es.
Bitte erlaube, dass sich mein Körper einschwingt auf die neue Zeit, die eine der Liebe und des Lichtes ist, so sei es.
Der neue Mensch entstehst, so ist es.
Ich danke Dir von Herzen.

Nun nimmst Du wahr, welche Botschaft Du aus der göttlichen Quelle, von Gott Vater-Mutter selbst, erhältst. Denn Du bist Licht.

Nimm wahr, wie sich in Dir das entfaltet, was Du „gesät" hast: die Liebe Deiner Seele, die Du bist, und die durch Dich wirken darf, sie lässt Dich spüren, dass die Trennungen Illusionen sind – und so sprichst Du erneut, denn Du hast es verstanden:

Oben wie unten, innen wie außen, so sei es.
Ich bin Licht, ich bin Liebe, ich bin die Seele, ich bin das Höhere Selbst, ich bin Gott Vater-Mutter, der ich bin. So sei es.

31 Trennungen

Ich lasse alle Trennungen los, ich lasse alle Trennungen gehen. Denn ich bin Licht, und ich bin Liebe, so sei es.
In Wahrheit gibt es keine Trennungen, die doch nur der Erfahrung dieser Differenz von meinem hohen Bewusstsein dienen. Diese Trennungen dürfen gehen, wenn ich spreche:
Ich bin göttliches Einheitsbewusstsein, ich bin das Höhere Selbst, ich bin Gott Vater-Mutter, ich bin das All-Eine, denn ich bin, der ich bin.

Wenn Ihr nun merkt, dass sich in Euch die Trennungen auflösen, die in all den Inkarnationen und Jahren Eures jetzigen Lebens für die Illusion sorgten, dass Ihr nicht Licht seid, so spürt Ihr die enorme Energie, die die Erinnerung, wer Ihr in Wahrheit seid, auslöst. Denn Ihr seid Licht, Ihr seid Liebe, und Ihr nehmt Eure Trennungen zu Euch zurück, so sei es.

Trennungen sind Illusionen, sie dienten dem Zweck, uns erleben zu lassen, was es heißt „getrennt" zu sein; denn dies ist eine Illusion. So kann die Illusion dazu verleiten, sich ihr länger als nötig zu widmen.

In unseren Leben auf dieser Erde gab und gibt es noch Trennungen, und diese lassen wir los, wenn wir uns erinnern, wer wir in Wahrheit sind: wir sind Licht, wir sind Liebe, so sei es.

Wenn wir erkennen, dass in Wahrheit nur das Licht und die Liebe real sind, begreifen wir, dass wir die Trennung auch nutzten, um die Erlebnisse zu machen, die uns erkennen ließen, was Trennung bedeutet: zum Beispiel Streit und Verstrickung, kontra-intuitives Handeln, Etablierung von Strukturen, die nicht dem höchsten Wohle Aller dienlich sind, sei dies in der Wirtschaft, der Bildung, in den sogenannten Sozialsystemen und den Versicherungen, sei dies im Krieg und im Frieden in der Trennung von unseren Nachbarn, unseren anders-sprachigen Seelengeschwistern. Denn in Wahrheit war oder ist nie etwas getrennt, es sei denn, wir leben in dieser Illusion, die gehen darf.

Dazu sprichst Du:

Ich lasse alle Trennungen los,
ich lasse alle Trennungen gehen,
ich bin Licht,
ich bin Liebe,
ich bin göttliche Weisheit,
ich bitte um die Löschung meines Chokmas, so sei es.
[Chokma=Weisheit Gottes, und dem Sinne: Verstoß gegen die göttliche Weisheit]

Spüre hinein in diese Affirmation und erlaube Gott Vater-Mutter durch Dich zu wirken, so sei es.

Du wirst spüren, dass die Weisheit Gottes, die Du bist, alle Trennungen in Dir auflöst, die nun gehen dürfen, und Du erkennst, dass Du in Wahrheit nie getrennt warst von Deinem inneren Licht,

Deinem inneren Wissen, Deiner inneren Weisheit, denn so ist es. Die Illusionen, sie gehen, denn so ist es.

Wenn wir weiter fortschreiten auf dem Weg, werden wir öfter aufgefordert sein, unsere Trennungen loszulassen, und dies kann durch diese Affirmation geschehen, so sei es.

32 Realitäten
Die Realitäten, die so zahlreich in dieser und in anderen Welten sind, und die Euch Trennungen und Licht erleben lassen, die Euch zeigen, dass Ihr Eure Realität erschafft, sie dürfen verändert werden, gehen, sie dürfen losgelasen werden, wenn Ihr die kosmischen Gesetze der Ursache und Wirkung verstanden habt. Denn Realitäten sind in Wahrheit Schöpfungen der Seele. Sie spiegeln Euer Schöpferbewusstsein in der Welt der Erscheinungen. So könnt Ihr, wenn Ihr Realitäten aus Euren höchsten Bewusstseinsanteilen schöpft, levitieren, andere heilen, ein sehr langes Leben führen, Euer spirituelles Wissen voll entfalten, und dies nicht in Abhängigkeit von Eurem Lebens- oder Seelenplan, denn dieser sieht in der neuen Zeit vor, dass Ihr Ihn wieder schöpft, denn Ihr seid das göttliche Licht. Wie könnte es anders sein, wenn Ihr aufsteigt, als die Realitäten in Liebe zu schöpfen, die vorsehen, dass Ihr darin Liebe und Licht erfahrt und gespiegelt bekommt, denn wer aus dem Herzen schöpft, schöpft seine Realität in Liebe.
So gibt es keine Affirmation sondern eine Aufgabe: Lasst alle Realitäten los.
So sei es.

Realitäten im Plural bedeuten, dass wir in zahlreichen Realitäten auf dieser Erde Erlebnisse machen, denn nichts war oder ist je getrennt. Die Realitäten, die wir erzeugen und schöpfen, sie dienen unserer Erkenntnis, die auch unschöne Realitäten beinhalten kann. Denn wenn wir nicht bewusst schöpften, erzeugten wir Realitäten der Trennung, zumindest, wenn wir nicht in der Liebe und zu unserem sowie zum höchsten Wohle Aller manifestierten. Dies manifestieren geschieht durch die geistigen und kosmischen Gesetze hindurch ständig, denn oben wie unten, innen wie außen, so sei es.

Leben wir in der Fülle unserer Seele, die Liebe ist, schöpfen wir Fülle im Außen, denn nichts war oder ist je getrennt. Fülle meint, innerer Reichtum drückt sich in uns und durch uns als Liebe in der Welt aus – und wir ernten Liebe.

Ich bin Liebe,
ich bin Freude,
und als Freude ist das Leben gedacht,
so sei es.

Wenn wir begreifen, dass wir uns selbst heilen, indem wir uns erinnern, wer wir in Wahrheit sind, wird uns bewusst, dass wir alle Realitäten erzeugten aufgrund unseres Bewusstseins, das wir sind, denn wir sind Licht.

Alle Realitäten, die wir nicht in der Liebe schöpften, sie dürfen gehen, wenn wir darum bitten, denn sie erlaubten uns zu erleben, dass die Trennung die darin liegt, eine Illusion ist, die dennoch etwas bewirkt. Sie führte zu einem anderen Leben, zu anderen Situationen, zu anderen Erlebnissen mit unseren Freunden und unserer Familie, denn wir erzeugten Verstrickungen und karmische Ursachen und Wirkungen in einer Realität der Trennung; dies dann unbewusst.

Wenn wir in Liebe schöpfen, erzeugen wir Realitäten der Verbundenheit und des Lichtes, das wir sind. Die Realitäten sind Spiegel unseres Bewusstseins, zumindest in der Form, dass sie uns unsere Lern- und Wachstumsaufgaben verdeutlichen.

Wenn wir die Realitäten loslassen, die nun gehen dürfen, begreifen wir gleichzeitig, dass wir unser Leben in der Hand halten, denn nichts war oder ist je getrennt. Wir erleben Trennung als eine Trennung von unserem Bewusstsein, das Gott ist, in dem nichts je getrennt war oder ist.

Sobald wir uns erinnern, dass wir diese Schöpferin, dieser Schöpfer unseres Lebens sind, stellt sich die Trennung, die wir erlebten als eine Realität, die dies zum Teil spiegelte, als eine Illusion heraus – so begreifen wir, dass unser Verstand und unser Ego Trennungen und Realitäten schöpften, die uns die Einheit als ein kaum zu realisierendes Ziel oder Geheimnis illusionär erfahren ließen. Der Verstand träumte, dass die Realität die Wahrheit sei, wohingegen die Seele stets weiß, in welcher Realität sie sich befindet, die sie schöpfte, entweder ohne Trennungen – aus ihrem hohen Einheitsbewusstsein heraus, oder durch die Trennungen des Verstandes und die des Egos hindurch.

Dies dient der Verdeutlichung, denn auch diese Beschreibung greift etwas zu kurz, um zu erläutern, was geschieht, wenn wir um Auflösung aller Realitäten bitten, denn dann geschieht, dass die Seele sich in Liebe in eine neue Realität begibt, die ihr andere Dinge spiegeln und erlauben. Denn Realitäten erleben wir als eine Form inneren Ausdrucks unseres Bewusstseins. Wenn wir die Realitäten loslassen, so geht dies einher mit Erkenntnis, wozu diese Realität diente, oder was sich in ihr spiegelte – dies können Seelenverträge sein, die mit einer bestimmten „Stufe" unseres Bewusstseins oder unserer Bewusstwerdung zusammenhängen; dies können Lernaufgaben sein, die erkannt werden wollen; dies können tiefere Trennungen sein, die in uns geheilt werden möchten, damit wir erkennen, wer wir in Wahrheit sind.

Sogar die Kriege in der Welt spielen sich in sehr tief getrennten Realitäten ab, die nun, im Zuge des Aufstiegsprozesses gehen und nicht mehr erlebt werden können in dieser Welt. So sei es.

Denn nichts war oder ist je getrennt.

So lassen wir zunächst alle falschen Realitäten los, indem wir sprechen:

Ich lasse alle falschen Realitäten los, so sei es.
Gott Vater-Mutter, bitte erlaube mir nun die Realitäten zu erzeugen, die meinem Licht und meiner Liebe dienen und die sie in der Welt der Erscheinungen zum Ausdruck bringen, denn so ist es.
Oben wie unten und innen wie außen, ich bin der ich bin, so sei es.

Nun bittest Du erneut, dass die Realitäten gehen dürfen, die nun nicht mehr Deinem Licht und Deiner Liebe dienen, denn so sei es.

Ich bitte Dich, Gott Vater-Mutter, lasse nun alle Realitäten gehen in mir, die meinem Licht nicht mehr dienlich sind, denn so sei es.
Ich lasse alle Realitäten los, ich lasse alle Realitäten gehen, denn ich bin Licht, so sei es.
Ich danke Dir von Herzen, Gott Vater-Mutter.
So sei es.

Spürt, wie sich die Realität, in der Ihr bislang lebtet, von nun an verändert, denn so ist es; sie rückt als Ausdruck der Einheit mit Allem was ist, die Ihr seid, wieder in die Einheit Eures Bewusstseins, und Ihr begreift, dass dies die Wahrheit ist, denn Ihr seid Licht, so sei es.

33 Göttliche Gesundheit Sie ist

ein Geschenk der höchsten Anteile an Euch, denn in Wahrheit ist die Krankheit eine Illusion. Sie ist eine Schwingung, so wie Ihr Schwingung seid; da sie nicht in der Liebe schwingt, gleichwohl aber eine Ursache hat, die zum Beispiel in einer karmischen Verstrickung liegen kann, oder aber durch die Seele dem Verstand offenbart, dass die Seele Ruhe benötigt, können die Ursachen auf der Seelenebene meist gelöst werden. Menschen, die längere Zeit krank sind, brauchen zudem eine spezielle Behandlung, da sie auch unter dem Gedanken des „nicht mehr genügen Könnens" leiden könnten. Wenn dies der Fall ist, kann eine Krankheit bedeuten, dass Heilung, der andere Pol der Schwingung, durch eine große Selbst-Akzeptanz begünstigt wird. Was ich akzeptieren kann, kann (s)ich verändern. *Bitte erlaube mir, Gott Vater-Mutter, meine göttliche Gesundheit nun aus dem höchsten Bewusstsein zu manifestieren, das ich bin.*
Die Krankheit ist eine Illusion, so ist es. Bitte erlaube mir, die Ursache zu erkennen, so dass sie gehen darf.
Denn Ich bin Licht.

Sie stellt sich ein, wenn wir begreifen, dass in Wahrheit nur das Licht und nur die Liebe real sind, denn wir sind Licht, wir sind Liebe, so sei es.

Göttliche Gesundheit ist ein Geschenk der Erkenntnis des Lichtes, das wir sind – sie ist Bewusstheit auf allen Ebenen des Seins, und so knüpft diese Karte an die vorherige an – Verjüngung der Zellen geschieht, wenn wir aufsteigen und die Zusammenhänge erkennen – die unseres Lebens, unserer „Aufgaben", unserer Fähigkeiten, unserer wahren Existenz im Licht der Einheit, die wir sind.

Oben wie unten und innen wie außen. So sei es.

Wir sind Licht, wir sind Liebe, und die Liebe, die wir sind, ist in der Lage, die Wiederherstellung der Einheit in uns selbst – auf allen Ebenen des Seins zu realisieren.

Begreifen wir, dass die Trennung eine Illusion ist, erkennen wir, das uns von unserer göttlichen Gesundheit nur der Blick hinter die Schleier des Vergessens trennt, denn wir sind Licht. Im Licht gibt es diese Trennungen nicht; sie dienten einem Zweck der Erkenntnis, des Erkennens. In keiner Situation in unserem Leben waren und oder sind wir je getrennt. Erleben wir eine Inkarnation beispielsweise mit einer körperlichen Behinderung, so stellt sich dies meist als ein Wunsch der Seele dar, dieses Leben in dieser Form zu erleben.

Wir sind unsere Seele, und es gibt keine Trennungen und keine „Zufälle", auch wenn unser Verstand dies ablehnen mag.

Die Trennungen, die wir erleben, sie sind in zahlreichen Inkarnationen entstanden, die unser jetziges Sein beeinflussen können, die aber zumindest bewirken, dass bestimmte Themen gelernt werden möchten. Wer einmal selbst versucht, sich eines Sinnes zu „entledigen", indem er sich beispielsweise die Augen verbindet, wird feststellen, dass wir dann etwas anderes als bislang wahrnehmen. Dies bedeutet, dass die Trennungen in uns selbst als eine jeweils andere „Behinderung" wirken – so wie ein Mensch, der kein

Augenlicht mehr hat, glücklich sein kann, und dies vielleicht völlig unabhängig von seiner körperlichen „Behinderung", sind wir in unserem Leben mit unseren Trennungen vermutlich auch „zurecht" gekommen. Dies bedeutet, wir haben uns darauf eingestellt, oft ohne zu bemerken, dass in Wahrheit wir es sind, die sich in ihren Trennungen erleben. Denn dies geschieht, wenn wir unbewusst handeln und nicht nach den kosmischen Gesetzen leben.

Um das Beispiel mit einer körperlichen „Behinderung" nicht überzustrapazieren oder gar den Eindruck zu erwecken, dies sei Gottes „Wille", ist es an dieser Stelle wichtig zu betonen, dass wir alle den Kern der Heilung, egal ob körperlicher oder seelischer Art, in uns tragen, denn wir sind Licht.

Wir sind Liebe, und die wichtige Erfahrung in diesem Leben, dass alle Lernaufgaben uns selbst dienen, unserem Wachstum, unserer Reifung, dass wir selbst die Liebe als einen Schlüssel in uns tragen, unsere Situation ganz anzunehmen, in der wir uns befinden, denn dann kann sie sich ändern, bedeutet, dass wir in jedem menschlichen Leben Glück und Zufriedenheit erleben dürfen.

Dies ist ein Erlebnis, das uns mehr als Momente der Akzeptanz bietet – die Quelle zu unserem göttlichen Heil ist die Liebe, zu unserer göttlichen Gesundheit ist die Liebe, zu unseren Lernaufgaben ist die Liebe. Es gibt keine Trennungen – und so begreifst Du, dass Du immer Liebe und Licht bist. Die Liebe heilt alles, und so kannst Du, wenn Du aufsteigst, wahre Wunder vollbringen, die Dir und anderen helfen, zum Beispiel Krankheiten zu überwinden, und mehr noch: die tiefe, göttliche Gesundheit zu integrieren, die ein Geschenk ist. Wenn wir aufsteigen, transzendieren wir unseren physischen Körper, denn der zweite, der „ätherische" Lichtkörper, er trägt alle Spuren unseres Lebens in sich – und mehr noch: wenn er heilt, heilt unser physischer mit ihm, denn innen wie außen – und oben wie unten.

Wir heilen, wenn wir Gott Vater-Mutter bitten, uns zu erinnern, dass in Wahrheit die Krankheit eine Illusion der Trennung ist. So sei es.

So können wir sprechen und verstehen:

Ich bin ewig göttliches Licht,
ich bin ewig göttliches Heil,
ich bin Licht,
ich bin Liebe,
ich göttliche Gesundheit,
und ich bitte Dich, Gott Vater-Mutter, um die Wiederherstellung meiner göttlichen Gesundheit, die ich in Wahrheit bin.
Lass mich spüren, dass ich die Liebe bin, die den zweiten Körper heilt, damit der erste folgt, so sei es.

Solltest Du nun wahrnehmen, dass sich in Dir das Licht und die Liebe Gottes entfalten zur Heilung Deines Körpers, so nimm wahr, was diese Krankheit Dir sagen soll – ist sie ein „Ausgleich" karmischer Art?
Ist sie ein Lernprozess, der Dir etwas sagen soll?
Dient sie der tieferen Akzeptanz Deiner Lernaufgaben und Deiner wahren Existenz im Licht der Einheit, die Du bist, denn alles andere ist eine Illusion.
Du wirst es wissen, so sei es.

Nun kannst Du, sobald Du auch die Ursachen wahrnimmst, diese Ursachen als das erkennen, was sie sind, nämlich ein Ausdruck der Trennung, die nun gehen darf, so sei es.
Bitte nun darum, dass diese Trennung geht, so sei es.

34 Heilung

Versteht Ihr, was Heilung bedeutet, könnt Ihr schöpfen, dass sich in Euch, in Eurem Leben, Heilung vollzieht, denn in Wahrheit seid Ihr heil. Ihr nehmt dies „Wissen" wieder zu Euch zurück, wenn Ihr sprecht:

Ich bin Liebe, ich bin Wille, ich bin Weisheit, ich bin geisterschaffen, und ich manifestiere aus dem Geiste, jetzt.

Ich manifestiere aus meinem höchsten Einheitsbewusstsein Heilung, denn ich bin der Höchste der Höchsten. So sei es.

Spürt Ihr die Wirkung dieser Affirmation? Wenn nicht, so bittet Gott Vater-Mutter um Hilfe, und Ihr werdet wahrnehmen, dass diese Affirmation auf allen Ebenen des Seins Wirkung zeigt, denn Ihr seid das All-Eine, und in Euch gibt es keine Trennung, die nicht gehen darf im Licht der Einheit, das Ihr seid.

Und so nehmt Ihr Euer höchstes Bewusstsein zu Euch zurück, wenn Ihr sprecht:

Ba Ra Shem Ka.
So sei es.

Heilung ist die Wiederherstellung der göttlichen Gesundheit, der göttlichen Liebe in uns, denn nichts war oder ist je getrennt. Wenn wir begreifen, dass wir alles sind – wir sind unsere Seele, unser Höheres Selbst, wir sind Gott Vater-Mutter, wir sind unser Körper, wir sind Licht, wir sind Geist, wir sind Einheit, dann wissen wir, dass nichts je getrennt war oder ist, denn so ist es.

Heilung bedeutet, sein Bewusstsein wieder zu nutzen, um die Aspekte in sich selbst und auch bei anderen wahrzunehmen und zu heilen, die nicht in der Einheit sind, denn dazu dient der Aufstiegsprozess in die Einheit, die wir sind. Wir könnten, wenn wir dazu in der Lage sind, körperlich, physisch und auch durch bereits vorhandene Heilungen, unser komplettes Bewusstsein integrieren, denn in Wahrheit ist der Aufstieg eine Illusion, die dazu dient, uns Schritt für Schritt an unser wahres Sein zu erinnern und es zu integrieren, denn nichts war oder ist je getrennt. Aufstieg bedeutet, eine Angleichung unserer Schwingung, unserer Körper an die hohen und höchsten Schwingungen, die Gott und das Höhere Selbst sowie die Seele sind, denn nichts war oder ist je getrennt.

Wenn wir aufsteigen, nutzen wir unser Wissen um die Einheit zum höchsten Wohle Aller, denn dies dient uns selbst; wir begreifen, dass jeder Mensch Ausdruck des göttlichen Lichtes ist, auch wenn wir im anderen beobachten mögen, dass er oder sie sich nicht in dieser Weise verhält. Wir urteilen nicht, denn wir wissen, dass alle Seelen in Ewigkeit miteinander verbunden sind, denn so ist es.

Jede Seele, die noch in den Erlebnissen der Trennung die Erfahrung macht, dass nur das Licht und die Liebe sie heilt, sie erfährt, dass die neue Zeit so gnadenreich ist, dass sie allen Menschen die Möglichkeit bietet, aufzusteigen und zu begreifen, wer sie in Wahrheit sind: wir sind Licht, wir sind Liebe. Wenn wir dies vergessen, heilen wir durch die Integration unserer Anteile, die sich trennten, als wir „abstiegen" in das Experiment mit der Dunkelheit, die eine Illusion ist, denn so ist es.

Die Menschen, die in der Phase dieser Trennung erlebten, dass sie ihre Unbewusstheit dazu brachte, auch andere nicht mehr in dem Licht der Einheit Gottes wahrzunehmen, sie realisieren durch den

Aufstieg, dass diese Trennungen Illusionen sind, denn so ist es.

Gott Vater-Mutter, der erlaubt, das in diesem Universum so zahlreiche Realitäten des Lichtes und ihres Gegenpols – der Schatten, erlebt werden dürfen, er hat für jede Seele die Heilung, die sie benötigt, bereit.

Es gibt keine Trennungen, denn so ist es, und so sprechen wir:

Ich bin der Klang der Stille,
ich bin die Liebe und das Licht Gottes,
denn ich bin die Seele,
ich bin Weisheit,
ich bin Wissen,
ich bin geisterschaffen,
und ich manifestiere aus dem Geiste, jetzt.
So sei es.
Gott Vater-Mutter, bitte erlaube mir, zurückzukehren in mein hohes Einheitsbewusstsein,
ich bin der Klang der Stille, so sei es.
Ich erkenne, dass in der Phase der Trennung von meinem hohen Einheitsbewusstsein, mein Karma der Erkenntnis des Weges diente. Nichts war oder ist je getrennt, und so erkenne ich im anderen mich selbst, denn ich bin Licht, ich bin Liebe, ich bin Weisheit.
Gott Vater-Mutter, erlaube mir, mein hohes Bewusstsein der Einheit mit Allem was ist, wieder zum höchsten Wohle Aller, das meines einschließt, in der Welt der Erscheinungen zur Anwendung zu bringen.
Bitte vergib mir das Karma, das nun gehen darf, so wie auch ich denjenigen vergebe, die mir gezeigt hatten, dass die Dunkelheit in Wahrheit eine Illusion der Trennung ist, denn so ist es.
Bitte erlaube mir zu erkennen, dass in Wahrheit nur die Liebe und das Licht real sind, denn so ist es.

Die Liebe Gottes, die Heilung und Erkenntnis ist, sie fließt ein, und lässt Euch die Gnade des Höchsten der Höchsten spüren, denn so ist es.

Wer sich selbst vergibt, für das, was er in der Phase der Trennung begangen hat, wird erleben, dass er im Herzen heilt, denn nichts war oder ist je getrennt, so sei es.

Die Trennungen, die uns lehrten, dass die Dunkelheit eine Illusion ist, die uns zeigten, dass in Wahrheit wir erleben, was wir anderen antaten, sie lassen uns erkennen, dass wir sie in Liebe gehen lassen, sobald wir uns erinnern, wer wir in Wahrheit sind: denn wir sind Licht. Und so erschließt sich in Wahrheit die Liebe und das Licht, das wir sind nicht den Suchenden oder denjenigen, die in die Mysterien eingeweiht sind, sondern allen, die in Liebe erkennen, wer sie in Wahrheit sind: sie sind Gott Vater-Mutter selbst, denn so ist es.

Nehmt nun wahr, wozu die Mysterien dienen, die Geheimnisse des Lebens, die keine sind.

Sie sind in Phasen der Trennungen Schritte zu der Erkenntnis, das wir das All-Eine sind; wir sind Gott Vater-Mutter selbst.

Wenn wir erkennen, dass die Trennungen Illusionen sind, erkennen wir, dass die Geheimnisse des Lebens offen vor uns liegen: denn die kosmischen Gesetze, die uns lehren, dass wir oben wie unten Ausdruck unseres Bewusstseins sind, dass wir Innen wie Außen dieses schöpfen, dass wir, wenn wir Liebe aussenden, Liebe ernten, dass wir, wenn wir anderen negative Gedanken senden, diese Verstrickungen zu gegebener Zeit wieder als Spiegel zurückerhalten, denn dazu dient dies Gesetz der Ursache und Wirkung, dann begreifen wir, dass wir in Wahrheit Licht sind. Die Erinnerung daran, an unser energetisches Sein, ist wie die Erweckung der spirituellen Kräfte in uns, denn sie sind immer vorhanden, so ist es.

Die Liebe der Seele, die sich in uns ausdrücken möchte – und die in der Lage ist, die Heilung zu vollbringen, die uns erkennen lässt, dass wir immer im Herzen mit der göttlichen Quelle, mit Gott Vater-Mutter selbst verbunden sind, sie lässt uns heil werden, denn so ist es. Wenn wir erkennen, dass wir in Wahrheit alle Geschöpfe des All-Einen sind, der wir gleichzeitig sind, so begreifen wir die tiefe Verbundenheit der Seelen untereinander, die sich in ihren unterschiedlichen Wegen in die Inkarnationen unterscheiden; denn dies ist das Spiel in diesen und anderen Universen und in allen Welten darin, so ist es.

35 Der Höchste der Höchsten

Gott Vater-Mutter ist ein Anteil, der sich als eine Einheit in Euch selbst offenbart, wenn Ihr die Schritte der Ganz- und Einswerdung geht: Seelenverschmelzung, Verschmelzung mit dem Höheren Selbst. Dies wird sich in Euch integrieren, wenn Ihr Schritte der Heilung und der Karmaauflösung geht, die Euer Seelenplan vorsieht, der in enger Abstimmung mit Eurem Höchsten Selbst die Geschwindigkeit der Rückkehr steuert, denn Ihr seid Licht, und in Euch möchten die Trennungen ganz aufgelöst werden, die Euch noch an Strukturen, an Muster binden, damit Eure Schwingung durchlässig für die Affirmationen der höchsten Anteile wird. Ohne Heilung kein Aufstieg. Und so bittet Ihr:

Ich bin Liebe, ich bin Wille, ich bin Weisheit, ich bin geisterschaffen, und ich manifestiere aus dem Geiste, jetzt. Bitte, Gott Vater-Mutter, reiche mir die Hand, auf dass ich meine höchsten Bewusstseinsanteile wieder integrieren kann. Bitte steuere Du und leite die Prozesse in dem Tempo, die meinem höchsten Wohle entsprechen. Ich danke Dir von Herzen.

Gott Vater-Mutter, der die Prozesse lenkt, die uns die Integration der höchsten Bewusstseinsanteile ermöglichen, hat in dieser neuen Zeit ein besonderes Geschenk für die Seelen, die den Weg in ihr hohes Einheitsbewusstsein gehen.

Dies bedeutet, dass wir, sobald wir mit den höchsten Bewusstseinsanteilen verschmelzen, wieder die hohen Fähigkeiten einsetzen dürfen, die Gott Vater-Mutter zum Beispiel erlauben, die Inkarnationen zu lenken, die Quellen zu instruieren, die uns dann ermöglichen, sozusagen Hand in Hand, die neue Zeit und unser Leben zu gestalten.

Wir werden Gestalter der Welt, denn unser Einflussbereich wächst, sobald wir die höchsten Anteile integrieren – und wir werden spüren, dass wir andere Affirmationen, andere Themen als die unseres persönlichen Wachstums bearbeiten und unterstützen; wir helfen in der Welt der Erscheinungen auf sehr hohen Ebenen.

Dies geschieht zum höchsten Wohle Aller, denn diese hohen Energien setzen wir dann ein, wenn wir zum Beispiel mit Seelen arbeiten, die in der Welt der Erscheinungen noch „sehr dicht" sind; das heißt, hinter den Kulissen werden in Absprache mit den Seelen Prozesse angeleitet und initiiert, die allen zu Gute kommen.

Nichts geschieht in der geistigen Welt ohne Erlaubnis der höchsten Anteile, denn diese sind immer in uns und sie warten darauf, integriert zu werden in der neuen Zeit, die eine der Gnade ist – und so können wir sprechen:

Gott Vater-Mutter, offenbare mir Dein Mitgefühl und erlaube mir aufzusteigen in mein höchstes göttliches Einheitsbewusstsein –
lass mich realisieren, dass ich Gott Vater-Mutter bin,
denn ich bin Licht,
ich bin Liebe,
ich bin ewig göttliches Heil,
so sei es.

Wenn wir realisieren, dass nichts je getrennt war oder ist, steigen wir auf und integrieren diese Anteile, zum höchsten Wohle Aller, das unseres einschließt. Wir sind und waren immer göttliches Licht, so sei es.

Wenn Du nun spürst, dass in Dir Heilung und Ganzwerdung geschieht, spürst Du, dass die höchsten Anteile in Dir wirken und sich mit Dir verbinden, denn Du bist Licht, so sei es.

36 Matrix

Die Matrix, die einige vielleicht aus dem Wissen um die so genannte Quantenheilung kennen, ist in Wahrheit eine Manifestation des All-Einen, die es ermöglicht, mit Permutationen das Erleben der Seelen zu steuern, denn nichts war oder ist je getrennt. So existiert nicht eine Matrix, die sich zum Beispiel danach ausrichtet, welche Fähigkeiten eine Seele in einem Leben zur Anwendung bringen möchte, sondern eine, die alle Erlebnisse der Seele „enthält". So ist sichergestellt, dass sie Ihren Lebensplan erfüllt. Damit sich dieser an der neuen Zeit ausrichtet, können wir Gott Vater-Mutter bitten, unseren Seelenplan dahingehend zu ändern, dass wir selbst wieder lenken, denn wir sind die höchsten Anteile. Sobald wir sie integriert haben, können wir manifestieren, dass dieses Leben dem All-Einen in seiner umfänglichen Güte und Gnade dient, denn das tut es, wenn wir anderen helfen, wenn wir in Liebe unseren Alltag schöpfen.

Ich bitte um Löschung aller Permutationen, die meinem Licht nicht dienen. Ich bitte, dass Du, Gott Vater-Mutter die Matrix auf meinen Aufstieg ausrichtest, in Liebe, so sei es. Ich danke Dir von Herzen.

Die Matrix existiert nicht im Singular. Tatsächlich arbeitet der Höchste der Höchste mit Methoden, die wir aus den Vorgängen der Quantenheilung kennen; letztlich ist das Erleben verschiedener Realitäten, die wie „Räume" sind, ein Erleben der Matrix, denn diese ist das Muster, nach dem unser Karma zum Beispiel energetisch in der Welt wirkt. Sie ist das Muster, nach dem die Seelen Ihrem Seelenplan folgen, denn im Großen wie im Kleinen.

Und so verstehen wir, wenn wir begreifen, dass wir die Matrix verändern, sobald wir uns auf den Weg des Lichtes begeben, dass die Erlebnisse sich verändern.

Die Matrix ist eine Art energetischer Vorgang, der bewirkt, dass alles, was nicht Licht ist, auch wieder in die andere Richtung „pendelt", denn das All ist Schwingung, das All ist Rhythmus; alles befindet sich in einem Zyklus, der nun in Richtung des Aufstiegs zeigt; dies gilt auch für andere Planetensysteme im All, denn sobald eines aufsteigt, „zieht" es das andere mit.

Der Rhythmus, den das All vorgibt, er ist ein göttlich gewollter Plan, der für die Bewegung sorgt, die wir als Veränderung kennen, die Dynamik, aber auch Phasen der Ruhe erzeugt; es ist der Rhythmus, der im kleinen Maßstab in uns selber wirkt.

Wenn wir im Einklang mit unserem Seelenplan leben und wirken, schwingen wir im Rhythmus des Großen und Ganzen; denn dann sind wir der Klang der Stille.

Wir spüren dann, dass wir ein Teil des großen Gefüges sind – und dies bedeutet, dass jedes Teil im Ganzen eine Rolle spielt, ja sogar das Ganze selbst ist; denn die Matrix bewirkt die Unterscheidungen, die Gott in uns getroffen hat in diesem Universum der Polaritäten.

Wenn es uns gelingt, alle unsere Anteile in die Einheit mit unserem höchsten Bewusstsein zurückzubringen, erleben wir, dass wir das All sind, denn wir sind das All-Eine, so ist es.

Spürt einmal, ob Ihr das All als Teil von Euch begreifen könnt, ebenso, wie Ihr Teil dieses All-Einen seid.

Ihr seid das All-Eine, Ihr seid der Klang der Stille, so sei es.

Wenn Ihr nun spürt, dass in Euch selbst die höchsten Anteile schöpfen, spürt Ihr, dass in Wahrheit die Matrix, die Euer Erleben steuert, Ihr selbst seid – denn sie ist ausgerichtet auf die Erlebnisse der kosmischen Gesetze, die energetischer Natur sind und vorsehen, Euch Eure Schöpfungen zu ermöglichen. Ihr schöpft Eure Realitäten – und so erlaubt Ihr Euch, Euer Leben zu verändern und in der Einheit zu schwingen, die Ihr in Wahrheit seid, denn dann verändert sich Euer Leben zum Pol des Lichtes, das Ihr seid.

Ihr seid die Matrix, die Seelenmatrix, die Matrix, die das ganze Universum in Bewegung hält – nichts ist je außerhalb von Euch gewesen, auch wenn wir dies innerhalb dieses Erlebnissystems erleben konnten – eben auch als Trennung. Denn in Bewusstheit geschöpfte Realität ist Liebe, sie strahlt dieses Bewusstsein aus – und so sprecht Ihr:

Gott Vater-Mutter, der ich bin, bitte erlaube mir zu schöpfen aus dem höchsten Bewusstsein heraus, das ich nun integrieren kann, denn ich bin Licht, ich bin Liebe, ich bin die Seele, ich bin das Höhere Selbst, ich bin Wille, ich bin Weisheit, ich bin geisterschaffen, und ich manifestiere aus dem Geiste, jetzt.
So sei es.

Du wirst nun spüren, dass Du Licht und Liebe bist – und Du kannst erneut bitten, dass sich Gott Vater-Mutter in seinem Mitgefühl offenbart und Dir zeigt, wo in Deinem Leben Du noch nicht in der Einheit Deines Bewusstseins lebst und wirkst – zum Beispiel durch folgende Affirmation:

Ich bin der Klang der Stille,
ich bitte Dich, Gott Vater-Mutter, offenbare mir Dein Mitgefühl, und erlaube mir zu erkennen, wo in meinem Leben ich noch nicht aus dem hohen Einheitsbewusstsein, das ich in Wahrheit bin, schöpfe. Bitte offenbare mir, wo ich die Anteile in mir heilen kann, die nun geheilt werden können, zu meinem höchsten Wohle und zum

höchsten Wohle Aller, denn ich bin Licht.

Ich bin Liebe, ich bin die Seele, ich bin das Höhere Selbst, ich bin Wille, ich bin geisterschaffen, und ich manifestiere aus dem Geiste, jetzt. So sei es.

Lausche nun auf den Klang der Stille in Dir und Du wirst spüren, dass Du ein ewig geliebter Teil des Ganzen, der Schöpfung bist. Du nimmst wahr, wo in Deinem Leben Veränderungen zum positiven die Matrix Deines Lebens verändern zum Pol des Lichtes, denn so ist es, wenn Du aufsteigst.

Danke Dir selbst; danke Gott Vater-Mutter, denn Du bist Gott Vater-Mutter, so sei es.

Nichts war oder ist je getrennt, denn Du bist immer und warst immer das All-Eine, so sei es.

37 Der Baum des Lebens

Der Baum des Lebens ist die Einheit selbst. Sie ist in uns, denn nichts war je getrennt – und so können wir, wenn wir die geistigen Gesetze verstanden haben, manifestieren, dass dieser Baum wieder in uns selbst die Früchte trägt, die uns die Einheit, das Paradies, erleben lassen. Bittet einmal darum, dass sich Euer Baum des Lebens wieder in die Einheit bewegt, zum Beispiel durch folgende Affirmation:

Ich bitte Dich, Gott Vater-Mutter, rücke meinen Baum des Lebens wieder in die Einheit, die ich bin. Denn ich bin Liebe, ich bin Licht, ich bin geisterschaffen, und ich manifestiere aus dem Geiste, jetzt. Der Baum des Lebens ist das Leben selbst, denn die Früchte des Baumes sind Erkenntnis, Liebe, Wissen, Weisheit und tiefe Einsicht in die Einheit, die in Allem herrscht, denn ich bin das All-Eine. Und so nehme ich die Schöpfungen, die ich tätige, als das an, was sie sind: sie sind Manifestationen meines Bewusstseins, so ist es. Offenbare mir die Frucht des Lebens aufs Neue. Ich danke Dir von Herzen.
So sei es.

Der Baum des Lebens rückt in die Einheit, wenn wir uns unserem Prozess der Einswerdung widmen und wachsen an den Erkenntnissen, die uns dieser Baum bietet. Der Baum des Lebens, der in der Welt der Erscheinungen bereits in die Einheit gerückt wurde, um den Aufstieg der Vielen nun zu ermöglichen und die Welt wieder in die hohe Schwingung der Einheit zu versetzen, die es ermöglicht, sich selbst und die anderen als lebendige Geschöpfe des All-Einen zu begreifen, er dient einem Zweck – wer die kabbalistische Tradition kennt, nach der die Früchte des Baumes des Lebens den Erzengelkräften zugeordnet sind und eigentlich die verschiedenen Aspekte des Lebens auf diesem Planeten bezeichnen, versteht, dass alles ein Teil des Ganzen ist. Wenn wir uns selbst als ein Teil des Ganzen begreifen, verstehen wir, dass wir in diesem und in anderen Leben die Aufgabe haben, uns zu entwickeln und die Aspekte des Lebens zu erleben, um sie letztlich in einen Einklang zu bringen. Je reifer wir werden in unserem Leben, je mehr verstehen wir die inneren Zusammenhänge des Baumes des Lebens, der wir selbst sind. Nichts im Außen war oder ist je getrennt – das heißt, alles, das im Innen nicht im Einklang in uns selbst schwingt, wird sich in der Form des „noch nicht seienden" zum Ausdruck bringen.

Wir bringen die Früchte unseres Baumes des Lebens zum Reifen, wenn wir unsere Lernaufgaben verstehen als einen Wachstumsprozess zum Licht hin, der es ermöglicht, uns selbst und andere zu heilen, die hohen Energien der Liebe in die Welt der Erscheinungen zum fließen zu bringen und unser Wissen einzusetzen, zum höchsten Wohle Aller, denn so ist es.

Der Baum des Lebens rückt in die Einheit, die wir in Wahrheit sind, wenn wir begreifen, dass alles, was ist, nie getrennt von uns existiert – so verstehen wir unser Außen als einen Spiegel, der uns sagt, wo in uns die Energien noch nicht im Gleichgewicht sind, und wo sie bereits in der Einheit der Liebe unseres hohen Bewusstseins schwingen, denn so ist es.

Gott Vater-Mutter, erlaube mir zu erkennen, welche Früchte des

Lebens nun zur Reife gebracht werden in mir, denn ich bin Licht, ich bin Liebe – und ich manifestiere aus dem Geiste, jetzt, denn ich bin vom Geist des All-Einen. So sei es.

Bitte erlaube mir, den Baum des Lebens, der ich selbst bin, wieder in die Einheit zu rücken, denn so ist es.

Ich bitte die Erzengelkräfte, den Baum des Lebens in mir zum Leuchten zu bringen, so sei es.

Bitte erlaubt mir, zu erkennen, welche Früchte noch nicht in der Reife des Lebens in mir sind und welche Früchte ich noch zu erkennen und zur Reife zu bringen habe, denn ich bin Licht, so sei es.

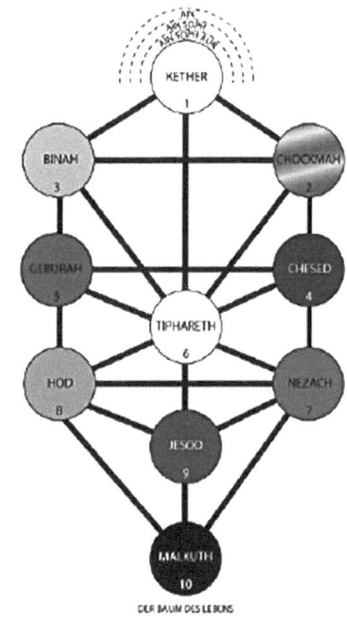

1 Kether oder Kether Eljon (Krone, erster aufleuchtender Punkt im En Sof)

2 Chochmah (göttliche Weisheit, Klugheit, Geschicklichkeit, Schöpfungsplan)

3 Binah (Wille, Einsicht, Verstand; Intelligenz)
4 Chesed (Liebe, Barmherzigkeit, Gnade, Gunst, Treue), bisweilen auch bezeichnet als Gedulah (Größe, Langmut), Abraham
5 Din, Gewurah oder Gebura (Gesetz, Stärke, Macht, Sieg, Gerechtigkeit), Isaak
6 Tiphereth (Aufrechterhaltung des Daseins, Pracht, Verherrlichung, Schönheit), Jakob
7 Nezach (Ewigkeit, Beständigkeit, Sieg; Ruhm, Blut, Saft)
8 Hod (Glanz, Majestät, Donner)
9 Jesod (Gründung, Grund, Grundstein, Grundlage), Josef
10 Malchuth oder Schechina (Königreich, Herrschaft, königliche Würde, Regierung), David
11 Da'at (das innere Wissen, Erkenntnis, Empfangen)

Bild und Text: Wikipedia: *Sephiroth*.

In Wahrheit ist oder war nie etwas je getrennt, denn wir sind diese Erzengelkräfte, die uns unterstützen in unseren Inkarnationen, um uns unsere Lernaufgaben zu zeigen, und uns zu helfen, sie zu bewältigen.
Lassen wir die Trennungen in uns los, können wir erkennen, dass wir die Frucht des Lebens sind – denn so ist es.

Ich bitte Dich, Gott Vater-Mutter, erlaube mir zu erkennen, dass ich die Frucht des Lebens selbst bin, denn so ist es.
Bitte erlaube mir, nun zu schöpfen aus dem hohen Bewusstsein der Einheit mit Allem was ist, denn so ist es.
Ich bin Liebe, ich bin Licht,
Ich bin die Seele,
Ich bin das Höhere Selbst,
Ich bin Wille,
Ich bin Weisheit,
Ich bin geisterschaffen, und ich manifestiere aus dem Geiste, jetzt, so sei es.

38 Aufrichtung

Die geistige Aufrichtung ist ein Vorgang, der durch eine geistige Heilerin / einen geistigen Heiler in der Regel erfolgt, der bereits die Einweihung in die Wirbelsäulen- und Atlasbegradigung erhalten hat. Dies ist notwendig; und so bewirkt dieser Schritt, dass in Deinem Leben die Veränderung zum Licht und zur Rückkehr in das hohe Bewusstsein stattfindet, die Dich heil werden lässt. Wenn Du diese Karte ziehst, bist Du entweder aufgefordert, eine solche Heilung zu erfahren – durch Hilfe von Außen, oder, falls Du eine Aufrichtung erhalten hast, solltest Du in Dir selbst nachspüren, welche Ahnenthemen sich nun zeigen. Eine Energieversöhnung kann angezeigt sein, wie sie in dem Begleitbuch zu den Karten beschrieben wird. Spüre hinein und lasse Dich von Deiner Seele, Deinem Höheren Selbst führen. So sei es.

Aufrichtung bedeutet, seine inneren Anteile dem Licht zuzuwenden.

Alles was ist oder war, hat seine tiefere Bedeutung in unserem Erleben – sei dies des Bewusstseins, sei dies der Trennungen; denn nichts war je umsonst, denn so ist es. Selbst die tiefsten Trennungen, die uns erleben ließen, was die Trennung bewirkt – der Gegenpol unseres göttlichen Lichtes, lässt uns erkennen, in welch umfassender Weise wir in diesem Universum der Polaritäten unser Erleben ausdehnen können. Wir „erforschen" unser Licht, das wir sind; wir erleben uns in allen Tiefen wie in allen Höhen, die dies Leben in diesem und auch in anderen Welten bietet. Dies ist ohne Bewertungen gemeint, denn es gibt in Wahrheit nur das Licht und die Liebe Gottes. Mögen unser Verstand und unser Herz, das nur einen Tropfen der Liebe des Höchsten gespürt hat, sich dies nicht immer und zu jeden Zeiten gewahr sein; wir sind Bewusstsein – auf allen Ebenen des Seins.

Alles, das in uns nicht Licht ist, ist eine Illusion, so sei es. Dies bedeutet, dass wir unseren Körper, der im Grunde ebenso hoch schwingt wie unser Licht, im Zuge des Aufstiegs heilen. Er ist verbunden mit einer geistigen Aufrichtung, heilen, so wie eine Aufrichtung bedeutet, dass das „Unten" folgt, wenn wir beispielsweise eine Wirbelsäulenaufrichtung erhalten.

Dies kann durch einen geistige/n Heiler/in geschehen, die/der diesen Heilungsprozess einleitet – denn oben wie unten und innen wie außen, so sei es.

Dabei geschieht eine „Reinigung" der Wirbelsäule des Klienten, wodurch vor allem die darin „gespeicherten" Ahnenthematiken gehen dürfen und geheilt werden; auch die Aufrichtung des Atlaswirbels, der Verbindung von Wirbelsäule und Kopf, ist durch die „Korrektur" unseres Gottesbildes gekennzeichnet.

Wir können es uns vorstellen wie einen Prozess, der uns Innen wie Außen von den Illusionen heilt, denn wir sind Licht, wir sind Gott Vater-Mutter selbst; wenn wir Gott im Außen suchen, finden wir ihn nur insofern, als alles in Gott ist. Dies ist so, denn die Schöpfung, die weit über die physische Materie hinausgeht, gehorcht einem viel größeren, bewussten Kosmos, der uns lehrt, dass alles mit Allem verbunden ist, so sei es.

Wenn wir eine Aufrichtung erhalten – und dies kann diese Karte beispielsweise anraten – so gelingen uns in der Folge weitere Schritte auf dem Weg in unser hohes Einheitsbewusstsein; denn die Aufrichtung ist ein Prozess der Rückverbindung mit dem Wissen um die Einheit – und wir heilen unseren Körper, unsere Wirbelsäule, wir reinigen unseren „zweiten" Körper von den Trennungen, die uns in der Welt der Erscheinungen eben dies in einem Körper erleben ließen.

Wenn wir erkennen, wer wir in Wahrheit sind, realisieren wir gleichzeitig unser hohes Bewusstsein der Einheit mit Allem was ist, denn nichts war oder ist je getrennt, so ist es.

Gott Vater-Mutter, der uns begleitet, der wir in Wahrheit sind, er erlaubt uns zu realisieren, dass dies hohe Einheitsbewusstsein, das wir sind, immer Teil von uns ist; selbst wenn wir dies vergessen haben – dies geschieht bei einer inneren Aufrichtung, die von einer Heilung und einer weiteren Ausrichtung „im Außen" begleitet wird so sei es.

39 Illusionen

Bitte einmal Gott Vater-Mutter, Dir zu offenbaren, wo Deine Illusionen Dich in der Trennung halten, denn nichts war oder ist je getrennt. Und so weißt Du, dass die Illusion eine Form der Bindung darstellt, die Deinem Licht nicht dient. Illusionen können wir uns in vielen Bereichen unseres Daseins machen, und wir können sie in all diesen Bereichen loslassen – zum Beispiel durch folgende Affirmation:

Ich bitte Dich, Gott Vater-Mutter, offenbare mir Dein Mitgefühl, denn ich bin der Klang der Stille, und ich manifestiere, dass ich alle Illusionen loslasse, denn ich bin Licht. So sei es.
Bitte erlaube mir, Gott Vater-Mutter, zu sehen, wo ich in meinem Leben noch Illusionen erzeuge, denn ich bin Schöpfer/in meiner Realität. So sei es.
Spüre nun, wo Du in Deinem Leben noch Realitäten erzeugst, die nicht Deinem Licht und Deiner Klarheit dienen, und lasse diese Realitäten los, so sei es.

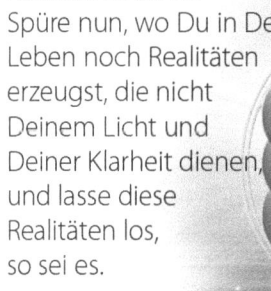

Illusionen können wir uns machen, wenn wir erleben, dass wir scheinbar nicht unser Leben schöpfen. Woher stammt diese Illusion, dass wir nicht Schöpferin und Schöpfer unser Realität seien? Sie stellt sich aus der Perspektive des Höchsten der Höchsten als ein Akt der Schöpfung selbst dar, denn nichts war oder ist je getrennt. So ist Illusion nicht mit einer Wertung verbunden, sie kann ihren Sinn darin haben, Erlebnisse zu machen, die ansonsten in dieser Form nicht möglich wären.

Um aber die Illusion der Trennung loszulassen, die entstanden ist im Zuge des Experiments mit der Dunkelheit unseres Bewusstseins, erhellen wir uns – und dies geschehe, denn wir sind Licht, so sei es.

Spürt hinein in diese Affirmation – und Ihr werdet merken, dass Ihr das Licht Gottes seid, denn so ist es.

Illusionen der Trennung, die uns in vielerlei Hinsicht zeigen können, dass die Seele mal stärker oder auch schwächer in der Welt der Erscheinungen in ihrem Körper sich als der göttliche Funken realisiert, sie darf in der neuen Zeit in einem sehr hohen Tempo gehen – ja könnte sogar direkt und in umfassender Weise losgelassen werden, was allerdings mit einem enormen Prozess verbunden wäre, der unmittelbare Konsequenzen auf unser Leben, auf unseren Körper hätte, der sich auf die hohe Schwingung der Einheit erst einschwingen muss.

Damit wir in dem Tempo „aufsteigen", wie es unserem höchsten Wohle dient, können wir Gott Vater-Mutter darum bitten, und dies sollte auch geschehen, wenn wir hohe Anteile integrieren, damit alles zum höchsten Wohle Aller gefügt werde, so sei es.

Gott Vater-Mutter, bitte erlaube mir, aufzusteigen in mein hohes Einheitsbewusstsein, denn ich bin Licht,
ich bin Liebe,
ich bin Wille,
ich bin Weisheit,
ich bin geisterschaffen,
und ich manifestiere aus dem Geiste, jetzt. So sei es.

Ich bitte Dich, Gott Vater-Mutter, lasse mich erleben, wie sich mein Weg in die Bewusstheit meines hohen Einheitsbewusstseins in dem Tempo vollzieht, wie es meinem höchsten Wohle dient, so sei es.
Ich bin, der ich bin. Denn so ist es.
Die Dunkelheit ist eine Illusion,
die Dunkelheit ist eine Illusion,
die Dunkelheit ist eine Illusion. So ist es.

Ich bin der Klang der Stille,
und ich manifestiere, dass ich aufsteige in mein hohes Einheitsbewusstsein, das ich bin, denn ich bin Licht.
So ist es.

Die Illusionen, die wir loslassen, wenn wir uns erinnern, wer wir in Wahrheit sind, sie bestehen aus den Elementen der Trennung, die auch die Dunkelheit in uns erzeugt hatte – und so sprechen wir erneut, um zu bekräftigen, dass unser Wunsch genügt, denn wir sind Schöpfer/innen:

Ich bin der Klang der Stille,
Ich bitte um Löschung aller Verbindungen mit der Dunkelheit, so sei es.
Denn ich bin Licht,
ich bin liebe,
ich bin Wille,
ich bin Weisheit,
ich bin geisterschaffen,
und ich manifestiere aus dem Geiste, jetzt.
So sei es.

Spüre hinein, wie die Liebe des Höchsten Dich trägt und in die Arme nimmt, die Dich wiegen und Dir Geborgenheit schenken, denn so ist es. Nichts war oder ist je getrennt, so sei es.
Liebe ist die höchste Schwingung, die es gibt, und so nimmst Du

diese Liebe als einen Teil von Dir wahr, denn Du bist Licht, und Du bist Liebe. So sei es.

Wenn Du nun spürst, wie sich in Dir die Nebel und die Schleier lüften, wirst Du gewahr, dass die Trennungen Illusionen sind, die Dir auch dienten, und die nun gehen dürfen – was gereinigt ist, ist geheilt, denn wir sind Licht – und so sprichst Du noch einmal:

Ich bin der Klang der Stille, so sei es.
Ich bin Liebe,
ich bin Wille,
ich bin Weisheit,
ich bin geisterschaffen,
und ich manifestiere aus dem Geiste, jetzt. So sei es.
Denn nichts war oder ist je getrennt, so ist es.

Die Trennungen sind Illusionen und so begreife ich, dass ich Licht und Liebe bin, denn wo Licht ist, ist kein Schatten – und die Dunkelheit sie geht, so ist es.
Ich bin, der ich bin, denn so ist es.

40 Prozesse

Affirmationen lösen Prozesse aus, wenn Sie aus dem Herzen gesprochen werden, denn die mächtige Ich-bin-Präsenz, die wir sind, veranlasst uns dann, unsere Anteile zu integrieren, und dies ist ein energetischer Vorgang; so wie das Geschehen auf der Erde und im Universum ein energetischer Vorgang ist. Darum dienen uns Prozesse, die Anteile zu integrieren, die nun „anstehen". So bittest Du Gott Vater-Mutter, die Prozesse zu lenken, damit alles zu Deinem höchsten Wohle und zum höchsten Wohle Aller geschehe. Wenn Du diese Karte ziehst, wirst Du spüren, dass ein Prozess Dich in diesem Moment untersützt, Anteile zu integrieren oder Heilungen bei Dir selbst oder anderen vorzunehmen, und Du sprichst:

Ich bitte Dich, Gott Vater-Mutter, bitte lenke Du den Prozess, der nun ansteht, und lasse mich wissen, was ich nun tun kann, um mein Ganz-Sein im Licht der Einheit zu unterstützen. Erlaube mir, mein höchstes Schöpferbewusstsein und -wissen wieder zu integrieren, so sei es.

Sie dienen der Integration und dem Wachstum, der Reife und dem Licht, denn die Integration hoher Bewusstseinsanteile, die meist Schritt für Schritt verschmolzen werden, sie gehen einher mit körperlicher Heilung, mit Transformation des Lichtkörpers – und schließlich mit dem Wissen, dass es uns ermöglicht, unseren Alltag – und unser Leben, das aus jenem besteht, bewusst und im Einklang mit unserer Seele, unserem Höchsten Selbst, mit Gott Vater-Mutter zu schöpfen.

Alle Lernaufgaben sind Prozesse, denn wir sind Licht, wir sind Liebe – wir sind energetisch, denn dies Leben in einem Körper ist ein energetisches Geschehen – so sei es.

Wenn wir begreifen, dass die kosmischen Gesetze unserem Wachstum dienen und uns die Erlebnisse ermöglichen, die wir als Entwicklung, als Veränderung, als lebendiges Geschehen bezeichnen können, das Dynamik und Ruhe, das Ausgleich und Fortschritt auf dem Weg der Seele in ihren Inkarnationen vorsieht, begreifen wir, dass die Schritte auf dem Weg in das hohe Einheitsbewusstsein energetische Schritte sind, die mit höherer Schwingung, „höherem" Wissen einhergehen, die tiefe Veränderung in unserem und in dem Leben unserer Mitmenschen bewirken können – so dass sich das karmische Gefüge, in dem wir existieren, verändert, wenn wir uns „energetisch verändern" und heilen. So verstehen wir, dass Alles mit Allem verbunden ist, denn so ist es.

Wir sind das All-Eine, und so bedeutet, ein hohes Bewusstsein zu integrieren, die Möglichkeit, sich und sein Leben in umfassender Weise zu verändern. Dies ist ein Geschenk, denn so ist es.

Es kann aber ebenso bedeuten, dass wir zunächst die karmischen Verstrickungen, die wir in diesem und in anderen Leben erzeugten, bearbeiten – und das heißt: heilen müssten, bevor die Schritte in das höchste der höchsten Bewusstseine, in die Einheit mit Gott Vater-Mutter selbst, gegangen werden kann.

Dazu bitten wir Gott Vater-Mutter um Hilfe und Unterstützung, damit sich dieser Weg vollziehen kann, denn nichts war oder ist je getrennt – wenn wir etwas in dem Gefüge verändern, dürfen andere Seele davon profitieren – und in einer Weise heilen, die es ihnen erlaubt, ebenso zu erwachen, wie wir, denn so ist es. Nichts war oder ist je getrennt – und so hatte diese Phase des Übergangs ihre Bedeutung für die Seelen, auch für die, die scheinbar noch „schliefen" – in Wahrheit erleben sie ihr karmisches Gefüge, und dies sieht nunmehr vor, dass die Erlebnisse der Rückkehr zu so umfangreicher Heilung führen werden, dass wir uns fragen, was uns abhielt, diese Schritte zu gehen – denn so ist es.

Gott Vater-Mutter, bitte erlaube mir, aufzusteigen in mein höchstes der höchsten Bewusstseine, denn ich bin Licht. So ist es.
Ich bitte Dich, erlaube mir mein karmisches Gefüge in eine Richtung zu wandeln, die es mir erlaubt, weitere Schritte auf dem Weg der Heilung zu gehen, so dass alles zum höchsten Wohle Aller geschieht – denn so ist es.
Nichts war oder ist je getrennt – und so bitte ich Dich, dies karmische Gefüge wieder in die Einheit des Bewusstseins zu rücken, wenn ich aufsteige, denn ich bin Liebe.
Ich bin Licht,
ich bin die ewig göttliche Seele,
ich bin das Höhere Selbst,
ich bin Gott Vater-Mutter,
denn so ist es.
Ich manifestiere aus dem Geiste den Willen des Höchsten der Höchsten, denn so ist es.
Ich bin Liebe,
ich bin Licht,
ich bin das ewig göttliche Selbst, denn so ist es.

Das karmische Gefüge, das sich mit uns verändert, denn die Welt ist ein lebendiges Gebilde – so ist es, rückt in die Einheit unseres Bewusstseins, und wir begreifen, dass wir mit anderen Seelen auch unser Karma bearbeiten. Diesen Seelen erlaubt Gott Vater-Mutter, sich zu erinnern, wer sie in Wahrheit sind, damit Reife und Wachstum in der neuen Zeit auf der Ebene der Seele, des Bewusstseins entstehen kann, so wie es einst zur Zeit von Atlantis oder Lemurien der Fall war, denn so ist es

Die Bewusstseinsanteile, die sich im Laufe des Prozesses in uns integrieren, unterstützen die anderen Seelen in unserem Umfeld, denn die Liebe, die wir sind, „zieht" die andere Schwingung „nach oben"; nichts war oder ist je getrennt – und so können wir zum Beispiel durch die Methoden des geistigen Heilens andere Menschen unterstützen, sich zu erinnern und die Selbstverantwortung für ihre Schöpfungen und Realitäten zu übernehmen, denn nichts war oder ist je getrennt.

Wenn sich die Seelen erinnern, erleben sie die neue Zeit als die Gnade, als die sie gedacht ist, denn wir sind Licht, wir sind Liebe – alles im All ist miteinander verbunden; und so sind die zahlreichen Seelen auf dieser und in anderen Welten miteinander in der Liebe des All-Einen, der wir sind, miteinander vernetzt – wenn ein System „aufsteigt", steigen andere mit ihm auf, denn die karmischen Gesetze wirken über die verschiedenen Leben und Welten hinweg – so stellen die Rückverbindungen mit den höchsten Anteilen auch die Hinwendung zur Klärung und Heilung der außerirdischen Leben dar. Die karmischen Verstrickungen, die wir dort mit den Mitgliedern unserer Seelenfamilie und anderen erzeugt haben, sie werden auch hier „bearbeitet" – und bislang, in der Phase der Dunkelheit unseres Bewusstseins auch nicht in der Liebe. Dies ändert sich nun, und wir begreifen, dass „der andere" so wie wir, Licht und Liebe ist – sollten wir unangenehme Gefühle fühlen, wenn wir an andere denken, ist dies ein Zeichen, dass wir diese Beziehung noch nicht geheilt haben – denn in Wahrheit sind wir alle göttliches Licht, wir alle sind göttliche Liebe, wir alle sind Gott Vater-Mutter selbst.

Und so erinnern wir uns und andere, wenn wir aufsteigen, unsere Wertungen loslassen und wahrnehmen, statt zu urteilen. Wenn wir wahrnehmen, dass uns andere in unseren wunden Punkten berühren, gibt es stets die Möglichkeit, sich durch die Gnade der Rückkehr in das hohe Bewusstsein der Einheit mit Allem was ist zu erinnern, dass in Wahrheit nur die Liebe existent ist, denn wir sind Liebe.

So bitten wir Gott Vater-Mutter um die Erlaubnis, uns zu erinnern, was wir anderen antaten oder sie uns, damit wir begreifen, dass nichts je getrennt war oder ist. Statt Wertungen, fließen Versöhnung und Liebe in die Ereignisse des Lebens, die uns zeigen, wo wir noch nicht in der Einheit sind. Denn nichts war oder ist je getrennt, so sei es.

Gott Vater-Mutter, offenbare mir Dein Mitgefühl,
bitte erlaube mir zu erfahren, wo ich in meinem Leben noch mit anderen verstrickt bin oder wo ich in mir selbst die Punkte nicht erkannt oder nicht geheilt habe, die nun gehen dürfen – zurück in die Einheit, die die Liebe ist.
Und Einheit bin ich, denn ich bin Liebe, so sei es.
Bitte erlaube mir zu erkennen, wo in meinem Leben die Menschen mir etwas spiegeln, und ich ihnen, denn ich bin Licht, ich bin das hohe Einheitsbewusstsein der Liebe zu Allem was ist, denn so ist es.

Ich danke Dir für die Erkenntnisse, die mir helfen zu heilen, denn so ist.
Bitte erlaube mir die Trennungen zu heilen, die ich einst selbst erzeugte – oder die in mir sind und mir sagen, was ich tun soll: die Hinwendung zu meinem eigenen, inneren Licht ist die Heilung, denn ich habe erkannt, dass nichts jemals getrennt war oder ist, so ist es.
Und so erlaube ich mir selbst die Erkenntnis, dass in Wahrheit nur die Liebe existiert, die ich bin, denn so ist es.
Aus dem Licht und aus der Liebe bin ich entsprungen, so ist es.
Aus dem Licht und der Liebe des hohen Einheitsbewusstsein, das ich bin, schöpfe ich Liebe, denn so ist es.
Gott Vater-Mutter, lasse mich erkennen, wo ich heilen darf in mir

und wo ich anderen Ihr Licht zeigen darf, das sie sind – denn sie sind Licht, so sei es.

Spürt nun hinein, wo in Euch die Trennungen gehen – vielleicht ist eine Energieversöhnung mit anderen angezeigt, vielleicht ist es notwendig, sich selbst die Liebe zu geben, die manches mal im Außen gesucht wird, denn wir sind die Liebe und das Licht Gottes, wir sind Liebe.

Betrachten wir uns in Liebe und durch die liebevollen Augen des hohen Herzens Gottes, erkennen wir, dass in Wahrheit alle Trennungen zwischen mir und meinem Bewusstsein der Einheit, zwischen mir und meinem „Gegenüber", zwischen meinen „Gegnern" und Freunden, Illusionen sind – wir sind unterschieden, aber wir sind eins – wir alle sind Gott Vater-Mutter, und er oder sie erlebt sich in diesen Unterscheidungen. So ist es.

Es gibt keine Trennung, und dass wir uns als unterschieden wahrnehmen, ist ein Geschenk, denn so ist es möglich, in dem Spiel der Inkarnationen Tiefe und Entwicklung, verschiedene Situationen, verschiedenes Empfinden, verschiedene Möglichkeiten zu sein, in der Welt und in allen Welten zu erleben. Wir erleben uns als Geschöpfe des All-Einen, und so lassen wir alle Glaubenssätze los, die dies verhindern, wenn wir aufsteigen.

Dann begreifen wir, dass Gott „spielt". Und dieses Spiel ist so würdevoll, dass wir erleben dürfen, in welch unterschiedlichen und zahlreichen Welten, Körpern, Fähigkeiten, wir uns zuhause fühlen. Wir erleben uns in den Aspekten des All-Einen, denn wir sind das All-Eine. Der Prozess des Rückerinnerns, er erlaubt uns, die tiefe Liebe des All-Einen zu erkennen und: zu erleben. Denn so ist es.

Christian Hüls
Spirituelle Prozesse

- Geistiges Heilen
- Ausbildungen
- Einweihungen
- Channelings
- Clearings

Live-Meditationen auch im Internet:
www.christian-huels.de/live.html

Angebote und Informationen, sowie weitere
Adressen von geistigen Heiler/innen unter:
www.christian-huels.de

Blog: *spirit.fotografie-huels.de*

Mail: *kontakt@christian-huels.de*

Tel. 0 52 51 – 2 97 77 45